找寻真实的蒋介石

蒋介石／日记／解读 ②

插图增订版

杨天石 著

重庆出版集团
重庆出版社

又渡重洋作遠游
老来尚似少年侍
穷搜秘档求真相
不到河源兴未休

三访胡佛研究所

再版说明

本书2010年由华文出版社出版，出版当年，获南方读书节"最受读者关注的历史著作奖"。此次再版，较之原版，篇目上做了局部调整。

原版中的以下四篇，因已收入本社2015年9月出版的（插图增订版）《找寻真实的蒋介石——蒋介石日记解读（1）》，故此次再版，不再收入本书：

"不抵抗主义"到底是谁提出来的
蒋介石正告丘吉尔："藏事为中国内政"
史迪威假传罗斯福旨意，策划暗杀蒋介石
"飞机抢运洋狗事件"与打倒孔祥熙运动

原版中的以下两篇，因已收入本社于2015年11月出版的《蒋氏秘档与蒋介石真相》一书，此次再版，不再收入本书：

邵力子出使共产国际与国共两党争夺领导权
蒋介石与韩国独立运动——对待亚洲国家的态度之一

此外，原版中的《蒋介石在台湾"复职"与李宗仁在美抗争》一文，已收入本社于2015年12月出版的《追寻历史的印迹——杨天石解读海外秘档》，文章题为《蒋介石"复职"与抗争》，因此不再收入本书。

以下3篇蒋介石研究的文章，从杨天石先生已出版的其他著作中选取，收入本书：

论第一次国共合作的破裂

蒋介石与北伐时期的江西战场

张学良及其西安事变回忆录

2015年6月14日至17日，杨天石先生先后在南京、杭州、上海三地进行了关于抗日战争的演讲，演讲题目分别是《中国抗战与美英苏三大国的关系》《中国抗战的三个艰危时刻》《珍珠港事变前的中美交涉》。演讲记录稿经过整理，将其作为附录收入本书。

现全书共收专题研究15篇，附录3篇。《作者自序》保持原状未动。编辑过程中，对书稿中出现的台湾当局"政权"系统和其他机构的名称及官职，如"国史馆""中研院""总统""外交部"等，由编者视情形加了引号。此外，我们为大部分文章加了插图，共80余帧。

复旦大学历史系博士研究生、季我努学社社长范国平先生热心出谋划策，为编者提供了很多建议和帮助，特此致谢。

编者
2018年

作者自序

本书是拙著《找寻真实的蒋介石——蒋介石日记解读》的第二辑。

人的正确的历史观念从哪里来？答曰：从史实研究中来。客观存在的历史实际是检验一切历史观念的标准。符合史实的观念是正确的，反之则为谬误。既往的一切历史观念都要经受客观存在的历史实际的检验。正确者坚持，不正确者修正。这是历史学不断发展、更新的基础，也是必由之路。

不研究史实，不可能获致正确的历史观念，这是常识。但是，有时人们面对史实，却也未必就能得到正确的观念和判断。这是因为，人的思维，包括人的历史研究活动，都常常受到许多主客观条件，如立场、利益、环境、经历、经验和知识结构等因素的制约。这些因素，有时有助于人们的认识，有时则反之。生活中常见的情况是，史实明明摆在那里，有的人就是看不到，看不全，或是看到了也不承认，甚至做出超越常情的另类解释。历史学家的责任和可贵之处，就在于能摆脱各种不利于其研究活动的制约因素，尽最大可能还原历史真相，使人的历史观念符合客观存在的历史实际。

众所周知，在近代中国史上，国民党和共产党有过两次合作，两次分裂，并有过多年对峙。合作的时候，双方并肩对敌，同生共死；分裂的时候，刀兵相见，不共戴天。这种合作和分裂自然会对人们的认识活动造成深刻的影响。这种影响，有正面的，也有负面的。1945年4月25日，毛泽东在中国共产党第七次全国代表大会上的报告中曾经特别提到一种负面的影响——"内战时期的情绪"。他说：

我们党内有一种情绪，不喜欢孙中山，这种情绪在相当广大的党员中存在着。认真说，这种情绪是不大健全的，是还没有真正觉悟的表现。这是反映了内战时期的情绪。

那时候，因为环境不同，连孙中山也不要了。那个时期为什么我们不大讲孙中山？因为我们被国民党一下子打倒在地，爬起来也红眼了。蒋介石手里打着孙中山的招牌到处乱杀人。这时候，群众对孙中山也就不喜欢。在十年内战中不要孙中山，这也很难怪，因为我们的力量小得很。[1]

毛泽东所指的"内战时期"，说的是中国现代史上1927年至1937年那一段。那时候，国共两党彼此互斥为"赤匪"与"白匪"，你杀我，我杀你，彼此都杀红了眼，自然，作为国民党的创建人的孙中山在部分共产党人的眼中会变形，觉得不值得尊崇，可以"不要"了。毛泽东在另外的场合还说过："那时我们被打倒在地上，不把孙中山丢开自己就站不起来，如同五四时期打倒孔家店一样。"[2]毛泽东的这段话讲明了另外一个影响人们认识的因素，这就是人们在不同时期的利益需要。

孙中山作为伟大的民主主义革命家的地位，今天已经得到举世公认。为什么在1927年至1937年的内战时期不受许多共产党人的欢迎，毛泽东讲得很清楚，那是"内战时期的情绪"。毛泽东提出："现在不同了。对党内一些人存在不尊重孙中山的情绪，应该克服。"人们从这一段话里，完全应该得到启示：在历史研究中，要注意克服、摆脱各种不利于获致正确认识的制约因素。

国民党和共产党打过多年仗，人们有"内战时期的情绪"是必然的，这种"情绪"影响人们的观念以至历史研究也是必然的。不妨举两个比较突出的例子。第二次世界大战中，在消灭欧洲的德国法西斯和亚洲的日本法西斯的先后次序中，有所谓"先欧后亚"，或"先亚后欧"的分歧。蒋介

---

[1] 《毛泽东在七大的报告和讲话集》，第125页，中央文献出版社，1995。
[2] 《毛泽东在七大的报告和讲话集》，第100页，中央文献出版社，1995。

石是主张"先亚后欧"的，多年来，中华民族深受日本侵略之苦，蒋介石持这一主张完全可以理解，然而，蒋的这一主张却曾经被批判为企图借以延长法西斯德国和一切法西斯，包括蒋自己对于中国人民的法西斯统治的寿命。这大概可以算作"内战时期的情绪"了吧？

抗日战争是国共两党联合进行的民族战争，两党都各自作出了自己的贡献。2005年9月，胡锦涛同志在纪念中国人民抗日战争暨世界反法西斯战争胜利60周年大会的讲话中说："中国国民党和中国共产党领导的抗日军队，分别担负着正面战场和敌后战场的作战任务，形成了共同抗击日本侵略者的战略态势。"应该承认，这段话不仅完全没有"内战时期的情绪"，而且站在新的历史高度上，对两党在抗日战争中的作用作了科学的、符合实际的评价。

毛泽东说过："孙中山这位先生，要把他讲完全，我们是马克思主义者，是讲历史辩证法的。孙中山的确做过些好事，说过些好话，我在报告里尽量把这些好东西抓出来了，这是我们应该抓住死也不放的，还要交给我们的儿子、孙子。"[1] 蒋介石不是孙中山，蒋介石做的好事也不能和孙中山相提并论，但是，他早年追随孙中山革命，后来和共产党两次合作，领导过北伐和抗战，晚年迁台后，又反对台独，坚持"一个中国"，建设台湾，总还是做过若干好事的。在促进和发展海峡两岸和平关系的今天，人们自然应该按照"历史辩证法"的要求，将他"讲完全"。鉴于"内战"时期，特别是1946年至1949年的第二次"内战"时期，人们高喊"打倒蒋介石，解放全中国"，自然集中于讲他的"过"，其中有些讲得对，有些可能讲得不对，或者讲过头了。这就需要依据实事求是的原则，充分掌握一切有价值的史料，首先厘清史实，尊重史实，在此基础上进行深入的研究和讨论，真正地展开"百家争鸣"。蒋介石研究如是，国共关系史的研究也应

---

[1] 毛泽东：《在中国共产党第七次全国代表大会上的口头政治报告》，《毛泽东文集》（第三卷），第321页，人民出版社，1996。

当如是。

对于蒋介石的评价,历来的看法不外分三种:一是有功无过,一是有过无功,一是有功有过。本书作者持第三说。至于何者是功,何者是过,何者是主流,何者是支流,当然可以讨论,也需要讨论,然而,历史是实证科学,无征不信,没有充分、可靠的史实作支撑,人们难以提出任何经得起颠扑摔打,可以取信于天下万世的结论。蒋介石一生经历的大事很多,必须一件件、一项项,逐件逐项地加以研究,只有在这种研究做得比较深入之后,才有可能进行全面的分析和综合,得出的结论才有可能比较科学、比较准确。倘若不充分掌握资料,不研究史实,拘守某些既往的观念,局限于"内战时期的情绪"和在这种情绪支配下做出的某些结论,排斥任何有理有据的新探索,恐怕无助于揭示历史真相,无助于两岸和平关系与政治互信的建立,当然更无助于中华民族的和解与和谐。

研究和评价历史人物,主要的依据当然是人物的言与行。蒋介石日记由于主要供个人使用,生前并未公布,其中有比较多的政坛秘密和个人内心世界的记述,因此,值得治史者重视。但是,仅仅依靠日记是不够的,必须根据大量的档案、文献,钩沉索隐,稽查考核,才可能揭示奥秘,有所发现。本书中的若干文章,所依据的蒋氏日记不过几句话,但所依据的档案和文献,却是著者多年奔走于太平洋两岸的结果。

本书和第一辑一样,仍然是一件件、一项项的专题研究。全书共收文21篇。其中16篇是新作,另几篇原据大陆及台湾收藏的蒋介石日记的摘抄本写成,此次收入,根据近年开放的蒋介石日记原稿本作了修改和校订。[1]其中有两篇,只采用了原作中的片段,全文几近重新写过。此书出版之后,笔者将继续写作第三辑。

本书写作中,东方历史学会蒋介石项目组给予支持,蒋方智怡女士惠允引用蒋介石日记,美国胡佛研究院郭岱君、曹琍璇,斯坦福大学乔志

---

[1] 此次再版,对原版篇目进行了部分调整,详见"再版说明"。——编者注

健，台北"国史馆"吴淑凤，政治大学刘维开，北京大学杨奎松、臧运祜，《南方都市报》刘炜铭，复旦大学王丽，中国人民大学杨雨青，本所闻黎明、黄道炫、张俊义、罗敏、贾亚娟等教授、女士、先生给予各种帮助，谨此致谢。

杨天石

2010年1月19日，北京

目录

作者自序 /1

第一辑 国内政治

论第一次国共合作的破裂 /2
一　两党的思想、理论与策略分歧 /2
二　促成两党破裂的国内外因素 /14
三　两党关系从合作向破裂的演进 /18
四　两党破裂与近代中国的历史发展 /22

蒋介石与北伐时期的江西战场 /30
一　孙传芳出师援赣 /30
二　孙蒋谈判与孙张结盟 /34
三　蒋介石决策进军江西与程潜首攻南昌 /38
四　蒋介石入赣与再攻南昌 /43
五　三攻南昌与江西战场的胜利 /46

蒋介石建议两党合并 /52
一　蒋介石向中共提出"废除苏维埃政府"等四项要求，日记中破天荒地出现"开放党禁"等内容 /52
二　两党谈判加速，蒋介石改"剿共"为"编共" /54
三　中共提出四项保证，蒋介石提出"彼此要检讨过去"，要求中共"与他永远合作" /55

四　中共提议建立"民族统一联盟",蒋介石提议成立"国民革命同盟会"/58

五　中共同意成立"国民革命同盟会"。蒋介石既想利用共产党,又害怕共产党/61

六　两党第二次合作形成,蒋介石决定"对中共应放宽,使之尽其所能"/64

七　同题异旨,蒋介石想"合并融化",共产党想"独立自主"/66

八　毛泽东表示,国民党有"光荣的历史",有孙中山、蒋介石"两个伟大的领袖"/69

九　蒋介石反对"跨党",坚持"合成一个组织",拟约毛泽东面谈/70

十　周恩来明确答复:两党合并"不可能",谈判最终破局/72

十一　国民党制定《限制异党活动办法》,两党关系转入多事之秋/73

十二　两次合作与分裂,历史何其惊人地相似/74

第二辑　对日策略

汪精卫出逃与蒋介石的应对 /78

一　汪蒋之间的和战分歧 /78

二　汪精卫出逃与蒋介石的反应 /86

三　从劝汪赴欧到开除汪的党籍 /89

四　刺汪未中,汪精卫发表《举一个例》/91

五　争取龙云站到抗战一边来 /94

"桐工作"辨析 /97

——真真假假的中日特务战

一　谈判过程与日中两方记载的异同 /97

二　军统局对张治平的审查与"桐工作"的结束 /112

三　张季鸾企图借机拆穿日方"把戏"与中日秘密谈判的延续 /120

四　"宋子良"是冒牌货,蒋介石的亲笔"委任状"等是伪件 /131

五　日方急于求和,军统借机玩弄日方 /139

第三辑　国际外交

跟德国还是跟英、美站在一起？ /142
——抗战时期中国外交的一次重要选择
一　英国对日妥协，孙科、白崇禧等主张"联德、绝英、疏美" /142
二　蒋介石坚持中国外交政策不变 /146
三　中国避免了二战后沦为战败国的噩运 /150

拒绝德国拉拢，阻挠德日会师印度洋 /154
——抗战期间中德关系探秘之一
一　德国继续调停中日战争，蒋介石一再拒绝 /155
二　德方多次与桂永清会谈，要求秘密缔结《中德军事密约》，合攻印度 /158
三　德、日的"会师"计划与蒋介石拒绝德国拉拢的意义 /162
四　纳粹已经到了穷途末路 /164

蒋介石与德国内部推翻希特勒的地下运动 /167
——抗战期间中德关系探秘之二
一　德国内部反纳粹力量求助于蒋介石 /167
二　蒋介石决定派齐焌赴欧，联络德国反纳粹力量 /175
三　齐焌赴欧，转报反纳粹力量的举事时间和条件 /178
四　德国军队中的反对希特勒运动与1944年的未遂政变 /183

宋美龄与丘吉尔 /187
一　反对丘吉尔的"先欧后亚"论，批评其战后排挤中国的图谋 /187
二　不访问英国，不和丘吉尔见面 /195

蒋介石与尼赫鲁 /203
一　尼赫鲁访华，会见蒋介石，确定中印两党合作原则 /203

二　蒋介石亲自策划戴传贤访印 /210
三　蒋介石夫妇访印，渴望会见甘地与尼赫鲁，英印政府多方设限 /214
四　蒋介石与尼赫鲁的三次谈话 /217
五　蒋介石向英方进言，英印谈判失败 /223
六　蒋介石要求罗斯福出面调停，罗斯福劝蒋不采取行动 /225
七　蒋介石为甘地、尼赫鲁的被捕呼吁，不理睬丘吉尔的访华示意 /228
八　为印度独立尽力，叮嘱尼赫鲁不可继承英国的西藏政策 /231

第四辑　迁台前后

二二八事件与蒋介石的对策 /236
一　事件的两重性：抗暴与骚乱 /236
二　三驾马车，三种政治诉求 /241
三　蒋介石的"怀柔"决策与措施 /248
四　派兵始末及其评议 /253

蒋介石反对用原子弹袭击中国大陆 /260
一　中国人民志愿军入朝作战，杜鲁门考虑使用原子弹 /260
二　蒋介石计划反攻大陆，美国空军方面向蒋介石表示，可以出借原子弹 /262
三　使用"战术核武器"？ /266

国民党迁台与蒋介石的反省 /268
一　蒋介石与台湾的因缘 /268
二　蒋介石在内战中频频失败，目光转向台湾 /271
三　蒋介石进驻台湾，成立总裁办公室 /273
四　西南梦碎，国民党完全撤出大陆 /277
五　蒋介石的反省 /281
六　正确或不正确的反省都深刻影响了台湾历史的发展进程 /290

张学良及其西安事变回忆录 /292

一　张学良奉命回忆 /292
二　蒋经国要求写出西安事变的全过程 /295
三　蒋介石要求驳斥"成交"说 /296
四　张学良要求"受训" /298
五　蒋经国为张学良的回忆定稿 /299
六　《忏悔录》风波 /301
七　回归本真 /302

第五辑　婚姻家庭

蒋经国怎样从苏联归来 /306

一　经国留苏不归 /306
二　蒋介石拒绝宋蔼龄以承认《伯力协定》换取蒋经国回国的建议 /309
三　再次拒绝宋庆龄以牛兰夫妇交换蒋经国的建议 /312
四　共产国际决定派蒋经国回国，蒋经国向季米特洛夫保证："您的全部指示都将完成" /317
五　蒋介石与蒋经国父子相会 /319

附录

中国抗战与美英苏三大国的关系 /324

中国抗战的三个艰危时刻 /332

一　面对日本侵略，中国政府为什么没有立即反击？ /332
二　中国抗战的艰危时刻 /334
三　如何评价抗战时期的蒋介石 /338

珍珠港事变前的中美交涉 /341

第一辑　国内政治

论第一次国共合作的破裂

1922年8月末，陈独秀、李大钊等共产党员加入国民党，协助孙中山对国民党进行改组，可以视为国共两党第一次合作的起点。至1927年4月12日，蒋介石在上海发动"清党"，延至7月15日，汪精卫在武汉"分共"，第一次国共合作终结。这五年不到的历史给了中国社会以巨大而深刻的影响，一直到今天，海峡两岸都还处在这种影响之下。研究并正确地阐释这一段历史，是历史学家无可推卸的责任。但是，这是一件很难做的事情。国共两党对这一段历史的解释几乎完全不同，海内外史学家对它的认知也多有差异。我们必须超越长期以来两党对峙的政治架构，拨开烟雾，剥离由于敌意而涂附于历史的层层油彩，在百家争鸣中攻难切磋，才有可能揭示历史本相。

一 两党的思想、理论与策略分歧

中国近代社会的特点是"穷""弱""落后"。国民党和共产党之所以能进行合作，首先在于两党都渴望改变这种状态，拯救祖国，振兴中华，并且都不仅以一般的"政治革命"为满足，而要同时进行"社会革命"。孙中山声称：民生主义和共产主义是好朋友，甚至说民生主义就是共产主义。这应视为由衷之言，而不是基于一时的策略。但是，无可否认，两党的思想、理论也存在相当大的差异，这些差异后来发展为两党分裂的思想因素。

其一是对资本主义的态度。孙中山认为，资本公有、土地公有是天经地义的事情，但是，中国的问题是"大贫"和"小贫"，资本主义还没有出世。这样,他就在力图预防资本主义祸害的同时,又为资本主义的发展留下余地。《实业计划》宣称,国家只经营对国计民生有重大意义的大工业,至于此外的事业,则不妨任由老百姓去经营,国家以法律保护并奖励之。20世纪20年代,苏联从军事共产主义改行新经济政策,这更加强了孙中山的一种认识,连苏联这样的国家都没有资格建设马克思所设想的社会,更何况中国![1] 当时,西方某些有识之士已经在探求对资本主义进行改良,出现了若干为当年马克思所不曾见到的情况,例如工时缩短,工人的工资、福利有较大增长等。孙中山据此判断,资本主义还有强大的活力,从而对是否必须彻底消灭资本主义产生疑问。他说:"马克思研究社会问题,用功几十年,所知道的都是以往的事实。至于后来的事实,他一点都没有料到。所以他的信徒,要变更他的学说,再推到马克思社会主义的目的,根本上主张要推倒资本家。究竟资本家应该不应该推倒,还要后来详细研究才能更清楚。"[2]

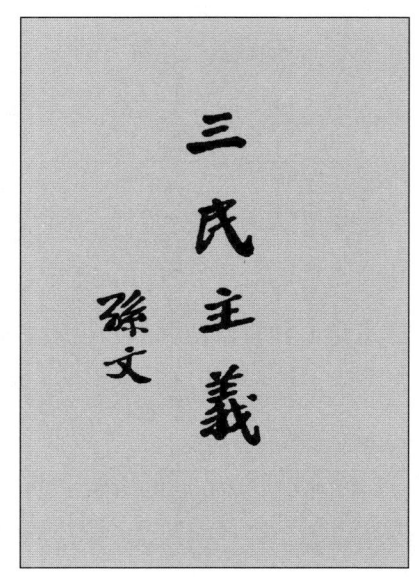

三民主义(Three Principles of the People)是孙中山所倡导的民主革命纲领,是中国国民党信奉的基本纲领。三民主义由民族主义、民权主义与民生主义构成,设想通过三民主义的实施能够"人能尽其才,地能尽其利,物能尽其用,货能畅其流",进而实现国富民强、天下为公的大同社会。图为孙中山题写的"三民主义"。

---

[1]《民生主义第一讲》,《孙中山全集》第9卷,第364页,中华书局,1986。
[2] 同上,第374页。

孙中山的战友廖仲恺、朱执信、胡汉民、戴季陶等都曾不同程度地受过西方社会主义思潮的影响。五四运动之后，蒋介石阅读过马克思、恩格斯的《共产党宣言》和日本坊间出版的社会主义著作，也接受过日本具有空想社会主义色彩的作家武者小路实笃的"新村主义"的影响，认为有进行"社会改革"的必要。[1]从蒋介石早年的日记看，他对中国的地主和资本家均无好感，但是，他所设想的"社会改造"仍然限于"平均地权"和"节制资本"，改良和提高工人和农民的生活水平。1923年11月，蒋介石参加共产国际执委会会议，季诺维耶夫在报告中认为三民主义只是"革命初期的政治口号"，警告中国国民党"不应用中国资本家阶级的统治去取代外国帝国主义的统治"。[2]这些话蒋介石听起来自然很不舒服，答辩说："我们不是为资产阶级而进行革命工作的。"几天后，共产国际主席团作出决议，要求国民党人"不仅要消灭外国资本的残酷剥削，而且也要消灭本国资本的残酷剥削"，蒋介石在日记中批评其为"浮泛不切"。在三民主义和社会主义、共产主义的关系上，蒋介石早期的认识可以概括为四点：第一，三民主义范围广大，包括一切社会主义，所谓共产主义、集产主义，"都是三民主义之一部分"；[3]第二，三民主义和共产主义同为革命主义，利害完全相同，但在方法和时期上"有分别"，可以"互相为用而不相悖"；[4]第三，三民主义适用于现在，共产主义适用于将来。"民生主义到最后一步，就是共产主义"；[5]第四，中国人大多数属于小农阶级、小资产阶级，"使用共产主义口号将使他们加入反对派阵营"，因此，根据"现在的国情"，"无

---

[1]《蒋介石日记类钞》，1919年11月4日、22日。
[2]《联共（布）、共产国际与中国国民革命运动》（1），第336页，北京图书馆出版社，1997。
[3]《校长第三次训话》（1925年4月9日），《蒋中正先生演说集》，第69—70页，上海三民出版部，1925。
[4]《校长第三次训话》，《蒋中正先生演说集》，第70页；《对第二期毕业生训话》，同前书，第150页；《第三期同学录序》，《蒋校长演讲集》，第209页，黄埔军校，1927。
[5]《校长第三次训话》，《蒋中正先生演说集》，第70页。

论如何只能够实行三民主义，不能实行共产主义"。[1]基于上述认识，他一方面表示，"必能包括共产主义始为真正之三民主义"，同时又表示，"实行三民主义，则共产主义即在其中"。[2]透过这些两面兼顾而表述并不很清楚的话语，可以发现，蒋介石推崇和强调的重点始终是三民主义。1925年9月，他发表演说称，"三民主义是我们中国革命唯一的中心"，"唯一的主义"。[3]12月，在《为西山会议告同志书》中称，三民主义可以"垂之百世，推之世界"。[4]次年1月，又发表演说称，三民主义是"救国救民的根本主义"，"苏俄同志，不但是不要我们施行共产主义，而且崇信三民主义"，"苏俄目下所行的政策，就是我们总理的三民主义"。[5]"清党"时，他用以反共的理由就是这种三民主义"唯一"说和"根本"说。[6]和国民党人不同，中国共产党在对资本主义的态度上始终是坚决而明确的。中共认为，由于中国落后，资本主义在中国虽有进步意义，可以在适当时期适当范围内容许其发展，但是，资本主义是万恶之源，有朝一日，必须坚决、彻底地消灭资本主义、消灭剥削。毛泽东在比较两党的革命目标后认为，国共两党的"最低纲领"大致相同，但是，共产党在"最低纲领"之外，还有"最高纲领"，而国民党则只有"最低纲领"没有最高纲领。毛泽东所说的"最高纲领"就是建设社会主义和共产主义的长远目标。共产党最担心的是，"国民革命"之后，中国会出现一个资产阶级政权，向资本主义道路发展。1922年7月，中共二大决定和国民党建立"民主联合战线"时就提醒自己，这种联合只是"暂时"的，"民主派打倒封建以后，他们为自己阶级的利害

---

[1]《有国民党代表团参加的共产国际执行委员会速记录》，《联共（布）、共产国际与中国国民革命运动》(1)，第331页；《对商界代表演说词》，《蒋中正先生演说集》，第121页。
[2]《第三期同学录序》，《蒋校长演讲集》，第210页；《为西山会议告同志书》，同前书，第216页。
[3]《校长在本校特别党部第三届执行委员会选举大会演说词》，《蒋中正先生演说集》，第156-158页。
[4]《蒋校长演讲集》，第216页。
[5]《再论联俄》，《蒋校长演讲集》，第15-16页。
[6]参见《国民政府为国民革命奋斗实现三民主义宣言》，《革命文献》第16辑，第2809页。

计，必然要用他们从封建夺得（的）政权来压迫无产阶级"。[1] 因此，中共在参加"国民革命"的过程中，总是力图确保这一革命要向"共产革命"转化。

为了解决中国革命的前途与中国革命的现实两者之间的矛盾，国共两党都曾有人作过"两步走"的设想。中共二大提出："我们无产阶级有自己阶级的利益，民主主义革命成功了，无产阶级不过得着一些自由和权利，还是不能完全解放。"因此，无产阶级还须"对付资产阶级，实行'与贫苦农民联合的无产阶级专政'的第二步奋斗"[2]。一年之后，蒋介石作为孙逸仙博士代表团团长访问苏联，也在向苏方提交的备忘录中说：中国革命的第一阶段是实行民族独立和政治民主，第二阶段才是宣传共产主义，实行"经济革命""社会革命"。[3] 但是，两党对"第一步"所需时间的长短却大有差异。1927年3月，国民党的吴稚晖和共产党的陈独秀在上海有过一次谈话。吴稚晖认为，在中国实行共产需要200年以上时间，陈独秀认为，建成共产主义只需要20年，吴稚晖坚决表示不可能，声称即使建成了，也一定是"赝品"。他说，按照20年建成共产主义的说法，国民党的生命不是只有19年了吗？[4] 陈独秀的说法当然只是他个人的一时估计，未必经过深思熟虑，但急于消灭资本主义，急于建成社会主义、共产主义社会却是中国共产党人长时期内的普遍愿望。

孙中山在进行"国民革命"时主张采取暴力形式，用武装斗争推翻旧政权，但是，在进行"社会革命"时，却坚决反对暴力。他说："社会之所以有进化，是由于社会上大多数的经济利益相调和，不是由于社会上大多

---

[1] 《关于"民主联合战线"的决议案》，《中共中央档选集》（1），第65页。
[2] 《中国共产党第二次全国代表大会宣言》，《中共中央档选集》（1），第144-145页。
[3] Memorandum of the Delegation of Dr. Sun Yat Sen with Relation to the Proposal Mentioned in the Telegram of A. A. Joffe Sent from Tokyo May 1，中国第二历史档案馆藏。参见蒋介石在共产国际执委会会议上的报告，《联共（布）、共产国际与中国国民革命运动》（1），第331-333页。
[4] 《吴稚晖致中央监察委员会请查办共产党函》，《革命文献》第9辑，第1301页。

数的经济利益相冲突。"[1]因此，他重视"调和"的作用，主张调和资本主义和社会主义这两种促成人类进化的"经济能力"。[2]早年，孙中山曾经明确主张"不稼者不得有尺寸土"，但是，在设计"平均地权"理论时，孙中山却主张由地主自报地价，当地价提高时，原价为地主所有，增价则由国家征收，为全民造福。这一理论剥夺了地主阶级对土地的垄断，但是，也照顾到了地主对土地的所有权，是一个比较温和的改革方案。国民党一大前后，孙中山提出"耕者有其田"的方案，显示出他准备满足农民的土地要求，但是，即使这一时期，孙中山所考虑的，也还是"和平解决"，即使农民得益，而又使地主"不受损失"的方案。[3]孙中山去世后，国民党人继承了孙中山的"调和"思想，以全民利益的代表者自居。蒋介石明确声称：国民党是代表"各阶级利益的党"。[4]1925年11月，蒋介石读《泰戈尔

在革命屡遭挫折后，孙中山决定改组国民党。图为1923年秋，孙中山主持中国国民党第一次全国代表大会前的预备会议后合影。

---

[1]《民生主义第一讲》，《孙中山全集》第9卷，第369页。
[2]《建国方略》，《孙中山全集》第6卷，第398页。
[3]《孙中山全集》第9卷，第424页。
[4]《高级政治训练班训词》（1926年5月20日），《蒋校长演讲集》，第88-89页。

传》，赞许泰戈尔"以爱与快乐为宇宙活动之意义"，批评列宁"以权力与斗争为世界革命之手段"。后来，又进一步批评马克思"以恨人为其思想出发点"。显然，他也是阶级"调和"论者。[1]

前期，蒋介石和共产党合作时虽然说过，"有了阶级便免不了争斗"，"共产党主张阶级斗争，国民党也不必反对它"，但是，他主张，这种斗争，"总以不妨碍国民革命为限"，而且要"在革命统一指挥的范围以内"，"使农工运动得收实益而又不破坏联合的战线"。[2]到了"清党"之后，蒋介石就完全反对阶级斗争，宣称"要各个阶级合作，不是要一个阶级的专政"了。[3]台湾时期，国民党人进行土地改革，兼顾地主与农民的利益，就是"调和""合作"思想的体现。

共产党人高度重视"阶级斗争"，视"阶级斗争"为社会发展的直接动力。中共二大宣布中共的"目的是要组织无产阶级，用阶级斗争的手段，建立劳农专政的政治，铲除私有财产制度，渐次达到一个共产主义的社会"。[4]1924年，陈独秀在广东演讲，明确宣称：共产主义者"立脚于阶级斗争的原则上面"，"每个步骤都必须用革命的方法，不能采用改良的方法"。[5]自然，中共坚决反对"阶级调和"。二大宣称"资本家与工人中间没有相同的点，他们中间利益的冲突，是不能调和的"。[6]1925年1月，中共四大批评国民党"在群众中有造成阶级调和观念之危险"，要求共产党员在国民党的工作中，"对于各种运动，须努力保存阶级斗争的成分"。[7]中共指示：即使"遇着那种民族主义的官吏、军阀、企业家"时，也应该"指导工人对他们进行决不让步地斗争，只能使他们让步以求工人的赞助，决不能使工人受他们的影响而灭杀自己阶级斗争的攻势；并且我们应当利用民族主义者对工人的

---

[1]《蒋介石日记类钞》，1925年11月12日；又，《蒋介石日记》，1931年4月15日。
[2]《中央执行委员会全体会议闭会日演词》(1926年5月22日)，《蒋校长演讲集》，第84页。
[3]《告民众书》(1927年4月18日)，《革命文献》第16辑，第2815页。
[4]《中国共产党第二次全国代表大会宣言》，《中共中央档选集》(1)，第115页。
[5]《六大以前》，第132-133页，人民出版社，1980。
[6]《关于工会运动与共产党的议决案》，《中共中央档选集》(1)，第77页。
[7]《对于民族革命运动之议决案》，《中共中央档选集》(1)，第339页。

联络，而得步进步地向资本进攻"。[1]中共所提倡的这种"阶级斗争"不仅体现于以暴力夺取政权，而且体现于以疾风暴雨式的群众运动在社会和经济领域进行革命。毛泽东的名言"革命不是请客吃饭，不是做文章，不是绘画绣花，不能那样雅致，那样从容不迫，文质彬彬"，所指并非战争暴力，而是湖南农民对"土豪劣绅"的各种各样的斗争。

还在《民报》时期，孙中山等人就主张废除"不平等条约"。提出"不平等条约"这一概念，可以说是孙中山等人的一项贡献。但是，在策略上，孙中山由于孤立无助，在相当长的时期内不能不尽量争取资本主义列强的援助。因此，《民报》六大主张中有一条，就是要求世界列国赞助中国之革新事业。武昌起义后，孙中山风尘仆仆，奔走于美、英、法诸国，目的是争取他们的经济援助和政治中立。只是在晚年，孙中山在苏联和中共的影响下，才逐渐对列强强硬起来。国民党二大前后，国民党日渐左倾，反帝的态度愈益鲜明强烈，蒋介石也多次表态，要坚决"打倒帝国主义"，但北伐进行中，他逐渐倾向于"首先单独对付一国"，避免帝国主义组成联合战线，使中国"处处受敌"。[2]1926年8月，他在长沙发表对外宣言称："其有赞助吾国之国民革命者，皆以最亲爱之友邦视之；其有妨害吾国之国民革命者，皆与四万万人民共弃之。"[3]同年11月，蒋介石派邵力子出使共产国际，目的之一是争取共产国际赞成国民党对列强的态度：利用矛盾，区别对待。[4]同一时期，国民党中央决定派戴季陶访日，目的即在于安抚日本，使之与中国友好相处，"冀其朝野贤达，知武力侵略乃自害害人，终归失败"。[5]1927年初，汉口发生群众集体冲击英租界事件，汉口和九江租界相继收回，英、美、日担心上海租界的命运，协议增兵来华。此后，蒋介石

---

[1]《对于职工运动之议决案》，《中共中央档选集》(1)，第349页。
[2]《告全体民众书》(1927年4月18日)，《革命文献》第16辑，第2813页。
[3]《蒋校长演讲集》，第277页。
[4] 参见拙作《邵力子出使共产国际与国共两党争夺领导权》，《蒋氏秘档与蒋介石真相》，第131页，重庆出版社，2015。
[5] 戴季陶：《跋特种外交委员会档》，宋子文档，第40盒，美国胡佛档案馆藏。

多次向列强传递讯息，说明自己奉行的外交方针是：尊重历来的条约，不采取非常手段和直接行动加以废除，一定负责偿还外债，充分保护外国企业。[1]他私下对他旧日的日本老师小室静透露，上海租界自应收回，但"若各国对于此合理的要求不予采纳，则更讲求他种手段"。[2]

与国民党相反，中国共产党则始终主张坚决地不妥协地打倒帝国主义。1922年6月，中共二大明确提出，中国的反帝运动要并入全世界被压迫民族的革命潮流，"迅速打倒共同的压迫者——国际资本帝国主义"。[3]为此，中共批评国民党在列强面前表现软弱，"有亲近一派帝国主义的倾向"，"反对帝国主义的英国或美国，却与日本亲善，或反对帝国主义的日本，却与英美亲善"。陈独秀将这种情况称为"半国民运动"，是"不彻底的国民运动"。[4]中共尤其激烈地批评国民党寄希望于列强援助中国革命，称之为"求救于敌"。[5]

孙中山在长期争取世界列强援助中国无效后，转向苏联，确定联俄政策，但是，国民党内有一部分人始终怀疑苏俄援助中国革命的目的，不满意于苏联对蒙古的控制。蒋介石1923年访苏，要求在库伦建立军事基地，并自蒙古向北京进军，推翻直系政权。这一要求遭到苏俄的坚决拒绝。此后不久，蒋介石即在致廖仲恺函中尖锐地批评苏联是赤色帝国主义，对中国怀有祸心。蒋的这一态度被孙中山批评为"顾虑过甚"。[6]此后，蒋一度高唱联俄，否认苏俄有侵略中国的意图，甚至表示："对于俄国同志，只怕他对于世界革命不肯负责任，而不要怕他来揽权窃柄。"[7]但是，蒋介石

---

[1]《最近中国关系诸问题摘要》第2卷，《日本外务省文书》，SP166。
[2]《蒋介石最近之重要表示》，《台湾民报》，1927年3月27日。
[3]《中共中央档选集》（1），第108页。
[4]《中国共产党对于时局的主张》，《中共中央档选集》（1），第37页；《陈独秀关于社会主义的演讲》，《六大以前》，第137页。
[5]《中国共产党第三次全国代表大会宣言》，《中共中央档选集》（1），第165页。
[6] 蒋介石：《苏俄在中国》，《先"总统"蒋公全集》第1卷，第288页，中国文化大学出版部，1984。
[7]《再论联俄》（1926年1月10日），《蒋校长演讲集》，第15页。

是一个要求"独立自主"的人，北伐开始后，蒋介石即逐渐表现出摆脱苏俄顾问控制的企图。1927年初，鲍罗廷在武汉一次宴会上借批评张静江为名，当众、当面批评蒋介石，使蒋感到"奇耻大辱"。[1] "清党"时，他就公开喊出："中国民族当有处分自己之权"，"东交民巷的太上政府断不能代之以鲍罗廷的太上政府"。[2]

中共则在长时期内相信和依靠苏联。1922年，中共二大在《关于"世界大势与中国共产党"的议决案》中提出："苏维埃俄罗斯是世界上第一个工人和农人的国家，是无产阶级的祖国，是劳苦群众的祖国，也是全世界工人和农人与世界帝国主义的国家对抗的壁垒。"《议决案》号召中国工人加入世界工人的联合战线，"保卫无产阶级的祖国"。[3] 在国家关系上，中共

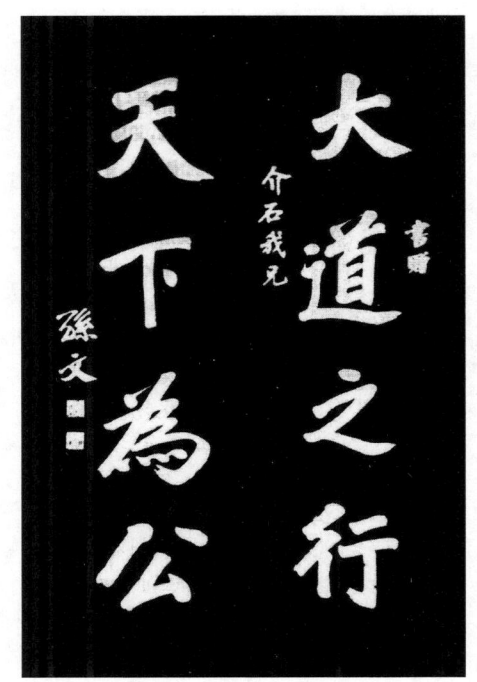

孙中山题赠给蒋介石的字幅："大道之行，天下为公"。题中称"介石我兄"，表达了对蒋介石的期望。

---

[1] 参见拙著《中华民国史》第2编第5卷，第140-141页，中华书局，1996。
[2] 《革命文献》第16辑，第2825页。
[3] 《中共中央档选集》(1)，第59页。

则要求"中俄亲善",经济、政治合作。[1]

"扶助农工",这是两党一致同意的政策,分歧主要表现在对以农工为主体的群众运动的态度上。蒋介石在北伐开始时,即斩钉截铁地宣布:"在本党和政府之下,罢工就算是反革命的行动。"[2]北伐进程中,在中共的领导或影响下,广东、湖南、湖北地区的工人运动风起云涌,有"三日一小罢,十日一大罢"之势。运动中,工人的社会地位、工资水平都得到了一定程度的提高,但是,也出现了若干"左"的倾向,例如,"工资加到骇人的程度,自动缩短工时到每日四小时以下",以及捕捉店主,捆绑游街,等等。[3]对此,蒋介石曾主张双方"调和"。他向商人呼吁:不要拒绝工人的"急迫的要求",保证"本党与国民政府断乎不会蔑视商人";又向工人呼吁:"急须受本党指挥","非但不该仇视商人,并且须在可能范围内急谋谅解"。[4]但是,此后的工人运动并没有按蒋介石所允许的轨道发展,蒋介石对工人运动的不满和敌视日渐强烈。1927年3月,新编第一师党代表倪弼枪杀赣州工人领袖陈赞贤,左派要求严惩,而蒋则对倪持明显的袒护态度。

1924年孙中山于北上前夕,签署过一项命令,减少佃农田租百分之二十五。[5]1926年7月,中共中央将之纳入《对于广东农民运动决议案》。[6]同年10月,国民党在广州召开中央及各省区联席会议,将之纳入《左派政纲》,成为两党一致同意的纲领。[7]北伐军进入湖南后,减租减息斗争掀起。这时,社会尚无明显反对意见。不仅如此,由于湖南等地的农民、农会欢迎北伐军,积极为北伐军带路、担架、侦探,因此,国民党将领对农

---

[1] 《教育宣传问题议决案》,《中共中央文件选集》(1),第204页。
[2] 《战时工作会议之第三日》,《广州民国日报》,1926年6月26日。
[3] 参见刘少奇:《关于大革命历史教训中的一个问题》。
[4] 蒋介石:《告武汉商界同胞书》,《忠告武汉工商同胞书》,均见《广州民国日报》,1927年1月5日。
[5] 鲍罗廷演讲,见《鲍罗廷在中国的有关资料》,第103、111页,中国社会科学出版社,1983。参见《恽代英文集》下卷,第893页,人民出版社,1984。
[6] 《中共中央档选集》(2),第164页,中央党校出版社,1983。
[7] 《中央各省区联席会议录》,油印件。

1924年11月3日，孙中山视察黄埔军校，并作北上前的临别演说。前排孙中山右侧者为蒋介石。

民运动颇有好感。蒋介石曾在日记中写道："各村人民与农会有迎于十里之外者，殊甚可感。农民协会组织尤为发达，将来革命成功，当是湖南为最有成绩。"[1]关于"耕者有其田"，国民党人，包括蒋介石在内，理论上都是接受的。1926年8月，蒋介石曾从湖南前线致电在广州的张静江和谭延闿，要他们和鲍罗廷商量，在国民党中央设立土地制度委员会，研拟解决土地问题的办法。[2]分歧主要在于实行时机、办法、手段和对两湖农民以各种方式斗争土豪劣绅，自行插标分田的态度上。自1927年2月起，毛泽东多次为湖南农民运动喊好，称颂农民完成了"四十年乃至数千年来未曾成就过的奇勋"。毛当然也看出了运动中存在"左稚之病"，如：有五十亩地，即为"土豪"，穿长衫，即为"劣绅"，以至提出"有土皆豪，无绅不劣"的口号，以及农民斗地主的手段"出于法律之外"，当时的乡村已"陷于无政府

---

[1]《蒋介石日记类钞》，1926年8月3日，中国第二历史档案馆藏。
[2]《革命文献拓影》，第6册，《蒋中正"总统"档案》；又1926年9月12日《共产国际执行委员会远东局使团关于对广州政治关系和党派关系调查结果的报告》称："蒋介石重新转向了社会舆论，他的政治行为又变得更明确了。国民党中央收到了蒋介石要求起草《土地法》的建议。"见《联共（布）、共产国际与中国国民革命运动》（3），第477页，北京图书馆出版社，1998。

状态",等等。但他认为,"矫枉必须过正",这一切都是"革命斗争中所必取的手段","过分一点也是对的","不是东风压倒西风,就是西风压倒东风,怎能不严厉一点"。[1]蒋介石、汪精卫等人则与毛泽东的态度完全不同,他们声称湖南农民运动是"无条理暴动",视为对社会基础的"大破坏"。[2]武汉国民党中央于1927年5月发布《保护公正绅耆训令》,指责农民"扰乱破坏公共秩序","无异于反革命,应由各地党部随时制裁"。[3]一个赞誉为"奇勋",一个愤而要"制裁",两者的距离真是不可以道里计了![4]

国共两党在思想、理论、策略上还存在其他种种分歧或相异之点,这里不能一一列举。

二 促成两党破裂的国内外因素

第一次国共两党的合作形式是共产党员以个人身份参加国民党,即所谓"党内合作"。采取这一形式是孙中山本人和共产国际代表马林的共同意见。对于这一形式,以陈独秀为代表的中共领袖们长期想不通,多次抵制,在勉强接受以后,又曾多次要求退出,只是由于斯大林和共产国际的压力,"党内合作"才得以维持到1927年。"党内合作",在部分国民党人看来,无异是孙行者钻进铁扇公主的肚子。他们既担心共产党掌握国民党大权,"赤化"国民党;又对不时出现的来自共产党的批评感到恼火,更对共产党在国民党内部组织"党团",发展共产党员感到疑虑不安。因此,从孙中山决定"容共"之日起,国民党内始终存在着一股反对"容共"的力

---

[1] 以上引文,参见《湖南农民运动考察报告》(1927年版)、《视察湖南农运给中央的报告》《湖南农民运动目前的策略》《湖南省第一次农民代表大会宣言》,均见日本毛泽东文献研究会编《毛泽东选集》及《毛泽东选集补卷》。
[2]《武汉中央执行委员会告中国共产党书》,《革命文献》第16辑,第2833页;《国民政府为国民革命奋斗实现三民主义宣言》,同前书,第2815页。
[3]《汉口民国日报》,1927年5月25日。
[4] 关于解决土地问题的分歧,不仅表现于国共两党之间,而且深刻而广泛地表现于国民党和共产党的内部,限于篇幅和本文主题,这里不能详论。

量。他们一次又一次地向孙中山建言、上书，要求和共产党"分家"，各自独立。孙中山在世时，这一派被压制着；孙中山逝世后，这一派先是亮出自己的主义——戴季陶主义；继而形成自己的派别——西山会议派。

列宁最初在苏联实行军事共产主义。20年代，改行"新经济政策"。与此相应，在中国推行的政策也具有稳健性。国民党一大提出的"节制资本"，既是孙中山和国民党人的一贯思想，也和"新经济政策"若合符节。因此，孙中山曾高兴地宣布，列宁的新经济政策就是他的民生主义。但是，列宁逝世以后，斯大林即着手改变列宁的既定路线，苏联的内外政策逐渐"左"倾。与此相应，共产国际的政策也向强硬、激烈方向变化。从强调联合殖民地、半殖民地国家的资产阶级共同革命，改变为警惕"同路人"变质，准备"分手"。1926年12月的共产国际第七次扩大全会认为，中国革命已经进入第三阶段，即"运动的基本力量将是革命性更强的联盟——无产阶级、农民阶级和城市小资产阶级的联盟，把大部分大资产阶级排除在外。"共产国际要求中共做出选择："是同资产阶级中的大部分势力维持联合，还是进一步巩固自己同农民的联盟。"[1] 布哈林在会上严厉批评中共害怕资产阶级反对，进行"土地革命"不力，迫使中共代表谭平山在会上做出检讨。此后，中共部分领导人力图紧跟共产国际的步伐，另一部分则对共产国际的指示持消极和抵制态度。中共内部的"左""右"倾斗争趋于激烈，在相当长的时间内找不到整合的意见和办法。

在苏联和共产国际鼓励和支持中国"激烈派"的同时，列强则期待中国出现"温和派"。对于中国革命，列强自然是不喜欢的，部分极端分子甚至有过武装干涉的打算，但是，列强出兵又是极为审慎的。在大多数情况下，列强希望革命营垒中出现"温和派"，推行其可以接受的政策。早在1926年1月，英国驻华公使麻克类（J. W. R. Macleay）就提出："我们最重要的方针是就此住手，静观其发展，以期中国即将来临的事件导致广州的

---

[1] 《共产国际有关中国革命的文献资料》第1辑，第280页。

布尔什维克势力削弱，更温和的党派在那里占优势。"[1] 同年4月27日，美国驻广州领事詹金斯（D. Jenkins）致函驻华公使马慕瑞（J. V. A MacMurry）说："从美国人的观点来看，如果国民党内的温和派一旦获得完全统治，整个形势将大为改观。"[2] 在经过相当时期的观察、研究后，列强逐渐认为蒋介石就是这样的"温和派"。

1927年3月，蓝普森（M. W. Lampson）向英国政府报告说：蒋介石"现已显示出国民党温和派领袖的本色，看来他和他的朋友们终于走到挫败极端派及其俄国顾问的转折点"[3]。同月下旬，南京发生大规模的排外事件，多处领事馆、外侨住宅、商店、教堂遭到抢劫，列强借此加紧压迫蒋介石采取行动，镇压激烈分子，维护秩序。30日，日本驻沪总领事矢田七太郎受日本外务省指派，会晤蒋介石称，时机已到"千钧一发的重大关头，弥漫着某些细小事端都可以引起重大事件的危险性"。他要蒋介石"深刻考虑"上海的"治安问题"，蒋则答以"业已体察尊意，一定严加取缔"。[4]

20世纪20年代，中国民族资产阶级，特别是金融资产阶级的力量有了较充分的发展。以中国银行为例：1917年时，其私人股份为727.98万元，至1927年，增加到1500万元，增加率为100%；1917年时，其存款为14，869，500万元，1927年时，增加到33，049，700万元，增加率为122%。当年，中国已有57家新式银行，其中48家为中国资本的商业银行，共有资本8000万元，存款总额达3亿6000万元，其中80%集中于10家银行。[5] 银行业已如此，其他行业的发展状况可以想知。

中国民族资产阶级苦于外资挤压和军阀压榨，希望国家统一和强大。在一段时期内，民族资产阶级对广东革命政府和北伐是持好感的。1926年，上海资本家王晓籁等人组织代表团访问广州，印象良好。但是，广东

---

[1] FO, 371, VOl. 11621, F513 / 1 / 10, Appendix 10.
[2] FRUS, 1926, Vol, 1, p. 705.
[3] Lampson to Chamberlain, Mar. 9, 1927, FO, 800, VOl. 260.
[4] 《矢田致币原电》，《日本外务省文书》，微卷，PVM27。
[5] 张家璈：《中国货币与中国银行的朝向现代化》，张家璈文件，胡佛档案馆藏。

地区的工人运动发展起来之后,他们对革命逐渐害怕起来。工人一而再再而三的罢工,以及不断增长的提高工资的要求都损害了他们的经济利益,他们尤其不能接受的是工人成立工会后,自己就失去了自由解聘员工的权利。北伐军攻下武汉后,天津《国闻周报》发表过一篇题为《全国实业界应要求蒋介石宣明态度》的文章,中称:"蒋军之政治政策,固尚鲜明,而经济政策,极为暧昧。谓为赤化也,则广州尚未闻资本制度之铲除;谓为非赤化也,则广州咸传为劳工势力所支配。"该文要求蒋介石明白回答:"是否仿照赤俄,将以其旧政策为模范耶,抑以其新政策为模范耶?""其以共产主义为主义乎?将以资本主义为主义乎?抑介二者之间别有新政策乎?""在广州之劳工政策,将推行于长江流域乎?对香港之封锁政策,将采用于全国商埠乎?"该文称,中国连年战祸,民生困苦,实业生机,

虞洽卿(1867—1945),浙江镇海人,名和德,中国近代著名资本家。1927年"四一二"政变后,一直支持蒋介石的反共政策。抗战时期,他坚持抗日爱国,不当汉奸,日军占领租界后离沪赴渝,到大后方经营滇缅公路运输,支持抗战。1945年4月在重庆病逝。

不绝如线，不能也不应该"赤化"。[1]这篇文章可以看作中国民族资产阶级对蒋介石的一次公开呼吁。后来，武汉工人运动进一步发展，"左"的倾向也日益发展，资本家们迫切需要找寻蒋介石的庇护。1927年3月，蒋到上海后对虞洽卿表示，"抱维持资本家主张"，又对上海商业联合会代表称："关于劳资问题在南昌时已议有办法。所有保商、惠工各种条例，不日当可颁布，决不使上海方面有武汉态度。"[2]于是，上海资本家，特别是金融资本家们纷纷解囊，以换取蒋对工人运动的抑制。

继工人运动之后，两湖地区的农民运动也日益激烈。1926年11月，湖南全省75个县中，有37个县建立了农民协会，入会农民1367727人；1927年4月，激增至63县，500余万人。[3]农民运动的内容也从支持北伐军发展为揪斗"土豪劣绅"。对此，一部分人觉得"痛快"，视为革命的必要之举；一部分人觉得"过火"；一部分人则痛心疾首。当时，唐生智所部军队或在河南前线作战，或卫戍武汉。其军官中有不少人出身地主之家，他们的老子或亲属在家乡被斗，反共情绪因而日益强烈；广东地区的农民运动比较"温和"，张发奎的部队就在一段时期内"亲共"。

三 两党关系从合作向破裂的演进

国共两党第一次合作的破裂有一个演变过程。始于国共两党对中国革命领导权的争夺，发展为国民党内部的党权、政权、军权之争，终于"清党"、分共，两者以刀兵相见。国共两党合作，意味着两党结成统一战线。在这一联合中，到底谁听谁的，谁领导谁？开始时这一问题并不明确。孙中山允许共产党员以个人身份参加国民党，这意味着他只想领导参加国民

---

[1]《国闻周报》第3卷36期，1926年9月19日。
[2]《一九二七年的上海商业联合会》，第46、48页，上海人民出版社，1983。
[3] 以上统计，前者据毛泽东《湖南农民运动考察报告》(1927年版)，后者据《湖南各团体请愿代表团农民协会代表报告》，《汉口民国日报》，1927年6月12日。

党的共产党员，而不想领导共产党。李大钊在国民党一大会议上声明，宣称中共愿意接受国民党的政纲，"在本党总理指挥之下，在本党整齐纪律之下"，"以同一步骤，为国民革命奋斗"[1]。这个时候，他显然没有想到过，要领导国民党的问题。

然而，根据列宁的理论，在资产阶级民主革命中，无产阶级是要掌握领导权的。1923年5月，共产国际明确指示中共，领导权应当归于工人阶级的政党。[2]但是，共产国际并没有指示，中共如何争取和掌握领导权。事实上，在共产党员以个人身份加入国民党这一特殊的"合作"形式中，也很难找到妥善的办法。当时，中共采取的基本办法是改造国民党，其具体办法有：批评国民党政治纲领的软弱性和不彻底性，企图以自己的坚定性去影响国民党；发展国民党中的先进分子加入共产党；以共产党员去充任国民党的高级干部；为国民党组织省、市和基层党部，等等。但是，这几种办法都引起国民党中部分人士的反感。于是，中共只能改变"包办"方式，致力于发展国民党左派，支持左派，扶植左派，企图通过左派去贯彻自己的主张，间接掌握领导权。孙中山逝世以后，汪精卫是公认的国民党"左派"领袖，中共对国民党的领导部分通过汪精卫，部分则通过在国民党中央工作的谭平山等人。

1926年中山舰事件之前，蒋介石在北伐时机等问题上和苏联军事顾问（实际上是和苏共中央、共产国际）发生分歧，蒋介石认为中国革命必须"独立自主"，力图摆脱苏共对中国革命的控制。中山舰事件后，苏共决定对蒋介石让步，作为左派领袖的汪精卫得不到支持，愤而出国。同年5月，蒋介石在国民党二届二中全会上提出整理党务案，其目的是限制中共在国民党内部日益扩大的力量和影响，苏共中央再次决定让步，并且帮助蒋介石顺利掌握了军权和党权，成为国民革命军总司令和国民党中常会主席。

---

[1]《李大钊文集》（4），第370页，人民出版社，1999。
[2]《中共中央文件选集》（1），第586页。

至此，可以说是国共两党争夺领导权的第一阶段，蒋介石取得胜利。

中山舰事件前，黄埔军校内部发生左右两派的分歧和斗争，蒋介石为此感到烦恼。他认为，法国革命由于指挥不统一，因此发生多头政治，彼此冲突，而俄国革命之所以成功，就在于党的组织统一，有唯一的领袖指导。1926年5月，他在国民党二届二中全会闭幕时公开提出："世界革命须统一，中国革命也须统一"，"中国的国民革命是要由国民党统一指挥的"。[1]此后，他多次演讲，声称革命"只需要一个党，不应有两个党，只要有一个主义，而不应用（有）两个主义"[2]。为了解决当时两党并存的矛盾，他要求作为"小党"的共产党做出"牺牲"——参加国民党的共产党员"暂时退出共产党"，"做一个纯粹的国民党党员"，"使中国国民党成为一个很强固的党，把中国革命势力和指挥统一起来"。他说："大党中间有一个小党，党员在团体里面另有所组织活动，这个大党一定是要摇动的，不会坚固的，一定是很容易崩坏下来的。"[3]蒋并预言，在国民革命成功之后，共产会"发展"，会"成功"。蒋的要求表现出，他对跨党的共产党员的个人质量、革命精神颇有好感，但他不能容忍共产党员在国民党内活动，和他分庭抗礼。蒋的要求遭到鲍罗廷和中共的抵制后，便于1926年11月派邵力子出使共产国际，以承认共产国际是世界革命领导为条件，要求共产国际承认国民党对中国革命的领导权。

两党都要求领导权，但领导权只能有一个。中国没有服从民意，取决于选票的传统；即使有，在北伐过程中也无法付诸实施。于是，共产国际和中共仍然采用老办法，支持和加强国民党左派。蒋介石按照自己的意图率军北伐后，鲍罗廷和中共都感到蒋介石的权力过于庞大，力图加以限制。于是，发起迎汪复职运动，召开左派占优势的国民党中央及各省区代表会议，通过"左派政纲"，同时企图改变国民党中央领导，将蒋介石从最高领袖的

---

[1]《中央委员会全体会议闭会日演说词》，《蒋校长演讲集》，第83页，1927。
[2]《高级政治训练班训词》，《蒋校长演讲集》，第85页。
[3]《六月七日总理纪念周讲话》，《蒋校长演讲集》，第99页。

位置上拉下来。结果，前者得到实现，但后者却受到国民党代理中常会主席张静江的坚决抵制。1926年10月，北伐军克复武汉，蒋介石要求国民政府迁都该地。12月，鲍罗廷和先期到达武汉的部分国民党中央委员、国民政府委员成立以徐谦为首的临时联席会议，代行中央职权。这是一个在实际上改变国民党中央权力结构的措施，事前未和蒋介石商量，未经中央全会讨论，国民党党章中也没有对这一组织层次的规定，因此被蒋介石指责为非法。蒋随即改变主张，要求暂以南昌为首都，从而发生迁都之争。鲍罗廷和国民党左派认为蒋介石出尔反尔，以军权挟制党权，发起提高党权运动，企图以党权限制蒋介石掌握的军权。1927年3月，国民党二届三中全会在武汉召开，不仅将左派的许多政见纳入大会决议，而且以集体领导取代国民党长期实行的党魁制，蒋介石因而失去国民党的最高领袖地位。至此，可以说是国共两党争夺领导权的第二阶段，左派取得胜利。

迁都之争后，蒋介石决意向长江下游进军，同时密谋"清党"。中共和国民党左派也力图削弱蒋介石的军权，同时密谋通过第六军军长程潜逮捕蒋介石。1927年4月，蒋介石在上海金融资产阶级和桂系的支持下，收缴工人纠察队武装，通缉并逮捕共产党人，随后在南京成立国民政府，形成与武汉国民政府对峙的局面。武汉国民政府在汪精卫归国后，虽然加强了讨蒋的声势和舆论宣传，但是几经权衡，仍然采取了联络冯玉祥，先行北伐的方针。

共产国际第七次扩大全会的精神传入中国后，两湖地区的工农运动，特别是农民运动的广度、烈度都迅速发展，中共内部或认为"必要之举"，或认为"过火"现象，争论不一，但是，武汉的国民党左派却普遍认为"过火"。1927年春夏，武汉国民政府曾发表一系列训令，目的都在于纠正"过火"现象。当时，由于工人罢工、列强与南京方面的封锁等多种原因，武汉政府及其所控制的地区经济空前恶化，苏联原来答应给予的援助又未能充分兑现。7月15日，汪精卫集团"分共"，第一次国共合作至此遂完全破裂。

1927年3月10日，在汉口召开的国民党二届三中全会通过了限制蒋介石权力的决定。图为会议执行委员合影，前排中为宋庆龄，宋左一为孙科，左二为谭延闿，宋右一为宋子文，右二为陈友仁。二排左二为董必武，左八为毛泽东，左九为林伯渠。

1924年，蒋介石说："必能容纳共产党，始为真正之国民党。"[1] 1927年，蒋介石却说："如果国民党要成功，非先消灭中国共产党不可。"[2] 短短的几年内，蒋介石对共产党的态度发生了迥然不同的变化。

四 两党破裂与近代中国的历史发展

蒋介石说过："共产党不仅有组织，有纪律，而且比国民党组织纪律严厉得多，对于革命有步趋、策略、方针、政纲，与其他团体不同。国民党除与共产党合作外，尚有何党何派可与之联合？现在已可看得明白，革命党不仅不与共产党分离，且应日日团结，方能扩大力量，适合本党的政策。如放弃、排除，使共产党在革命工作上受打击，而本党处领导

---

[1]《为西山会议告同志书》，《蒋校长演讲集》，第216页。
[2]《蒋总司令在清党后对于时局的演讲》，《革命文献》第9辑，第1319页。

民众地位，离开共产党所受打击更大些。"[1] 后来中国的历史发展，正如蒋介石所言。

两党破裂使国民党丧失了大批精英。国民党改组前，组织松散；国民党采取"容共"政策后，大批信仰共产主义的年轻精英在国民党改组过程中发挥了重要作用。对此，蒋介石评论说："国民党若没有这些新进的党员加入，或许失去国民党的革命作用。因为一般青年分子是很有力量的，思想是很澈底的。"[2] 在一段时期内，国民党的许多宣传机构，国民党中央、上海等地方党部的许多实际工作，都由共产党员"包办"，北京、天津、南京、安徽、湖北、湖南、江苏、浙江等省市党部甚至都由共产党"为之创设"。[3] 两党破裂后，这部分跨党分子或遭逮捕、杀戮，或者转为反抗国民党的力量，国民党回复到改组前的松散、疲弱状态。

两党破裂也使国民党失去了工农群众。国民党一大前后，国民党确立了"扶助农工"的方针，但是，真正深入到工农中去，发动工农，组织工农的大部分是共产党人，各地的工会、农会也差不多都掌握在共产党人手中。两党破裂后，工农运动停顿，国民党既缺乏联系工农的能力，也缺乏动员工农的革命纲领，因此，很快就失去了大批工农群众。

两党破裂还使国民党失去了苏联的援助，不得不寻求新的"与国"。国民党曾经希望和日本搞好关系，但是，日本当时是新兴的极富侵略性的国家，1927年，蒋介石下野后访日，没有取得任何成果。在北伐战争以后，英国即逐渐从东方撤退；美国也不很重视和中国的关系。因此，在相当长的时期内，国民党并没有得到列强的实质性的援助。这种情况，直到抗战爆发后才缓慢地发生变化。

两党破裂后，国民党的外交和内政都发生了不同情况的变化。外交上，大体坚持了孙中山等人原定的目标，而在内政上，却发生了严重的停

---

[1] 《政治党务报告》，1926年8月25日，《蒋校长演讲集》，第193—194页。
[2] 《高级政治训练班训词》（1926年5月22日），《蒋校长演讲集》，第89页。
[3] 参阅《国民运动进行计划决议案》，《中共中央档选集》（1），第200页。

滞和倒退。

前文已经指出,国民党原来对列强的态度比较温和。国民党改组后,受到共产党影响,外交政策趋向强硬,"废除不平等条约"的口号升级为"打倒列强"和"打倒帝国主义";与此相联系,国民党政府和列强的谈判常常伴以大规模的群众示威和罢工。两党破裂后,国民党在外交领域排除群众运动,从强硬退回温和,企图以长期、耐心的谈判和列强磋磨,以期废除鸦片战争以后列强强加的各种不平等条约。

1927年5月,伍朝枢就任南京政府外交部长,宣布其外交方针为:1. 不采用暴力手段;2. 于相当时期提议废止不平等条约;3. 打倒帝国主义非排外主义。伍朝枢并解释说:国民党要打倒的帝国主义,是侵略中国的帝国主义,而不是无选择性的排外。[1]1928年6月,黄郛接任外交部长,继续要求废止不平等条约,但措辞更为委婉,态度更为软弱,声称在新约尚未订定之前,"国民政府准备与各友邦维持并增进其亲善工作";即使对于干涉中国内政的国家,黄郛也仅示:"不得不采取并施行最适宜之应付方法。"[2]黄郛之后的王正廷虽然标榜"革命外交",但他还是要在"铁拳之外,罩上一层橡皮",[3]实际上其办法还是和列强长期协商、谈判。

不过,南京国民政府还是在力图收回国家失去的权利。1927年7月,国民政府决定于当年9月1日起实行关税自主,但不久又决定暂缓。1928年7月,国民政府与美国签订《整理中美两国关税关系之新条约》,此后经过漫长谈判,直到1930年5月与日本签订《关税协议》止,世界各国才都承认了中国的关税自主权。

在收回关税自主权的同时,南京国民政府又着手废除列强在中国的治外法权。1929年12月,国民政府公布撤废领事裁判权特令,随即遭到列

---

[1] 程道德等编:《中华民国外交史资料选编》(1919—1931),第410页,北京大学出版社,1985。
[2] 洪均培:《国民政府外交史》,第241-242页,上海华通书局,1930。
[3] 转引自楼桐孙:《新约平议》,《东方杂志》第26卷第1号。

1927年4月18日,南京国民政府成立,定都南京,与武汉国民党中央及政府相对抗,形成宁汉分立的局面。图为南京国民政府要员合影,从右二至左,王宠惠、胡汉民、伍朝枢、吴稚晖、蔡元培。左一为蒋介石。

强反对,国民政府再次退让,宣布"仍将通过与列强的会商来废除这一特权"。[1]至1931年九一八事变前夕,国民政府与英、美的谈判已获初步成效。此外,国民政府还收回了威海卫英租界、天津比利时租界、镇江英租界、厦门英租界和部分司法主权。

全面废除不平等条约是抗战期间的事。1942年3月,国民政府外交部向盟国提出:"一切不平等条约,战后应无条件取消。"蒋介石认为外交部所定时间过晚,于同年10月草拟交涉要点,敦促美国提前放弃不平等条约。[2]此后不久,国民政府即先后与美、英签订平等新约。为此,国民政府发表文告称:"我们中华民族,经五十年的革命流血,五年半的抗战牺牲,乃使不平等条约百周年的沉痛历史,改变为不平等条约撤废的光荣记录。"[3]不过,历史不会是笔直的。1945年8月,国民政府与苏联签订的《中苏友好同盟条约》仍然是一个不平等条约。1946年11月签订的《中美友好

---

[1]《外交部关于废约的宣言》,1929年12月30日,《中华民国史档案数据汇编》第5辑第1编,外交卷,第52-53页。
[2]《蒋介石与威尔基谈话记录》,秦孝仪主编:《中华民国重要史料初编-对日抗战时期》第3编,《战时外交》(第1册),第523页,"中央文物供应社",1981。
[3]《先"总统"蒋公思想言论总集》,第32卷,第47页,台北,1984。

通商航海条约》形式上平等，而实际内容并不平等。

纵观南京国民政府的外交史，温和、软弱、妥协是其特色，但仍然为废除不平等条约、收回国家主权做了不少工作。

与外交相比，南京国民政府在内政上的成绩却殊难令人满意。这一点，尤其明显地表现在实行孙中山的理想——"耕者有其田"方面。

国共分裂后，国民政府于1927年5月颁布《佃农保护法》，规定佃农缴纳租项不得超过收获量的百分之四十。[1]1930年6月，国民政府又在《土地法》中规定，"地租不得超过耕地正产物收获总额的千分之三百七十五"，俗称"三七五减租"。但是，国民党严格规定："绝对取消共产党阶级斗争的抗租、罢工、怠工、减工之亡国灭种政策。"[2]两个法令均长期停留于纸上。1927年年底至1928年年底，浙江省曾经打算执行"二五减租"政策，

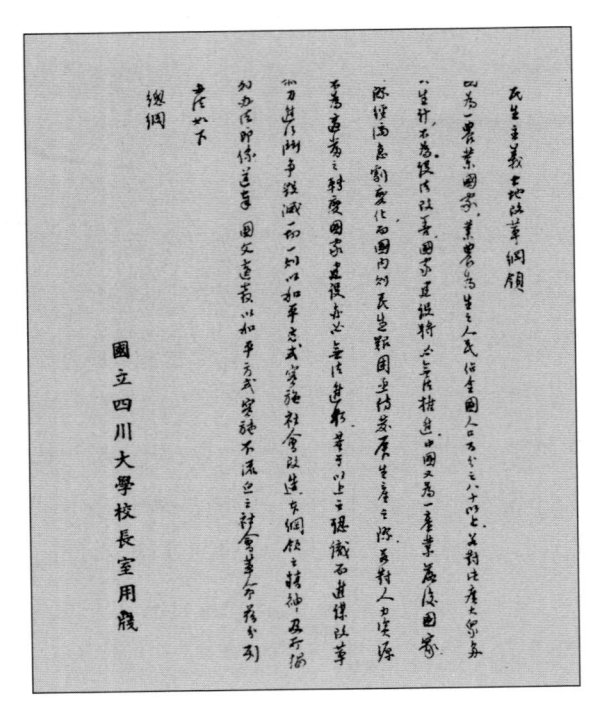

居正草拟的土地改革纲领

---

[1] 国民政府档案，见侯坤宏编《土地改革史料》，第33页，（台北）"国史馆"，1988。
[2] 《先"总统"蒋公全集》，第1册，第573页，台北，1984。

然而城乡地主们群起反对，省政府主席张静江也建议取消，国民党中央派戴季陶调解，结果不了了之。

抗战胜利后，国民政府行政院于1945年10月通令，减免佃农应缴地租的四分之一，但实际执行的仅江苏吴县等少数县份。1946年11月，蒋介石下令：自各省明令实施二五减租办法之日起，地主不得借故更换租约，增加租额，不得借故撤佃。同时要求各级社会行政机关，协同党部、团部，充实各地农会组织，大量争取佃农、雇农为会员，以便推行减租运动。[1]但是，也只是说空话。1948年8月，蒋介石阅读毛泽东的《中国革命战争的战略问题》，恍然悟到中共得到农民拥护的原因，决定在国民党"收复区"承认中共的土改成果。手令称："吾人必须打破其优点，为尔后发挥战斗力之要着；其对策应考虑土地政策，实行耕者有其田，并于收复区已分配之土地，承认其所有权，以争取农民。"[2]国民党在30年代"剿共"时，长期实行"田还原主"政策，现在承认"翻身农民"的土地所有权了，自然是一个重大的改变。[3]然而，当时国民党人正依靠城乡地主的支持和中共作战，又何能贯彻这一指令，侵犯支持者的利益呢！

1949年，国民党在大陆失去政权，退保台湾，痛定思痛，才在1951年6月颁布《三七五减租条例》，于1953年1月公布《实施耕者有其田条例草案》。后一条例规定，既要帮助佃农取得其耕作土地之所有权，同时也保护地主的利益。其办法是，政府一面采取强制性的措施和价格，收购地主的土地，转售给现耕农；一面出售"国营公司"的股份，便利地主投资，将地主的土地所有权转变为工业厂矿的股份。台湾的这一土改方案和孙中山的"平均地权"思想并不一致，但解放了农村生产力，为台湾后来的经济起飞打下了基础。

---

[1] "行政院"档案，《土地改革史料》，第144页。
[2] "行政院"档案，《土地改革史料》，第185-188页。
[3] 1932年6月，蒋介石在庐山召开会议，通过的《剿匪区内各省农村土地条例规定》："被匪分散之田地及其他不动产所引起之纠纷，一律以发还原主，确定其所有权为原则。"见《地政月刊》第1卷第6期。

国民党失去大陆的原因很多，但失去农民支持应是主因。1949年4月，著名银行家陈光甫在日记中写道："今日之争非仅国民党与共产党之争，实在可说是一个社会革命。共产党的政策是穷人翻身，土地改革，努力生产，清算少数分子……所以有号召，所以有今天的成就。反观国民党执政二十多年，没有替农民做一点事，也无裨于工商业。"[1]陈光甫并非"亲共"分子，应该承认，他的这段议论是客观的、公正的。和国民党的情况相反，中共在两党破裂后转入农村。它虽损失了不少党员，但是，因祸得福，却在农村中获得了生根发芽的新机会。中国农民处于中国社会的最底层，保持着改变现状的强烈要求。共产党在这个新天地里发展、壮大，以农村包围城市，最后，依靠穿上军装的农民打败了国民党以美国武器装备起来的现代化的军队。

抗日战争期间，国民党和共产党进行第二次合作。毛泽东总结第一次合作时期的经验，作了三项重要决策：一是采取"党外合作"的方式，避免"党内合作"所必不可免的种种矛盾和猜忌；二是明确宣布"孙中山先生的三民主义为中国今日之必需"，其后，毛泽东又提出新民主主义论，将中国革命分为两步走，克服"一步到位"的"左"倾急性病；三是调节阶级关系，宣布取消"暴动政策"和"赤化运动"，在一切抗日的阶级和党派之间提倡"互助互让政策"，主张"既不应使劳苦大众毫无政治上和生活上的保证，同时也应顾到富有者的利益"。[2]这三项决策保证了第二次国共合作能贯穿于抗日战争的始终，成为抗战胜利的重要原因之一。但是，1949年之后，毛泽东重犯"左"倾急性病和迷信阶级斗争两大错误。在经济上，匆匆忙忙搞"三大改造"，搞大跃进，搞人民公社，企图尽快将资本主义等非公有经济成分消灭干净，以便及早建成社会主义和共产主义。在政治上，提倡阶级斗争要"年年讲，月月讲，天天讲"，以为在任何情况下都

---

[1] 陈光甫日记，美国哥伦比亚大学珍本和手稿图书馆藏。
[2]《中国共产党在民族战争中的地位》，《毛泽东选集》第2卷，第525页，人民出版社，1991。

是"阶级斗争一抓就灵"。这两大错误的严重后果是造成1959年至1962年的严重经济困难和1966年开始的十年动乱。邓小平搞改革开放,首先致力的就是纠正毛泽东的上述两大错误。他积极引进外资,允许个体经济和私有经济等非公有经济成分的存在和发展,宣布中国目前所建设的只是"社会主义初级阶段",这就从根本上纠正了许多中共党人急于建成社会主义、共产主义的"左"倾急性病。同时,废止"以阶级斗争"为纲的方针和一系列政策,明确宣布以经济建设为中心,这就从根本上纠正了中共党内长期存在的对阶级斗争作用的夸大和迷信。

  我们没有材料证明邓小平具体研究过20年代国共合作与分裂的教训,但是,他所开创的改革、开放事业显然是总结中国革命长期以来经验和教训的结果;我们也没有材料证明邓小平研究过孙中山的思想,但是,他的改革、开放理论显然综合了包括孙中山在内的许多仁人志士的经验和智慧。

蒋介石与北伐时期的江西战场

江西战场是北伐时期的三大战场之一。它由作为国民革命军总司令的蒋介石亲自指挥,其对手是直系军阀的后起头目孙传芳。研究这一战场上的两军作战史,不仅有助于了解蒋介石其人及其军事活动,而且也有助于了解北伐战争,获得军事史上的某些经验。

一 孙传芳出师援赣

江苏、浙江、安徽、江西、福建向为富庶之区,孙传芳于1925年11月成为五省联军总司令后,便提出"保境安民"口号,一以杜外人觊觎,保住到口的肥肉,二以迎合东南资产阶级的愿望。还在北伐军入湘前,孙传芳就声明:"人不犯我,我绝不犯人","如贪婪窃发,抉我藩篱","亦惟有率我五省之师旅,以遏制之而已"。[1]1926年北伐军入湘后,孙传芳又于6月12日召开军事会议,宣布"无论何方军事,均主以消极眼光应付之","不加入任何漩涡"[2]。吴佩孚曾派人到宁,要求孙传芳援湘,但孙不愿意为吴火中取栗,他企图坐山观虎斗,在两败俱伤后占领两湖,坐收渔人之利。7月27日,孙传芳接见国闻社记者时,以一副悲天悯人的姿态说:"循环无已之战争,国人孰不痛心?天下无可以杀尽百姓之英雄,是以平日持论,治军必先爱民。"又说:"目下情形,南方实严重于北方","最好将北方之事,完全交奉方主持",吴佩孚"尅日南来,对付湘粤"[3]。28日,孙传芳命亲信,时任北洋政府农商总长的杨文恺赴长辛店,向吴佩孚进言。但

---

[1]《孙传芳抵沪后之通电》,广州《民国日报》1926年5月13日。
[2]《孙传芳又开军事会议》,广州《民国日报》1926年6月26日。
[3]《孙传芳在南京发表之谈话》,《晨报》1926年8月1日。

吴佩孚正忙于指挥南口之战，完成包围国民军的计划，无意立即南下。他要求孙"特别设法"，使"讨赤军内部之团结"臻于"圆满"，对湖南战事，则请孙"多为帮忙"，"量力予以相当之接济"。[1]对此，孙传芳的答复是，"无力遥顾湘战"[2]，他仍然要求吴佩孚"督饬各军，迅扫西北之敌"，然后"回师南下，坐镇长江"。[3]当北伐军节节前进之际，孙传芳却在南京优哉游哉地修明礼乐。8月6日，举行投壶新仪，声称："吾国以礼乐为文化之精神，今欲发扬文化，非以修明礼乐不可。"[4]同时，又组织修订礼制会，聘请章太炎、沈彭年、姚文㭬、汪东等一批名流为会员，以章太炎为会长。孙传芳称："此次举行投壶典礼，看似迂阔，实则君子礼让之争，足以感人心而易末俗。"[5]

当时，江浙地区正在掀起和平运动。参加这一运动的社会成分很复杂。部分绅商既害怕国民革命军进入东南，也反对孙传芳出师援助吴佩

1926年7月9日，广州东校场举行北伐誓师典礼，国民革命军总司令蒋介石发布誓师词。

---

[1]《杨文恺将出京赴宁》，《申报》1926年8月1日9版。
[2]《孙传芳仍持保境安民态度》，《申报》1926年8月6日4版。
[3]《孙传芳致吴电之真相》，《申报》1926年8月4日7版。
[4]《孙传芳提倡之投壶新仪》，《申报》1926年8月2日9版。
[5]《江苏修订礼制会成立纪详》，《申报》1926年8月12日9版。

乎。中国国民党、中国共产党在江浙地区的组织及其影响下的进步力量则企图以此牵制孙传芳出兵，争取民众同情。[1]8月初，苏州、无锡、武进、镇江、淮阴以及上海县的商会会长联名致电孙传芳，对所谓"援湘"准备表示惊疑。电文称："兴无名之师，何如以不战服人？惩异端之攻，何如以自强不息！"电文要求孙传芳"熟筹全局，慎于一发"。[2]随后，南京部分绅士和法团领袖联袂会见孙传芳，要求他"力顾五省保境安民宣言，勿牵入湘、粤战争漩涡"。[3]11日，上海全苏公会召开特别大会，议决七项，其要者为：1.电致孙传芳，赞成"消极的增防"；2.警告北伐军总司令部，请其严饬所部，绝对不得越闽、赣省境一步；3.通电本省及浙、闽、皖、赣四省各团体，一致运动和平；4.联络上海各法团，共作和平运动；5.通电全国军事当局，请停止战争，共谋国是；6.发表和平宣言。[4]9月8日，全浙公会常务董事会召开紧急会议，公推蒋尊簋、殷汝骊、沈田莘三人赴宁，向孙传芳请愿。[5]13日，又决定派蒋尊簋、魏炯（伯桢）二人赴汉口，和蒋介石接洽。[6]其后，江苏派出袁观澜、黄炎培、赵正平，福建派出方声涛、史家麟，安徽派出许世英、王龙亭，江西派出徐鹤仙等人，参加和平运动。一时间，各种名目的和平组织纷纷涌现。有一个名为"五省和平祈祷会"的组织，甚至致电张天师，邀请他莅沪"设坛酿醮"。[7]

进步力量企图以和平运动牵制孙传芳出兵，乖巧的孙传芳则将和平的口号接过来，作为阻拦北伐军的口实。8月11日，他复电各商会，声称："逞能肆态，驰骋角逐，以较一日之胜负，残民、蠹财、溺国，芳虽愚，

---

[1] 张曙时、侯绍裘：《江苏最近政治、党务简单报告》（油印本）；韩觉民：《上海特别市党部报告》（油印本）。
[2] 《各商会关于时局通电》，《申报》1926年8月9日13版。
[3] 《南京快信》，《申报》1926年8月12日9版。
[4] 《各团体运动和平》，《申报》1926年8月12日13版。
[5] 《全浙公会请孙蒋维持和平》，《申报》1926年9月9日13版。
[6] 《全浙公会奔走和平昨讯》，《申报》1926年9月14日9版。
[7] 《各公团呼吁和平》，《申报》1926年9月5日15版。

绝不为也。"他表示："金革之声频惊，不能不稍事整备，俾固疆圉。"[1]9月10日，他在会见全浙公会代表时说："破坏和平，在蒋不在我"，"我始终以和平为怀，只须蒋中正将入赣境之部队完全退出，我决不追赶一步"。[2]20日，孙传芳会见江苏、上海和平代表时又进一步提出三项条件：1. 撤退入赣党军，停止湘鄂战争；2. 组织内阁，各方自由推戴人选，取决多数；3. 召集南北和平会议，划分军区，匀配财权。[3]

尽管孙传芳故作从容，高谈和平，但是，北伐军的进军脚步毕竟不能使他平静，特别使他系念的是势力范围之内的江西。早在7月上旬，就传出他要派安徽混成旅长王普率部援赣。不过，由于江西总司令邓如琢

孙传芳像。孙传芳（1885—1935），字馨远，山东泰安人，直系军阀首领。1908年毕业于日本陆军士官学校，1909年回国后历任北洋陆军营长、团长、旅长等职，1925年11月在南京任浙、闽、苏、皖、赣五省联军总司令。1927年8月与北伐军交战失败，自此一蹶不振。1931年九一八事变后隐居天津。1935年11月13日，被仇家施剑翘刺杀身亡。

---

[1]《孙传芳复各商会电》，《申报》1926年8月13日13版。
[2]《全浙公会奔走和平之趋势》，《申报》1926年9月12日。
[3]《南京和平会议消息》，《申报》1926年9月22日6版。

拒绝，王普迄未接到动员命令。[1]邓虽然是五省联军成员，但始终依违于吴佩孚、孙传芳之间，并非孙的嫡系，不愿轻易让别人插足境内。7月31日，孙传芳在南京召开五省军事会议，决定合力对粤。会后，孙传芳即调兵遣将，部署援赣。自8月17日起，谢鸿勋的第四师、杨震东的第七混成旅、孟昭月的第十混成旅陆续出发。19日，孙传芳通电本省各部队各机关：此举纯系防御性质，"我军此后行动，仍本素日宗旨，坚守疆界，禁暴息争"。[2]20日，谢鸿勋部抵达九江，由邓如琢指定，以赣北修水、铜鼓两县为驻扎地点。其后，陆续到达赣境的孙军有卢香亭第二师、周凤岐第三师、郑俊彦第十师、彭德铨第六混成旅等，共五师八旅约十余万人。月底，孙传芳任命原浙江总司令、第二师师长卢香亭为援赣军总司令，同时下达援赣进攻计划：以皖军王普部为第一军，进攻通山、岳州；以苏军为第二、第三军，进攻平江、浏阳；以邓如琢部进攻醴陵、株州；同时命闽南周荫人部进攻广东潮州、梅县。[3]9月2日，吴佩孚所派告急使者赵恒惕到宁，孙传芳爽快地表示："即日电令各军火速出发，实行进攻湘、粤。唇亡齿寒，智者皆知。"[4]由于两湖军事节节失利，吴佩孚心急火燎地盼望孙传芳出兵，至此算是得到了一个满意的答复。

二　孙蒋谈判与孙张结盟

孙传芳的援赣部队虽然出发了，但他仍然在观察风色，一面和蒋介石的代表频频谈判，一面和张作霖、张宗昌结盟。

孙传芳和广东国民政府之间早有联系。1925年12月，孙传芳曾派王季

---

[1]　何成浚致谭延闿等密函，1926年8月6日，中国第二历史档案馆藏。参见《芜湖快信》，《申报》1926年8月12日9版。
[2]　《江苏援赣之先声》，《申报》1926年8月21日10版。
[3]　《孙军第一目标在浏阳》，《晨报》1926年9月7日2版。
[4]　《孙传芳世电》，见《蒋中正致孙传芳电附录》，《申报》1926年9月19日；参见《民国十五年以前之蒋介石先生》第17册，第19页。

文为代表到粤会见蒋介石。[1]次年2月、5月，孙两次派人赴粤与广东国民政府"修好"。7月，孙传芳派人赴沪，和粤方代表商洽，并致电蒋介石，希望不用北伐字样，不侵犯闽赣。[2]8月12日，蒋介石致电孙传芳，要求他不受吴佩孚"伪命"，并称，"对于全国军人，力求团结"，"志同道合，直可联为一体"，倘孙传芳能"顺应革命潮流"，则可代为向政府请求，承认孙传芳为五省总司令。[3]8月，孙传芳派人到湘，和蒋介石联系，同时运动唐生智，以湖南地盘为条件，诱使唐"拒绝革命军"。[4]蒋介石估计孙传芳的内部发生变化，指令驻沪代表何成浚和孙传芳接洽，"于此倒吴之时，须要孙有确切表示，或加入国民政府应有其具体条件也"。[5]何成浚与孙传芳原系日本陆军士官学校的同学，二人于8月下旬在南京进行了两次会谈。第一次，何成浚提出：1. 由广州政府委派孙传芳为东南五省首领，保持五省治安；2. 孙传芳与革命军一致动作，革命军自湖南北上，孙军自江西西进，双方夹击湖北，会师武汉。孙传芳提出：国民革命军应停战并退出湖南，"湘交湘人自理，作缓冲地"。对此，何成浚表示："停战未始不可，但必须吴军退出鄂境，以两湖作缓冲地方能商议。"[6]第二次，孙传芳要求国民革命军在岳州停止前进，"以和平手段处置国事"。何成浚则要求孙传芳先促吴佩孚下野，"担保吴不复在政治上活动；在岳停止一节，亦可商议"。[7]会谈中，孙传芳只表示，"国民党之三民主义，亦表赞同，惟共产主义深所反对"。[8]对何成浚的具体意见则始终不答复。9月初，张群再次赴宁。孙传芳强烈地表示，不能接受国民政府任命，但又同时声称："保持和

---

[1]《蒋介石日记类钞·军务》，1926年2月3日。
[2]《苏粤代表会晤》，《晨报》1926年8月1日2版。
[3]《民国十五年以前之蒋介石先生》。
[4]《蒋介石日记类钞·军务》，1926年8月17日。
[5]《蒋介石致何雪竹电》，1926年8月18日，台湾《近代中国》第23期，1987年6月30日出版。
[6]《何成浚致谭延闿密函》，1926年9月4日，中国第二历史档案馆藏；《粤蒋代表何成浚之谈话》，《申报》1926年9月4日13版；何成浚：《八十回忆》，《近代中国》第23期。
[7]《何成浚致谭延闿密函》，1926年9月4日，中国第二历史档案馆藏；《粤蒋代表何成浚之谈话》，《申报》1926年9月4日13版；何成浚：《八十回忆》，《近代中国》第23期。
[8]《粤蒋代表何成浚之谈话》，《申报》1926年9月4日13版。

平，不投入漩涡。"[1]孙的左右手杨文恺则提出办法三条，要求张群转达蒋介石，其内容为：在现下不犯入其辖境，将来与广东国民政府立于对等地位，"商量收拾全局"；粤方"须表明非共产"等。[2]

除派代表磋商外，孙传芳、蒋介石等人之间的函电联系也很频繁，彼此都要求对方撤退。9月6日，孙传芳致电谭延闿、蒋介石等，声称粤军进攻江西萍乡，"传芳已命我军后退百里，请粤军亦迅速撤退，以免误会"。[3]7日，再电限24小时退回粤境。[4]蒋介石则于9月10复电孙传芳，建议由原江西军务督办、国民政府新委任的江西宣慰使兼第十一军军长方本仁主持赣政。[5]13日，再电孙传芳，声言"执事以保境安民为职志，应速撤退驻赣各军"。[6]此后，蒋介石一直坚持要孙传芳以此点来表示"诚意"，并称："本军决不扩大战区，即使占领了江西，亦可如前议归还。"[7]谈判一直若断若续。

孙传芳和张作霖、张宗昌之间长期存在仇隙，不久前还是生死冤家。他在出兵援赣之际，不能不调整关系，以免后门失火。

8月16日，五省联军训练总监王占元由天津到达济南；9月7日，到达南京。王占元南行的任务是动员孙传芳与张作霖抛却前嫌，合作援吴。8日，孙传芳致电张作霖，表示"备悉我公恳恳关垂之意"，"今赤焰枭张，势将燎原"，"愿追随左右，共挽颓局"。[8]9日，张作霖复电："东南半壁，全赖我兄支柱"，"弟但知大局为重，微嫌小隙，早付东流"。[9]在王占元南行之后，提倡大北洋主义的靳云鹏也于11日接踵而至。靳于8日到奉，参

---

[1]《何成浚致谭延闿密函》，1926年9月7日，中国第二历史档案馆藏。
[2]《何成浚致谭延闿密函》，1926年9月7日，中国第二历史档案馆藏。
[3]《东南局面将有大发展》，《晨报》1926年9月9日2版。
[4]《南京孙传芳通电》，《申报》1926年9月9日6版。
[5]《蒋介石致孙传芳电》，《晨报》1926年9月17日2版。
[6]《驳复孙传芳阳电》，《民国十五年以前之蒋介石先生》第8编。
[7]《蒋介石复张群书》，《申报》1926年9月22日9版。
[8]《孙传芳联张讨蒋电》，《申报》1926年9月12日4版。
[9]《奉张电孙表示合作》，《申报》1926年9月13日4版。

与军事会议，对张作霖说："党军既以北伐为名，在势必不止于长江，彼方行步步为营之策，得湘、鄂即窥豫赣，得长江安能保其不窥河北？"[1]靳建议联孙制蒋。当时，张宗昌也在奉，经靳劝说后表示："馨远若能断然出兵打蒋介石，山东有一兵一卒走入江苏，算我姓张的不够朋友！"[2]靳、孙会谈结果，孙传芳表示，将亲率13万大军进驻江西。11日，孙传芳致电张宗昌称："效帅忠勇奋斗，肝胆照人，请联合出兵，共同讨赤"，"传芳诚意与奉鲁合作，此心可质天日。"[3]14日，靳云鹏、王占元联翩到济，转达孙传芳的"合作"之意，请奉鲁军速由京汉路进攻武汉，孙方将由赣进攻党军侧面，同时保证孙军在苏鲁交界不驻重兵。[4]当日晚，张宗昌即派潘复、文和、吴家元三人为代表赴宁会见孙传芳，潘复表示："效帅为直接（截）了当之人，非尔虞我诈者可比"，"一俟苏鲁妥协，即行出兵"。[5]16日夜，双方协议：江苏徐州、山东兖州双方驻兵不过一旅；遇必要时，鲁军得假道徐州陇海东站入豫，但徐州以南五省势力圈之军事，鲁方决不干预。[6]

经过王占元、靳云鹏的斡旋，苏孙、鲁张、奉张之间的联盟初具雏形。9月19日，张作霖派人赴宁答谢，携带共同出兵计划及解决内阁方案，征求孙传芳意见。同日，杨文恺等赴济，代表孙传芳和张宗昌交换了兰谱。[7]20日，匆匆返宁报命。

在和张作霖、张宗昌结盟的同时，孙传芳还于9月14日派出密使会见英国驻沪领事，以"中国的安全岌岌可危""英国利益同样受到威胁"为理由，要求英国给以任何形式的合作。密使表示，"只要能消灭布尔什维克的威胁"，孙传芳准备冒奉军赖在长江一带，以及被指责向外国人出卖祖

---

[1]《奉宁对南军事之结合》，《申报》1926年9月17日6版。
[2]《奉宁对南军事之结合》，《申报》1926年9月17日6版。
[3]《奉鲁苏联合对粤之形势》，《申报》1926年9月15日4版。
[4]《奉鲁苏联合对粤之形势》，《申报》1926年9月15日4版。
[5]《孙传芳出发有待》，《申报》1926年9月18日9版。
[6]《苏鲁合作问题》，《申报》1926年9月20日4版。
[7]《杨文恺、张学良先后抵济》，《申报》1926年9月20日4版。

国的风险。[1]15日，英国公使麻克类向外交部建议，由驻沪领事向孙传芳保证，视孙军与广州军队作战情形，予以"最适当、最有效的援助"。[2]但是，英国政府对沉浮变幻的中国军阀不放心，担心孙传芳的失败会使英国的处境"更为难堪",[3]因此仍持观望态度。

尽管如此，杨文恺的济南之行，在一定程度上消除了孙传芳的后顾之忧。21日晨，孙传芳乘江新轮赴赣。在船上，他发表谈话说："予此次出师，抱定三爱主义，曰爱国，曰爱民，曰爱敌。""誓本此旨，为此次作战主义。大局定后，即以三爱为我党之党纲。"[4]到九江后，即以江新轮为总部，指挥江西战事。同时命皖军陈调元部驻扎于湖北武穴，准备上窥武汉。

三 蒋介石决策进军江西与程潜首攻南昌

北伐最初的战略是各个击破，集中力量首攻吴佩孚，因此军中有"打倒吴佩孚，妥协孙传芳，放弃张作霖"的口号。8月5日，蒋介石与苏联军事顾问加伦讨论攻鄂攻赣战略，加伦主张先攻武汉，"对赣暂取守势"，蒋介石赞同加伦的意见。[5]12日，长沙军事会议再度肯定了在攻克武汉后乘胜入赣的方针，决定以第二、第三、第六各军监视江西，防御后方。但会后不久，蒋介石即企图改变这一决定，提前入赣。14日，电告何应钦、赖世璜、谭道源第二期作战计划：对江西暂取"攻势防御"，如侦知敌有向我攻击之企图时，即以第二、第三军进占萍乡，并相机进取南昌、九江，同

---

[1] Sir, R. Macleay to Sir Austen Chamberlain, No. 374, Tel, September 15, 1926, Fo405/252A, P. 218.
[2] Sir, R. Macleay to Sir Austen Chamberlain, No. 374, Tel, September 15, 1926, Fo405/252A, P. 218.
[3] Sir W. Tyrrell to Sir R. Macleary, No. 269, Most Secret, Tel, September 27, 1926, Fo405/252A, P. 223.
[4] 《孙传芳三爱主义》，《晨报》1926年9月27日2版。
[5] 《蒋介石日记类钞·军务》，1926年8月5日；参见《北伐阵中日记》（油印本），1926年8月6日。

时，以南雄第五师及赣东独立第一师协同攻取赣州，进占吉安。[1]26日，再电何应钦，声称"武汉或不日可下"，催促赖世璜速占赣州。[2]27日，电告程潜，我军决于9月1日，对江西实行攻击，先取赣州。[3]29日，蒋介石决定亲自指挥江西战事，并于31日和加伦商量，加伦当时在攻克武汉后是进取河南还是回兵江西问题上方针未定，[4]因此有犹豫之意，但蒋介石则决心已下。[5]9月1日，决定攻赣计划。2日，他下达了二、三、六军协同动作，三天后进攻的命令。

这一决策的改变是由多方面的原因造成的。其一是孙传芳的出师援赣。孙军谢鸿勋师、杨镇东旅入赣后，即向赣西北的武宁、修水一带进军，其目的在于进扰浏阳、平江、通城等地，威胁国民革命军的侧背，阻

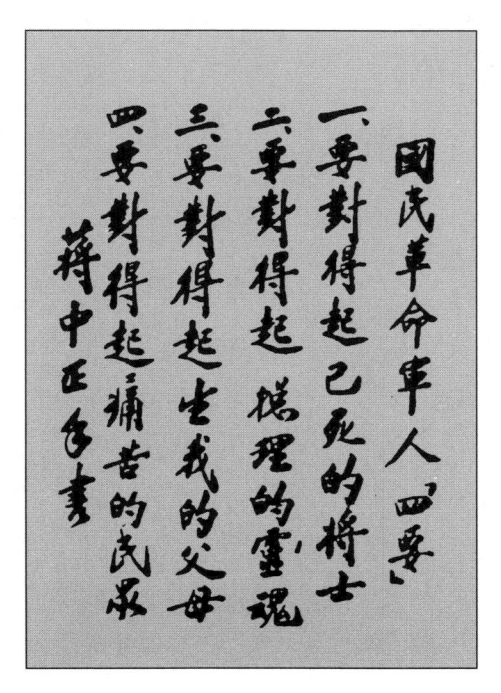

北伐时期，蒋介石手书的"革命军人四要"：一、要对得起已死的将士，二、要对得起总理的灵魂，三、要对得起生我的父母，四、要对得起痛苦的民众。

---
[1]《民国十五年以前之蒋介石先生》，第八编（三），第89页。
[2]《民国十五年以前之蒋介石先生》，第八编（三），第130页、第133页。
[3]《民国十五年以前之蒋介石先生》，第八编（三），第130页、第133页。
[4]《中央局报告》，《中共中央政治报告选辑》，第68页，中共中央党校出版社，1981。
[5]《蒋介石日记类钞·军务》，1926年8月31日。

止其进取武汉。为此，蒋介石会同朱培德制订了一项迎战计划，以第二、第三军入赣，进攻萍乡、万载、袁州等地，在将该地区之敌扑灭后，以必要兵力协同第六军夹击修水方面孙军。[1]

其二是和唐生智矛盾的进一步发展。蒋介石入湘以后，即与唐生智不和，其日记称："入湘以来，为其当道怀疑抱恐，拒之不得，迎又不愿。"[2]这里所说的"当道"，即指唐生智。长沙军事会议后，由唐生智指挥主力第四、第七、第八军夺取武汉的局面已经形成。这一路节节胜利。8月22日克岳州，27日克汀泗桥，出现了"武昌指日可下"的形势，蒋介石急于另辟战场并迅速取胜，以提高自己的威望。他29日的日记说"余决心亲督江西之战，以避名位"，[3]正是这一心情的曲折表现。

其三是对共产党人和国民党左派的猜忌。这一方面，他的日记多有记载。8月20日云："得粤电，知后方有迎汪之谋，代行者亦有此意，或另有他图，以为倒蒋之伏线。"[4]同月23日云："阅《向导报》，陈独秀有诽议北伐言论，其用意在减少国民党信仰，而增进共产党地位也。此后入于四面楚歌之境，惟有奋斗自强耳。"[5]这种情况，也增强了他另图表现的决心。

当时，第二、第三军集中醴陵，第六军集中通城，为了加强力量，蒋介石并调第一军第一师至浏阳，为总预备队。9月2日，蒋介石电告程潜，在他本人未入赣以前，第六军暂归朱培德指挥。[6]5日，国民革命军开始进攻。邓如琢本来和孙传芳有矛盾，又新遭父丧，曾于8月20日致电吴佩孚、孙传芳辞职，吴、孙不允，孙并授以第一方面军司令之职，于是邓便"墨絰"出师。他采取诱敌深入策略，节节撤退，[7]国民革命军进展迅速。9月6

---

[1]《民国十五年以前之蒋介石先生》第八编（四），第8页。
[2]《蒋介石日记类钞·军务》，1926年8月月7日，1926年8月29日。
[3]《蒋介石日记类钞·军务》，1926年8月7日，1926年8月29日。
[4]《蒋介石日记类钞·军务》，1926年8月20日。
[5]《蒋介石日记类钞·军务》，1926年8月23日。
[6]《民国十五年以前之蒋介石先生》第八编（四），第9页。
[7] 参见《孙传芳鱼电》，《申报》1926年9月9日4版；《浙中所得卢香亭捷电》，《申报》1926年9月28日4版。

日，第二、第三军占领萍乡。7日，新近归附北伐军的赖世璜部及第二军第五师谭道源部收复赣州。11日，第六军占领修水。在胜利的鼓舞下，蒋介石急匆匆地于12日电令朱培德，要求他从速督军，"猛进南昌"[1]。由于敌军主力正在樟树布防，与第二、第三军相持，南昌城内只有邓如琢的骑兵团和少数警察部队，不过600人左右，因此，程潜决定变更原定攻击德安和涂家埠的计划，抢在朱培德之前奇袭南昌。苏联顾问康奇茨劝他等一等，与朱培德协调行动。[2]但程潜本来和朱培德有矛盾，不愿受其指挥。[3]他听从总参议杨杰的建议，命令第十九师等部星夜兼程前进，抢先占领南昌。[4]

9月19日，第十九师便衣队200余人潜入南昌城内，在工人、学生和省长公署警备队的响应下，向邓如琢的骑兵团发动攻击。同时，五十六团张轸部爆破惠民门，进入市区。南昌警备司令刘焕臣、省长李定魁闻讯后越墙逃跑。

南昌既克，程潜在凯歌齐奏中跃马入城，受到市民热烈欢迎。22日，召开群众大会，到会1万余人。第六军政治部李世璋在会上宣讲了北伐军的政策，对人民的支援表示感谢。江西群众也登台发言，控诉军阀、官僚的罪行。当时，正值中秋前两天，市民杀猪宰羊，抬着月饼劳军。中秋之夜政治部派出宣传队，挂起煤油灯在街头演出，南昌城出现了前所未有的动人场景。

继第十九师之后，指挥总预备队的王柏龄也率领第一军第一师部分人员进入南昌，同时向总部报功。朱培德指挥的第二军、第三军本已离南昌不远，因听说南昌已下，便勒兵不前，在原地休息了一天。[5]这样十九师便

---

[1]《民中十五年以前之蒋介石先生》第八编（四），第29页。
[2] 切列潘诺夫：《中国国民革命军的北伐》，中译本第478页。
[3] 蒋介石1926年9月5日日记云："少顷，程潜又来辞职，以不愿受益之指挥，且入他人姜菲（斐）耳。"
[4] 吴宗泰：《国民革命军第六军参加北伐及其被解体经过》，《广东文史资料》第31辑，第184页。
[5] 方之中：《回忆北伐——南昌之役》，《天津文史资料》第14辑，第46页；李世璋：《关于北伐前后的第六军》，《江西文史资料选辑》第2辑，第4页；切列潘诺夫：《中国国民革命军的北伐》，中译本第479页；《中央局报告》（十、十一月）《中共中央政治报告选辑》，第108页。

1926年,国民革命军北伐,先后打败了吴佩孚、孙传芳、张作霖三大军阀集团。1928年,张学良东北易帜,实现了全国形式上的统一。图为北伐时期的蒋介石。

成了深入敌巢的孤军。

按程潜原计划,当第十九师奇袭南昌之际,王柏龄所率第一军第一师王俊部应向城西南浔铁路上的牛行车站急进,夺取该站,向北警戒;第十七师应向城南靠近赣江西岸的生米街急进,并由该处渡江,向南警戒。但直至20日晚,第一师仅有两营到达。次日,进攻牛行站,守敌为维持交通线,顽强抵抗。第一师因为中山舰事件后即将共产党人排斥出去,战斗力不强,几乎无法支持,靠了第六军第十七师、第十九师的支援,至22日才逐渐得手。[1]

邓如琢获悉南昌失守,即由丰城向师。卢香亭也命郑俊彦率第十师及杨赓和独立旅约两万人,由九江南下驰援。[2]孙军以优势的兵力、火力反扑。王柏龄在进入南昌后,就到妓院作乐,军中无主。[3]程潜感到孤城难守,下令撤离南昌。23日晨,第十九师在万河一带被邓如琢部包围。经苦战,24日突围,渡过赣江。25日,在万寿宫附近收容残部。其间,王柏龄

---
[1] 程潜对蒋介石的报告,见陈训正:《国民革命军战史初稿》上卷,第175页。
[2] 马葆珩:《孙传芳五省联军的形成和消灭》,《北洋军阀史料选辑》下册,第309页。
[3] 《李宗仁回忆录》,第408页;韩梅村:《第一次国内革命战争片断回忆》,《江西文史资料选辑》第二辑,第35页;吴宗泰:《国民革命军第六军参加北伐及其被解体经过》,《广东文史资料》第31辑,第186页。

及一军党代表缪斌不知去向，程潜因失去部队掩护，只好疏散随员，剃须化装，靠了江西老表的领路，才得以摆脱敌人。事后，白崇禧讥笑程潜的这次遭遇为"曹孟德潼关遇马超"。[1]此次战斗，第六军第十七师、第十九师、第一军第一师损失了大部分兵力。

孤军深入向为兵家大忌。程潜首攻南昌失利，其原因即在于此。

邓如琢军入城后，闭城大抢三日，任意杀人，以杀取乐。因为学生曾欢迎北伐军入城，所以凡学生装打扮者，均有性命之忧。据记载，"数龄小儿，亦被其砍作多块，满挂街衢。"[2]南昌一时陷入了白色恐怖中。

四 蒋介石入赣与再攻南昌

蒋介石于9月19日到达江西萍乡。此前，他虽然早就下了亲自指挥赣战的决心，但还是于9月3日到了武昌城下。在进攻武昌过程中，他的嫡系部队第二师的腐败暴露得更加明显，他本人和趾高气扬的唐生智之间的矛盾也到了不能相容的地步。4日蒋介石日记云："最恨以下凌上，使人难堪，如此奇辱，岂能忍受乎？"8日日记云："接孟潇总指挥函，其意不愿余在武昌，甚明也。"他自悔不能早出江西，将武汉交给唐生智。14日日记云："余决离鄂向赣，不再为冯妇矣，否则人格扫地殆尽。"[3]这样，他终于在17日离开湖北前线。25日，指令李宗仁率第七军由鄂东南的兴国乘虚猛攻九江，断敌归路，并设法与程潜取得联系。[4]

但李部遵命进入赣境后，却不知六军去向。李宗仁感到，如继续向九江进军，将处于敌人重重包围中。他决定改变战略，舍弃九江，移师南向，找寻六军。苏联顾问马迈耶夫坚决反对，声言"在苏联，指挥官如擅改作战

---

[1]《李宗仁回忆录》，第408页。
[2]《平赣右翼军总指挥部政治部行军通讯》，广州《民国日报》，1926年11月9日。
[3]《蒋介石日记类钞·军务》。
[4]《民国十五年以前之蒋介石先生》，第八编（四），第86页。

计划或不听命令，是犯死罪的"，但李宗仁执意不变。结果，在箬溪与孙军谢鸿勋部相遇。9月30日，李宗仁下令全军出击，鏖战近一日，谢军全线崩溃。李部俘获2000余人，[1]谢鸿勋受重伤，不久在上海死去。[2]谢本人是孙传芳的心腹，谢部是孙传芳的精锐，此役为国民革命军入赣后的第一个大胜仗。10月3日，第七军乘胜进攻德安。德安位于南浔路中心，是敌人补给要站，有重兵驻守，且构筑有坚固工事，经激战后于当日攻克。

第三军自第六军退出南昌后，即驻扎于万寿宫附近。朱培德与程潜等会议决定，各军后退，诱敌前进，相机聚歼。[3]9月30日，孙军第二方面军郑俊彦部1万余人挟南昌战胜余威，向第三军阵地进攻。朱培德以第七师王均部任正面防御，以第八师朱世贵部迂回敌后，攻击侧背，并以预备队第九师作为增援力量，激战至10月2日，占领万寿宫。孙军江西总司令邓如琢由于近在樟树，坐视不救，被孙传芳于10月3日撤职，以郑俊彦继任。[4]

第七军、第三军先后告捷，蒋介石估计歼灭孙军约过半数，便于10月中旬，以自己的嫡系第一军第二师为主力，会同第二军、第三军，第二次进攻南昌。

第二军原处赣江西岸，与驻守樟树的邓如琢部隔江对峙。9月底，各部陆续渡江。30日，蒋介石亲赴清江督师。10月5日，第一军第二师占领樟树。[5]6日，占领丰城。9日，第一军第二师与第二军五、六两师到达南昌城下，线军退入城内固守，使守城部队达到五六千人之数。为了使北伐军在城外失去进攻屏障，岳思寅、唐福山、张凤岐等赏洋两万元，命令工兵营在城外纵火，延烧了两天。惠民门、广润门、章江门、德胜门外不少繁华地区成为焦土，名胜滕王阁也在这次大火中被毁。12日晨，国民革命军各师同时开始攻击，第六师各团并组成了以共产党员为骨干的奋勇队架

---

[1]《李宗仁回忆录》，第392—396页。
[2]《谢鸿勋昨晨伤重逝世》，《申报》1926年10月17日13版。
[3] 雄鹫：《平赣后翼部指挥部行军通讯》，广州《民国日报》1926年11月6日。
[4]《本馆要电》，《申报》1926年10月5日3版。
[5]《第二师刘师长报告》，《北伐阵中日记》（油印本），1926年10月8日。

梯登城，[1]守军凭借城防固守，进攻受挫。同日，蒋介石赶到南昌，与白崇禧、鲁涤平会商。南昌城垣坚固，白崇禧反对围城硬攻，但蒋介石求胜心切，亲往北门第二师阵地，决定夜12时爬城。

当夜，第二师第六团正在作攻城准备之际，敌军敢死队从城下水闸中破关而出，袭击攻城部队。时值黑夜，不辨虚实，第六团秩序大乱。蒋介石几次抓住白崇禧的手问："怎么办？怎么办？"白崇禧事先已在赣江上游搭了两座浮桥，便下令全军沿赣江东岸南撤，由浮桥渡江，退往西岸。[2]蒋介石自感指挥无方，既烦恼，又紧张，"终夜奔走，未遑宁息"。[3]混战中，第二师第五团团长文志文等阵亡，部队及装备受到很大损失。13日，蒋介石下令撤围。他在日记中写道："因余之疏忽卤莽，致兹失败，罪莫大焉，当自杀以谢党国；且观后效如何。"[4]在损兵折将的严酷现实面前，蒋介石

1926年10月，国民革命军第二次进攻南昌之时，蒋介石吃了一次败仗，事后，孙传芳、吴佩孚等人竞相宣传蒋介石负伤身死。此为孙传芳等宣传蒋介石"受伤致死"致各方电文。

---

[1] 肖劲光：《北伐纪实》，《历史研究》1984年第3期，第179页。
[2] 《李宗仁回忆录》，第409页。
[3] 《蒋介石日记类钞·军务》，1926年10月11日。
[4] 《蒋介石日记类钞·军务》，1926年10月13日。

多少表现了一点自我责备的意思。

蒋介石进攻南昌失利，孙军小胜。10月15日，孙传芳在九江的联军总部参谋处通电云："据俘虏及百姓均称，蒋中正在南昌附近受伤甚重，闻系子弹中其腹部，因而致亡。俄人鲍罗廷、加伦等亦受伤，均抱头鼠窜而去云云。"[1]紧接着孙传芳、吴佩孚等纷纷通电庆贺，声称"伫看楼兰将灭，痛饮黄龙"，他们忘记了这条消息只是"俘虏及百姓均称"，并未核实，就急急忙忙地宣传起来了。[2]

五 三攻南昌与江西战场的胜利

再攻南昌的失利使蒋介石冷静了下来。10月14日，他通知各军暂取守势，同时，决定调在两湖战场上屡建功勋的第四军及贺耀祖的独立第二师来赣。

这时，蒋介石的威望更为降低。唐生智多次向苏联顾问铁罗尼表示："蒋介石太累了，他不可能在江西完成任何事情，最好还是休息，假如我来指挥，将不仅夺取江西，南京也不在话下。"[3]10月中旬，加伦亲赴武汉求援，说明江西战场的失败将威胁湖南、广东，北伐甚至可能因此垮台。[4]中国共产党人也极力向各方陈说利害，希望他们放弃目前的小冲突，迅速集中力量消灭孙传芳。[5]结果圆满。20日，第四军第十二师张发奎部自武昌乘轮东下。蒋介石得到有关消息后"如获至宝"。[6]

第二次进攻南昌失利之际，第七军又在赣北打了一次胜仗。攻克德安后不久，孙传芳命卢香亭等以重兵反攻。第七军因补给中断，并探悉敌人

---

[1] 《孙军总部捷报》，《晨报》1926年10月19日。
[2] 参见拙作《北伐中蒋介石负伤身死的风传》，《团结报》1988年2月2日。
[3] Document44, Wilbur and How: Document on Communism Nationalism and soviet Adviers in China, Columbia University Press, 1956, P415.
[4] 《张国焘回忆录》，第153页，现代史料编刊社，1980。
[5] 《中央局报告》（十、十一月份），《中共中央政治报告选辑》，第109页。
[6] 《民国十五年以前之蒋介石先生》第18册，第92页。

有包围之势，为避免腹背受敌，于10月7日退至箬溪休整。孙军第八混成旅旅长颜景宗因此被升为第六方面军司令。12日，李宗仁在王家铺一带发现皖军陈调元部。陈部依山布守，七军自下仰攻，进展艰难。李宗仁考察地形后，改取中央突破，反扑两侧办法，又经第一师增援，于次日攻克王家铺。

第七军入赣后，进攻孙军侧翼，三战连捷，对于江西战场形势的转变，有很大作用。后来，陈调元曾表示佩服，称之为"钢军"。[1]

除王家铺之役外，江西战事一时处于沉寂状态。

早在国民革命军第一次进攻南昌失利之后，孙传芳便提出双方于10月3日停战，恢复原状。10月14日，蒋介石复电孙传芳代表葛敬恩、徐培根，要求孙传芳先行确定撤退援赣军队日期，同时邀请江浙和平代表蒋尊簋、史家麟、赵正平、魏炯诸人到前方面商。23日，葛敬恩、魏炯在奉新会见蒋介石，声称孙传芳"可放弃闽赣，惟须保江、浙、皖，暗中结约，共同对奉，商妥后，即由赣撤兵"。[2]加伦主张"表面答应，实则准备总攻击"。蒋介石与邓演达商量之后提出：1. 浙江归国民革命军；2. 江苏、安徽作为孙传芳的势力范围，但应允许国民党自由宣传；3. 孙传芳撤退援赣之兵前一日为停战之期。[3]

28日，蒋尊簋自南昌抵达蒋介石行营所在地高安，表示只要保持孙传芳的五省总司令的头衔，其余皆可商量。蒋介石答以孙传芳确定撤兵之期再言其他，限于11月1日前用无线电话答复。[4]11月1日，蒋介石读到蒋方震复葛敬恩函。当时，蒋方震正在孙传芳军中参赞军事，蒋介石对他的态度极为不满，在日记中写道："敷衍油滑，是诚军阀走狗不若矣，其人之肉

---

[1]《白崇禧先生访问记录》下册，第820页。
[2]《特立同志由汉口来信》，《中央政治信讯》第10期。
[3]《蒋介石日记类钞·军务》，1926年10月23日。参见蒋介石致张静江、谭延闿电，《民国十五年以前之蒋介石先生》第18册，第109、117页。
[4]《蒋介石日记类钞·军务》1926年10月29日，1926年11月1日。

不足食也。"[1]

同日，战事再起。

国民革命军自放弃南昌后，主力集结于南浔路以西地区整顿，同时，白崇禧、加伦、蒋介石等积极制订计划，准备第三次进攻。

鉴于孙军主力集中在南浔路九江、德安、建昌、涂家埠等地，得交通之便，可以及时转移兵力，相互增援，因此，第三次进攻以截断南浔路，歼灭孙军主力为主，而不急于夺取南昌。在兵力配备上则分为三路：1. 右翼军，由第二、第三军等组成，朱培德指挥。其中又分左、右纵队。2. 中央军，由第六军组成。3. 左翼军，由第七军及新近调赣的第四军与独立第二师等组成。此外，另设总预备队，由第一军的第一、二师及炮兵团组成，刘峙任指挥。总攻击时间定为11月1日拂晓前。10月20日，由第十四军组成的右翼军右纵队攻克抚州。30日，蒋介石下令各军将士，"务将孙之势力迅速扑灭"，"宁为玉碎，毋为瓦全，能为最后之牺牲，始博最后之胜利"。[2]11月2日，第二军第四、五两师从东、南两面进逼南昌郊区，陈兵城下。

右翼军左纵队以蛟桥为进攻目标。11月3日，第二军第六师和第三军第七师、第八师等联合攻占该地。4日，围攻瀛上、牛行，孙军自乐化来援。5日，第三军左翼阵地动摇，蒋介石命补充第四团警卫团加入战线，仍感不足，又致函程潜、刘峙，调第二师增援，加伦认为不必要。在加伦的镇定面前，蒋介石"甚惭自信力薄弱"。[3]果然不出加伦所料，阵地迅速稳固下来。据苏联顾问回忆，当时，"蒋介石焦躁不安，知道对他来说成败在此一举，一旦失利，他的整个前程就将成为泡影。蒋介石三番五次地当着总军事顾问的面，真正地大发歇斯底里，搓手，哭泣，喊着'一切都完了'，说要开枪自杀。布留赫尔（指加伦——笔者）每次都是好不容易才

---

[1]《蒋介石日记类钞·军务》1926年10月29日，1926年11月1日。
[2]《民国十五年以前之蒋介石先生》第八编（五），第141页。
[3]《蒋介石日记类钞·军务》，1926年11月5日。

让这位神经脆弱的总司令平静下来"。[1]7日,右翼军占领瀛上、牛行,切断了南昌地区孙军的陆上主要退路。

中央军以乐化为进攻目标。11月3日,占领芦坑车站,并将铁道破坏。4日,蒋介石致电张发奎、李宗仁等,指出涂家埠为敌军主力所在,要求他们迅速南下,与第六军一起夹击孙军。当晚,第六军在总预备队第一、第二两师与炮兵团支援下,占领乐化。[2]随即分东西两路向涂家埠攻击前进。5日晚,第六军与南下的第七军联合攻占涂家埠。残敌向鄱阳湖畔的吴城溃退。6日,第二师追击至吴城。

左翼军以德安、涂家埠为进攻目标。11月2日,第七军西路逼近德

1928年7月6日,蒋介石与北伐军各集团军司令在北京西山碧云寺孙中山灵前举行北伐胜利祭灵大典后合影。自前排右起第二位始依次为李宗仁、蒋介石、冯玉祥、阎锡山。

---

[1] 阿基莫娃:《中国大革命见闻》,第204-205页,中国社会科学出版社,1985。
[2] 关于占领芦坑和乐化的时间,《六军参加江西战争记》认为分别在11月4日与5日,见中央档案馆编《北伐战争》第15页。按:此说误,本文所述,据《呈报攻克芦坑、李庄、乐化作战经过状况文》(欧振华:《北伐行军日记》,第69-70页,1931)及蒋介石致李宗仁、白崇禧电(《民国十五年以前之蒋介石先生》第19册,第7页)。

安，与孙军第六方面军的3000余人发生激战，占领该城。同日，独立第二师贺耀祖部在德安北部的马回岭与孙军交火，马回岭驻有重兵，战况剧烈。在第四军第十二师张发奎部及第七军第一旅增援下，于3日占领马回岭。4日，孙传芳乘决川舰赴武穴，意在促使陈调元进攻武汉，以解九江之危。但陈按兵不动，孙又返航九江。[1]5日，贺师乘胜北上，占领九江、瑞昌。孙军见败局已定，失去斗志，只图逃窜。孙传芳见不可收拾，6日，鼓轮东下，返回南京。周凤岐部不战退回浙江，陈调元、王普部退回安徽。

至此，南浔线及南昌城郊的孙军已全部被击溃，城内仅余唐福山等残部两三千人。他们表示要归方本仁收编，企图迁延时间。11月7日，蒋介石至南昌车站与朱培德商量监视城内敌人计划。8日，下令攻城，城内残敌投降，退出城外。革命军入城后，"民众欢腾，往日萧条寂寞景象陡变为热闹市场，男女老幼，拥挤道途，争相瞻仰革命军旗帜之飘摇"。[2]同日，白崇禧率领由第二、第三、第七各军组成的追击部队进至滁槎以东的汉口附近，将准备沿鄱阳湖岸东逃的孙军主力截住，孙军主帅郑俊彦只身逃走，下辖旅长王良田、李彦青、杨赓和派使者请降。[3]

11月9日，蒋介石进入南昌，江西战役胜利结束。此次战役，歼灭了孙传芳的大部分精锐部队，据朱培德电称，仅7、8、9三日，右翼军即缴获敌枪3万余支，各种大炮20余门，机关枪30余挺，俘获师长唐福山、岳思寅、张凤岐3名，团长以下官兵5万人。左翼军、中央军在建昌、吴城方面缴枪2万余支，机关枪20余挺，大炮数门，俘虏2万人。[4]至此，孙传芳的第一、第二、第三方面军歼灭殆尽。但是，国民革命军也付出了沉重代价，官兵伤亡约达1.5万人。

[1] 杨文恺：《孙传芳的一生》，《天津文史资料》第2辑，第91页。
[2] 《朱培德电》，广州《民国日报》1926年12月9日6版。
[3] 《白崇禧先生访问记录》上册，第43-44页；下册，第828-829页。
[4] 《朱培德电》，广州《民国日报》1926年12月9日6版。

江西战场最初失利的重要原因在于蒋介石急于显露自己，在敌人还保有强大兵力时就企图迅速夺取中心城市南昌，结果遭到挫败。其后，不得不增调骁勇善战的第七军与第四军，同时改变战略方针，首先致力于截断交通线，击溃孙军主力，形成对中心城市的包围态势，这才取得了胜利。

　　江西战场的胜利沉重地打击了直系军阀势力，使北伐军据有的广东、湖南、湖北得到屏障，这是有利于革命形势的发展的。但是，它也挽救了岌岌可危的蒋介石的军事威信，使他有了一块立足之地，成为不久以后同国民党左派进行迁都之争的"资本"。在北伐过程中，鲍罗廷、加伦和中国共产党人曾企图在取得武汉后，出兵河南，而蒋介石则力图向长江中下游进军，以便取得江浙资产阶级的援助和帝国主义的支持，公开反共，建立新的军事独裁统治。江西战役胜利以后，蒋介石的这一反革命意图就更加不可逆转，并在复杂的历史合力作用下最终得以实现。

蒋介石建议两党合并

自1937年5月至1939年初，蒋介石一直提议取消国民党和共产党，双方共同组建一个新的政党——国民革命同盟会，这是蒋介石在国共第二次合作开始时期的一个重大设想。中共同意建立这一组织，但希望它只是统一战线和一种形式，中共在其中仍然保存其政治和组织上的独立性。蒋介石因设想受拒，转而致力于限制共产党的发展。两党由最初的合作"蜜月"进入摩擦和斗争的多事之秋。

一 蒋介石向中共提出"废除苏维埃政府"等四项要求，日记中破天荒地出现"开放党禁"等内容

九一八事变后，日本加紧侵华，中华民族的灭亡危机加深。国共两党都在研究如何应对这一新的形势。

1935年8月，共产国际在莫斯科召开第七次代表大会，号召各国共产党"建立广泛的反法西斯人民阵线"。中共驻莫斯科代表团团长王明在会上发表讲话，呼吁中国各党派、团体、各界、各军组成国防政府和抗日联军。蒋介石抓住时机，于次年1月指派邓文仪到莫斯科，与潘汉年、王明会谈，说明自己"真诚地想同日本作（做）斗争"，要求中共"撤销中国苏维埃政府"，"把红军改编成国民革命军"，"国共合作"，共同抗日。[1]其后，蒋介石和南京国民政府即通过多条渠道和中共接触。同年7月，陈立夫向中共提出："在同一目的下，实现指挥与编制之统一"，"放弃过去政治

---

[1] 《王明与邓文仪谈话记录》，《联共（布）、共产国际与中国苏维埃运动》（1931—1937），第92-93页。

主张"等要求,并保证,国民党将"停止围剿","改善现政治机构"。[1]8月,中共根据共产国际指示,改取"联蒋抗日"方针。12月12日,发生西安事变。22日,蒋介石要宋子文转告周恩来,要周同意:1.废除中国苏维埃政府;2.取消红军名义;3.停止阶级斗争;4.愿意服从委员长之领导。蒋还要宋转告周,他每时每刻都在"思考重组国民党的必要性"。[2]24日,周恩来、张学良、杨虎城与宋子文、宋美龄会谈。同日,蒋介石向张学良表示:回到南京后,将"联红容共","经过张学良暗中接济红军,俟抗战起,再联合行动,改番号"。[3]当晚,蒋介石与周恩来会面,蒋表示同意停止

1936年12月12日,张学良、杨虎城在西安华清池发动"兵谏",扣留了时任国民政府军事委员会委员长和西北"剿匪"总司令的蒋介石,要求停止内战,一致抗日,史称"西安事变"。在中共中央和周恩来的主导下,事变最终以蒋介石接受"停止内战,联共抗日"的主张而和平解决,促成了第二次国共合作。图为蒋介石与西安事变中的随行人员合影。

---

[1] 《周小舟给中共中央的报告》(1936年8月29日)。
[2] 《宋子文西安事变日记》,(台北)《近代中国》,第157期,第186页,2004年6月30日。
[3] 《周恩来年谱》,第346页。

"剿共"，联合抗日，声称回到南京后，周恩来可以去南京谈判。[1]26日，蒋介石回到南京，事变和平解决。此后，蒋介石思想中开始萌生新的成分。1937年2月，蒋介石制订《民国二十六年大事表》和《本年政策》，提出"妥协内外各方，专力对倭"，同时更前所未有地提出"开放党禁""开放政党政治"等内容。不过，蒋介石并不想给中国共产党以合法地位，更不想与共产党平等相待。他所设想的"开放党禁"，只不过是"以本党为重心，吸收余党"，即在以国民党为"重心"的前提下，吸收部分中共党员。所以，他这一时期对中共的方针还是"制共"，即：1. 不许共党宣传赤化，用兵力防制；2. 给共产党"出路"，"以相当条件收容之"，"令其严守范围"。蒋介石这一时期的日记中也还有"剿抚兼施"的提法，但是，很明显，"剿共"不再是蒋介石的政策重点了。

二 两党谈判加速，蒋介石改"剿共"为"编共"

西安事变和平解决后，两党谈判加速。1937年1月21日，毛泽东、周恩来致电潘汉年，要求蒋介石：1. 保证和平解决后，不再有战争。2. 不执行"剿共"政策，并保证红军最低限度之给养。3. 暂时容许一部分红军在陕南驻扎。4. 令马步芳停止进攻河西红军。5. 亲笔复恩来一信。[2]25日，毛、周再次致电潘汉年，提出红军、地方武装、游击队的伙食费、薪饷、购买费每月至少120万元。二人并要求以"蒋先生"的"手书"作为保证，由蒋交潘，潘直飞西安，交周恩来。潘汉年将中共的这些要求转告宋子文，蒋介石很不高兴，日记云："对共匪要求规定（其）经常经费与亲笔函证，严斥其妄，终止谈判。"[3]29日，毛泽东决定做出让步，与周恩来再次联名致电潘汉年，电称："为坚决赞助蒋先生方针，和平解决西北问题，并

---

[1]《周恩来年谱》，第346—347页。
[2]《毛泽东年谱》上卷，第644页。
[3]《蒋介石日记》（手稿本），1937年1月27日。

永远停止内战一致对外起见",决定放弃陕南驻兵要求,将徐海东部自商县北撤。[1]此电使蒋多少感到高兴,日记云:"共匪电称,商县之部队如期先向陕北撤退,以表示其投诚之意乎?"他觉得,中共已无路可走,是"招降"的好机会。日记云:"对赤匪之处置应慎重考虑。彼于苏俄既无接济,而于主义又难实行。若其果有民族观念,不忘为黄帝之裔,则于其穷无所归时收服之,未始非一良机也。"[2]他反省当月各事,认为陕西的东北军与西北军方面,"内部涣散,同床异梦",中共虽然仍"从中操纵作梗,亦不敢明目张胆,而且对彼已有相当示意,勿使其失望,料彼亦终于屈服也"。2月1日,他决定邀周恩来于10日来杭州相见。9日,国民党代表顾祝同、张冲、贺衷寒与中共代表周恩来、叶剑英、秦邦宪开始在西安会谈。当日,周恩来、顾祝同会见。顾称:杭州会面计划推迟,蒋要顾、周先谈。蒋介石很关心二人的这次见面,曾在日记中写道:"问顾与周谈话结果。"[3]当时,国民党正在筹备召开五届三中全会。蒋介石确定的会议首要议题就是:"剿共或容共"。从2月1日起,蒋在日记中多次写下他的思考,但是,其思考结果却既非"剿共",也非"容共",而是"编共",即将共产党的组织和军队都"编"入国民党和国民政府的行列。[4]

三　中共提出四项保证,蒋介石提出"彼此要检讨过去",要求中共"与他永远合作"

中共对国民党的五届三中全会寄以希望。2月9日,政治局常委会在延安开会,决定致电国民党五届三中全会,要求国民党实现"停止一切内战,集中国力,一致对外","保障言论、集会、结社之自由"等五项要求。中

---

[1]《毛泽东年谱》上卷,第648页。
[2]《蒋介石日记》(手稿本),1937年1月30日。
[3]《蒋介石日记》(手稿本),1937年2月10日。
[4]《蒋介石日记》(手稿本),1937年2月16日。

1937年3月，中共代表周恩来（右）、叶剑英（左）与国民党代表张冲（中）在谈判期间的合影。

共则提出四项保证：1. 在全国范围内停止推翻国民政府之武装暴动方针；2. 工农政府改名为中华民国特区政府，红军改名为国民革命军，直接受南京中央政府与军事委员会之指导；3. 在特区政府区域内，实行普选的彻底民主制度；4. 停止没收地主土地政策，坚决执行抗日民族统一战线共同纲领。中共的这四项保证，大体是对西安事变时期蒋介石所提四项要求的回应。和苏维埃时期的政策相比，做了巨大的改变与让步。

国民党五届三中全会于2月15日至22日在南京召开，会议通过的《宣言》确定对外方针为"领土主权之维护"，对内方针为"和平统一之进行"。《宣言》批评1927年以来中共所采取的"暴动手段"和"阶级斗争"观念，声称对中共"实不能以片言之表示，即予置信"，因此会议又特别通过《关于根绝赤祸之决议》，强调军队"必须统一编制，统一号令"，"政权必须统一"，向中共提出取消红军，取消苏维埃政府，停止"赤化宣传"，停止"阶级斗争"等四项要求。以上种种，措辞虽然严厉，但是，所提四项要求与中共的四项保证已无太大距离。上述《宣言》与《决议》都经蒋介石修改和审定，反映蒋的思想。[1]

通过三中全会，国共两党在内外政策上走近了，合作就有了基础。但是，按照蒋介石的"编共"方针，还有许多问题需要解决。首先是如何处理中共手中的武装；其次是如何对待中共的组织；第三是如何对待中共所建立的政权；第四是如何安排中共领导人。

关于军队。蒋介石认为，"只可编其部队，而决不许其成立军部，或总指挥部"。[2]"不能留编地方警甲为武力暴动之张本"。[3]

关于组织。蒋介石提出："政党组织必须在国民大会之后。""甲、改组；乙、领导；丙、政策；丁、形式；戊、不与计较小事。"[4]

关于政权。蒋介石认为，"不能成立特区"。

关于人员。蒋介石认为，"对其高级干部保护其自由权，如愿出洋，则可由政府资送"。

不过，这一时期，蒋介石仍然怀疑中共的诚意。3月15日日记云："今年之中国必须在日本伪亲善及共匪假投降之下稳定本国阵线，加强国力之充实也。"蒋介石生性多疑，又经过十年内战，要他消除猜忌，完全相信中共，几乎是不可能的。

3月26日，周恩来由潘汉年陪同，到达杭州，和蒋介石会谈。周以书面形式向蒋提出共产党方面承认的六项条件，如："拥护三民主义及国民党在中国的领导地位"，"取消暴动政策及没收地主土地政策，停止赤化运动"等，同时要求国民党方面给以五项保证，如："实现和平统一团结御侮的方针，全国停止剿共""实现民权，释放政治犯"等。周同时提出口头声明六点，如：陕甘宁边区成为整个行政区，不能分割；红军改编后须达四万

---

[1] 2月18日，蒋介石曾在日记中指责中共所谓"非人伦、不道德的生活与无国家反民族的主义"，《决议》中就相应地写了类似的一段话语。
[2] 《蒋介石日记》（手稿本），1937年3月6日。
[3] 《蒋介石日记》（手稿本），1937年3月10日。
[4] 《蒋介石日记》（手稿本），1937年3月10日、24日。

余人；三个师以上必须设总部；国民党不能派遣副佐及政训人员等。[1]他声明：中共拥蒋，系站在民族解放、民主自由、民生改善的共同奋斗的纲领之上，决不能忍受投降、收编之诬蔑。蒋介石对这些具体问题兴趣不大。他承认中共有民族意识、革命精神，是新生力量，认为国共两党"彼此要检讨过去"，承认自己"过去也有错误"。他要中共"与他永远合作"，并且要求"商量一个永久合作的办法"。[2]当日日记记载说："与周恩来讨论共党问题之根本办法。余独注重其内部组织之改正，与根本政策之决定，以及认定领袖之地位各点，彼乃出于意外，以为余与彼相见，只谈对共受降条件之枝节问题也。"[3]

他告诉周恩来，小节容易解决。陕甘宁边区可以是整个的；军队人数不同共产党争，总的司令部可以设；决不派人破坏中共的部队，即使永久合作的办法尚未商定，他也决不再打（内战）等。蒋的这些意见较他此前的想法"宽大"。因此，他在日记中特别写道："示共党以宽大之意，使之知感。"[4]

四　中共提议建立"民族统一联盟"，蒋介石提议成立"国民革命同盟会"

早在1937年1月，周恩来就曾向张闻天和毛泽东提出，承认国民党在全国的领导地位，但取消共产党绝不可能。唯国民党如能改组成民族革命联盟性质时，则共产党可整个加入这一联盟，但仍保持其独立组织。[5]1937年4月初，周恩来到延安，向政治局扩大会议汇报杭州会谈情况，会议认为"结果尚好"，决定在中共提出的抗日救国十大纲领和国民党一大宣言的

---

[1]《周恩来年谱》，第367页。
[2]《中央关于同蒋介石谈判经过和我党对各方面策略方针向共产国际的报告》，《中共中央文件选辑》（11），第180—182页。
[3]《蒋介石日记》（手稿本），1937年3月26日。
[4] 根据蒋1937年3月31日日记，蒋周当天曾在杭州第二次见面，但《周恩来年谱》无记载。
[5]《关于谈判方针的意见》，《周恩来军事文选》，第1卷，第598页。

基础上,起草民族统一战线纲领,征求蒋的同意;在此基础上,成立包括国共两党及赞成这个纲领的各党各派及政治团体的民族联盟(或党),共同推举蒋介石为领袖。[1]会后,委托中共中央宣传部副部长吴亮平起草《御侮救亡,复兴中国的民族统一纲领草案》及《民族统一联盟组织规约》。4月20日,中共中央政治局讨论草案,周恩来在会上提出,统一战线的原则是:以共同纲领为行动准则;建立联合组织;在蒋承认此纲领的条件下,中共可承认他为领袖。联盟的组织原则是:各党各派各革命团体均可参加;联盟中保持各组织独立性,允许自由退盟,等等。26日,周恩来携《草案》飞赴西安,同张冲谈判,提出在确定共同纲领的基础上由国共两党共同发表宣言。

周恩来回延安后,曾于4月11日致电蒋介石:"归膚施后述及先生合作诚意,现党中央正开会计议纲领及如何与先生永久合作问题。"电称,会后即将南下见蒋。蒋介石当日收到电报,仔细琢磨,"恩来之电何意?"不过,他当然感觉到了事情在进展。4月28日日记云:"共党之态度与方针,当以诚意感召之。"此后,他反复研究对共方针,逐渐形成了一套想法:

第一,中共不能公开活动。5月12日日记云:"共党方针与处置之步骤及办法,不与公开为宜。"

第二,命中共取消党名,改编组织。5月13日日记云:"对共党应使其取消名称与改编组织,如此则拟积极指导,否则不许其公开。"

第三,"誓行三民主义"。

第四,承认"领袖地位与权责"。

第五,军队改名国军。[2]

第六,领导人出国。

5月20日日记云:"对共党办法:甲、首脑出去,不能留队;乙、其他

---

[1]《中共中央文件选辑》(11),第179—180页。
[2]《蒋介石日记》(手稿本),1937年5月17日。

从宽。"

5月25日，蒋介石又确定"对共方针"七条：

甲、宽给其经济；乙、严限其军额；丙、政治从宽；丁、区域宜严，不能使之独立；戊、其间各省军阀借口中央容共叛变时，则共党武力是否共同讨逆？己、勿准有各党各派字样；庚、领袖权责。[1]

29日，蒋介石确定，共产党"如其要公开，则应取消其党名。"[2] 31日，蒋介石再次确定"对共条件"四条：

甲、国民大会前，（共产党）宣传与组织停止活动；乙、应防军阀与倭寇借口容共为名攻击中央，故暂不公开；丙、组织国民革命会，双方各推代表五人；丁、共党宣言中须提停止宣（传）组（织）一节。[3]

这是蒋介石在日记中第一次提出要建立一个新的组织——"国民革命会"。不过，在同一天写作的《本月反省录》中，蒋介石却将这一新的组织定名为"国民革命同盟会"。同时，蒋介石还写下了几条原则："甲、组最高干部会议或团，各派五人至七人；乙、手续。各先取消原有党籍，重填盟约、誓书；丙、领袖最后决定权；丁、干部先推定，改为圈定制。"据此可知，蒋介石对这一新组织的设想：它是国共两党的联合组织。参加者须先"取消"原有的国民党或共产党党籍，才能成为这一新组织的成员。

在《本月反省录》中，蒋介石再次确定"对共方针"十条："甲、经济从宽；乙、政治次之；丙、军事严定限制；丁、主张坚决反对，不能迁就；

---

[1]《蒋介石日记》（手稿本），1937年5月25日。
[2]《蒋介石日记》（手稿本），1937年5月29日。
[3]《蒋介石日记》（手稿本），1937年5月31日。这一天的日记中，蒋介石还称："共党已有取消党名之表示。"

戊、行动须令一致；己、区域与军官仅施监察亦可；庚、勿准联合各党各派主张；辛、勿准宣传；壬、改党名，誓行三民主义；癸、领袖权责。"上述十条，部分条文，如"改党名"，"誓行三民主义"等已屡见于其日记，可见其关心重点所在。

五　中共同意成立"国民革命同盟会"。蒋介石既想利用共产党，又害怕共产党

6月4日，周恩来到庐山，与蒋介石见面。其后，二人多次会谈，蒋介石日记有如下记载：

6月5日："对共警告：甲、不能提不必做之言、不能做到之事。乙、绝对服从与一致，不得擅自宣传。丙、不得任意活动与组织。丁、对第三国际之限制。"

6月6日："共党对第三国际关系由领袖主持负责。"

6月7日："一、共党首要应离军区或出洋。二、民族统一纲领与联盟组织之不当。三、第三国际与苏俄关系之方式。四、共党宣言中应停止活动，则政治犯可赦免。五、共同组织。六、军额与特区问题。"

6月8日："一、共党必欲将收编部队设立总机关，此决不能允许也。二、劝共党减低目标，注重实际，恢复社会信用，改变观念，并免领袖为难。"

6月9日："共党尚欲设军事总机关，余严拒之。"

上述日记，显然都是蒋介石与周恩来谈判时的记录与想法。不过，蒋介石一直不提周恩来的名字，只有到了6月12日，蒋介石在《本周反省录》中才写道："见周恩来，共党问题大体可定。"

6月15日，周恩来致电中共中央，报告蒋介石在庐山的"最后表示"。关于两党合作部分，蒋的意见是："1.成立国民革命同盟会，由蒋指定国民党干部若干人，共产党推出同等数目的干部组成，蒋为主席，有最后决定

之权。2. 两党一切对外行动及宣传，统由同盟会讨论决定，然后执行。3. 同盟会在进行顺利后，将来视情况许可扩大为国共两党分子合组之党。4. 同盟会在进行顺利后，可代替共产党与第三国际发生关系。"

关于目前有关部分，蒋提出，红军可以改编为三个师，设政治训练处指挥；陕甘宁边区政府，由中央方面派正的官长，边区方面自己推举副的，由林伯渠担任；中共领袖须离开部队等。[1]

周恩来报告说：曾就蒋提出的同盟会的组织原则，红军编制与边区政府，特别是指挥与人事等问题，与蒋争论很久。周恩来坚持红军改编以后，三个师以上的统帅机关必须给以军事名义。经与宋子文、宋美龄、张

1937年5月，国共谈判期间，国民党派出"中央考察团"到延安考察，图为中共领袖与考察团成员合影。右二为毛泽东，左三为朱德，左一为叶剑英；右一为"中央考察团"团长肖致平。

---

[1]《中央关于同蒋介石第二次谈判情况向共产国际的报告》（1937年6月17日），《中共中央文件选辑》（11），第265—267页。

冲往返磋商，仍不能解决。6月18日，周恩来回延安向中共中央汇报。25日，周恩来起草与蒋介石谈判的新提案，原则上同意组织国民革命同盟会，但要求先确定共同纲领，蒋介石依据共同纲领有最后决定权。如蒋同意设立军事指挥部，红军即可改编；毛泽东不拒绝出外做事，等等。[1] 同时，周恩来又为中共中央书记处起草《两党关系调整方案》，其中提出，国民革命同盟会可负责调整两党关系，决定两党共同行动事项，但不能干涉两党内部事务，两党均须遵守共同纲领，但两党又均保留各自的组织独立性及政治批评和讨论的自由权。[2] 其后，周恩来并将草拟的国民革命同盟会纲领交给国民党谈判代表张冲，请他转交蒋介石。

周恩来离开庐山后，蒋介石对国共合作问题又产生了一些新想法，其中最重要的是：对中共，既要"优容"，又要"严厉监督"；禁止共产党"夺取群众"；陕北政权归"中央统一"；毛泽东出洋；取消"民主"与"各党各派联合"口号；"不得为外国而抗日（暗指苏联。作者注）"，等等。[3] 当时，蒋介石正计划于当年11月12日召开国民大会，颁布宪法，实行宪政。他在思考会后是否允许各党派活动等问题，为此写下三条：1. 对共党输诚后之处置运用方案（自强）；2. 团体之组织机构，应以加强斗争为主。3. 研究国民大会后各党派之活动范围与对共党防制及运用之方。6月20日，又再次写下："对共党约束其宣传，须根据三民主义为组织，须对团体公开，以生产、经济、农村为对象。"这些地方，可见蒋介石既想利用共产党，又害怕共产党的影响和势力的发展。

---

[1]《周恩来年谱》，第374页。参见《中央关于与国民党谈判的方案问题致彭德怀、任弼时、叶剑英电》，《中共中央抗日民族统一战线文件选编》（中）。

[2]《周恩来年谱》，第377页。

[3]《蒋介石日记》（手稿本），1937年6月17日。

六　两党第二次合作形成，蒋介石决定"对中共应放宽，使之尽其所能"

7月7日，卢沟桥事件爆发。13日，周恩来偕博古、林伯渠到庐山，向蒋介石提交《中共中央为公布国共合作宣言》，郑重向全国表示：孙中山先生的三民主义为中国今日所必需，本党愿为其彻底实现而奋斗。同时宣布：取消一切推翻国民党政权的暴动政策及赤化运动；停止以暴力没收地主土地的政策；取消现在的苏维埃政府，实行民权政治，以期全国政权之统一；取消红军名义及番号，受国民政府军事委员会之统辖，并待命出动，担任抗日前线之职责。14日，蒋介石会见周恩来，表示周所起草的国民革命同盟会的纲领可以讨论。[1]但是，第二天二人之间即出现冲突。其原因在：6月庐山会谈时，蒋介石曾提出，中共部队三个师以上，可"设政治训练处指挥之"。中共中央勉强接受了这一意见。但是，周恩来此次来庐，却得知蒋介石改变主意，坚持中共部队须直属军委会行营。7月15日，周恩来致函蒋介石，说明前后"出入甚大"，"事难做通"，不仅使自己失信于党内各同志，而且，"恐碍以后各事之进行"。[2]蒋介石见信后大怒，不过，他仍然忍而未发。[3]紧接着，蒋介石又因事对中共不满。日记云："共产党态度渐恶，惟有顺受之。"[4]

所谓"顺受"，也就是接受中共的要求了。

7月22日，国民党中央社播发《中共中央为公布国共合作宣言》。次日，蒋介石在庐山发表谈话，宣称"凡为中国国民，但能信奉三民主义而努力救国者，政府当不问其过去如何，而咸使其有效忠国家之机

---

[1]《周恩来书信选集》，第135页。
[2]《周恩来书信选集》，第135—136页。
[3]《蒋介石日记》（手稿本），1937年7月16日云："为收编共军事，愤怒甚盛，但能忍也，故犹未发耳。"
[4]《蒋介石日记》（手稿本），1937年8月28日。

1937年7月17日上午，蒋介石在"庐山谈话会"正式发表《抗战宣言》，郑重宣布对日应战。其中称："我们知道全国应战以后之局势，就只有牺牲到底，无丝毫侥幸求免之理。如果战端一开，那就是地无分南北、年无分老幼，无论何人，皆有守土抗战之责任，皆应抱定牺牲一切之决心。"

会"。[1]25日，中共中央决定，中共（包括地方组织）可以在一定的共同纲领和完全平等的原则之下，和国民党组织国民革命同盟会、群众运动委员会一类统一战线组织。这样，经过艰难的长期谈判，国共两党重新携手，第二次合作形成。[2]

12月10日，日军向雨花台、紫金山等处进攻，南京危急。蒋介石进一步思考对共方针："放任乎？统制乎？保守乎？"他决定，为全局计，让那些"能与共党合作者共同抗倭"，同时决定，从速开始与共产党的新一轮谈判。[3]次日，他在日记中写道："控制共党，勿使捣乱。"

很长时期以来，日本侵略者一直企图诱惑蒋介石"防共"、反共，这一时期，蒋介石对此颇有清醒认识，日记云："敌以共产主义为第一对象，希冀利用本党与本人为其作刽子手，使我国内自相残杀，成为第二之西班

---

[1]《中共活动真相》（一），第285页。
[2]《中共中央文件选辑》（11），第46页。
[3]《蒋介石日记》（手稿本），1937年12月10日。

牙。此乃最为残苛之悲境，应切戒而力避之。"[1]

12月13日，南京沦陷。21日，周恩来、王明、博古与蒋介石在庐山会谈，周就中共的一系列建议，如成立国共两党关系委员会，商定两党共同纲领等作了说明。蒋介石表示，所谈极好，照此做去，前途定见好转，已告陈立夫等，同你们商量今后两党关系。[2]他在日记中写道："与共党代表谈组织事，此时对共党应放宽，使之尽其所能也。"[3]让中共"尽其所能"，这是蒋介石处理和中共关系中最开放、最勇敢的决定，但是，当中共在敌后大量扩展武装力量，建立抗日根据地时，蒋介石却又害怕起来。

12月26日，国共两党关系委员会成立。陈立夫、刘健群、张冲、康泽为国民党代表，周恩来、王明、博古、叶剑英为共产党代表。同日，蒋介石得悉德国大使陶德曼转来的日方谈判四项条件，其第一条就是要求中国政府放弃"亲共、抗倭、反满"政策，"共同防共"，蒋介石觉得"无从接受，亦无从考虑"，断然加以拒绝。[4]

七　问题异旨，蒋介石想"合并融化"，共产党想"独立自主"

尽管国民党和共产党在组建国民革命同盟会的问题上取得一致，但是，双方对这一组织的性质、任务的理解却大不相同。蒋介石希望通过这一组织"合并"国共两党，而共产党却希望它只是两党间的一种"统一战线"。1938年1月13日，蒋介石决定"对共党，主张消化而不可排斥"。[5]30日，决定"容纳各派组成大党"。[6]2月初，蒋介石命邵力子与周恩来商谈，催促共产党并入国民党。[7]很快，蒋介石就得知共产党不赞成此议，他决

---

[1]《蒋介石日记》(手稿本)，1937年12月11日。
[2]《周恩来年谱》，第403页。
[3]《蒋介石日记》(手稿本)，1937年12月21日。
[4]《蒋介石日记》(手稿本)，1937年12月26日。
[5]《蒋介石日记》(手稿本)，1938年1月13日。
[6]《蒋介石日记》(手稿本)，1938年1月30日。
[7]《王世杰日记》第1册，第176页。

定："此事宜缓处。"[1]同月10日，周恩来会见蒋介石、陈立夫。蒋介石表示：为了"集中力量来应付当前关系国家民族生死存亡的大战"，国民党"竭诚盼望各党各派能够合而为一，并且为实现这个举国一致的新党起见，虽具有光荣悠久历史的'国民党'名义亦可以取消。"他说："国共两党应即消泯一切形迹，确实作（做）到团结一致。"又说："我始终认定我们要对外战胜，要革命成功，就只能有一个党，一个团体。"

早在1937年9月1日，毛泽东就在中共中央一级积极分子会议上提出：党要从"现在地位"发展到"实力领导地位"，要在战争中建立"工农资产阶级民主共和国，并准备过渡到社会主义"。他更特别着重提出：是"资产阶级追随无产阶级，还是无产阶级追随资产阶级"，也就是"国民党吸引共产党，还是共产党吸引国民党"的问题。[2]毛泽东这里所提出的，是一个在抗战中发展、壮大共产党，掌握领导权，按中共的目标建设中国的重大问题。蒋介石建议两党合并，将在事实上取消共产党，自然中共绝对不能接受。因此周恩来向蒋委婉地说明，此举事实上有困难，"与其两党合并，无形中不免酝酿摩擦，不如两党各仍其旧"。他建议，由蒋提出"共同纲领"，"促使两党联合"。周并以孙中山的"民生主义就是共产主义"为据，说明"两种主义信仰，不仅现在没有矛盾，而且一直可以发展下去，永远不致冲突"。[3]陈立夫提出，在两党之外共同组织双方都可以参加的三民主义青年团。由于事关重大，周恩来与王明于当日立即将会见情况报告中共中央：声称蒋介石一个党的思想仍有，但目前并无强制执行的意思；对八路军态度尚好。[4]2月18日，蒋介石再次与周恩来等谈话，日记云："上午与共党代表谈话。此辈幼稚而无诚意，何能成事，但败事有余耳。"

蒋介石原拟在即将召开的国民党临时全国代表大会上讨论并决定两党

---

[1]《蒋介石日记》(手稿本)，1938年2月5日。
[2]《中日战争爆发后的形势与任务》，《毛泽东文集》第2卷，第9页，人民出版社，1993。
[3]《委座召周恩来谈话记录》，(台北)《近代中国》第161期。
[4]《周恩来年谱》，第412页。

合并问题，对国民党进行"改组"。[1]最初，他情绪急躁。2月22日日记云："共党问题应速进行解决，此其时也。"25日，他接见苏联驻华大使，特别告诉他："余对内主国共合并，对外拟与俄再进一步之合作。"3月1日，中共中央致函蒋介石及临时全国代表大会全体代表，明确表示："只许一党合法存在，同时不承认其他党派合法并存的办法，既为事实所不许；取消现在一切党派而合并为一党组织的办法，亦为事实所不能。"

中共中央重提建立"民族革命联盟"的主张，各党派共同参加，而又各自保持其政治上和组织上的独立，其任务是拟定统一战线纲领，共同遵守，同时，由各方代表自上而下地成立统一战线组织，规划抗日大计，调整各党派、各团体之间的关系。中共中央表示，将派代表列席国民党的临时全国代表大会，预先邀请国民党选派代表团出席中共第七次全国代表大会，"以示两党同志兄弟般友爱与团结"。[2]这是此前、此后都不曾出现过的热烈语言。

这一时期，蒋介石虽然很想"积极刚强"地推行"一党制"，但是，他还不想蛮干。3月25日日记云："对共党主感召而不主排斥。对各党派主联合，使之就范，而不加强制。"次日日记云："团结党内，统一国内，使之坚强，是对敌国最大之打击。"由于中共方面坚决而明确地反对"合并"，蒋介石只好改变办法与态度。[3]3月29日，国民党临时全国代表大会在武昌召开，蒋介石在会上提出，对共产党，"采宽容态度，逐渐导本党以外各党派人于法律之道"。[4]在大会闭幕词中，他也表示：要拿"以大事小"的道理来对待各党各派，宽宏大度，至公至正，在三民主义的最高原则之下，接纳各党派人士。[5]临时全国代表大会后，蒋介石曾一度感觉"共党问题较有进步"，不过，他有时也还认为共产党"幼稚与枭张"。但从总体看，他还是采取克制态度。

---

[1] 参见《王子壮日记》，1938年3月23日，（台北）"中研院"近代史研究所版，第4册，第423页。
[2] 《解放》第36期，1938年4月29日。
[3] 《王世杰日记》第1册，第203页。
[4] 《王世杰日记》第1册，第230页。
[5] 《中国国民党历次代表大会及中央全会资料》（下），第511页。

7月7日,他因阅读中共报纸动怒,在日记中写道:"戒之!"

八 毛泽东表示,国民党有"光荣的历史",有孙中山、蒋介石"两个伟大的领袖"

6月19日,周恩来将与中共中央书记处商定后起草的同国民党交涉的十条意见交给蒋介石,其内容包括保障各抗日党派的合法存在等。9月29日至11月6日,中共中央在延安举行扩大的六届六中全会。会上,毛泽东对国民党和蒋介石都给予了很高的评价。他说:"抗日民族统一战线是以国共两党为基础的,而两党中以国民党为第一大党,抗战的发动与坚持,离开国民党是不能设想的。国民党有它光荣的历史,主要的是推翻满清,建立民国,反对袁世凯,建立过联俄、联共、工农政策,举行了民国十五六年的大革命。今天又在领导着伟大的抗日战争。它有三民主义的历史传统,有孙中山先生、蒋介石先生前后两个伟大的领袖,有广大忠诚爱国的党员。"[1] 毛泽东明确要求国民党"向广大民众开门,容纳全国爱国党派与爱国志士于一个伟大组织之中",这个组织,毛泽东定性为"革命民族联盟"。他说:"在国民党四十多年的历史中,每遇大的革命斗争时,总是把自己变为革命民族联盟的。"他特别提出,今天已经到了国民党历史上第三次变为革命民族联盟的时机,为了反对日本帝国主义与建立三民主义共和国,必须也可能把它自己变为抗日建国的民族联盟。为了保证和国民党的长期合作,毛泽东设想了三种形式。一种是国民党本身变为民族联盟。在此形式下,各党派加入国民党而又保存其独立性:所有加入国民党的共产党员身份公开,将名单提交国民党领导机关;青年共产党员则加入三民主义青年团,不组秘密党团。一种是各党共同组织民族联盟,拥戴蒋介石

---

[1] 毛泽东:《论新阶段》,《建党以来重要文献选编》(第十五册),中共中央文献研究室、中央档案馆编,第603页,中央文献出版社,2011。

为联盟的最高领袖，各党以平等形式互派代表，组织中央以至地方的各级共同委员会，执行共同纲领，处理共同事务。第三种是没有成文，不要固定，遇事协商。[1]

九　蒋介石反对"跨党"，坚持"合成一个组织"，拟约毛泽东面谈

9月29日，毛泽东和王明分别给蒋介石写了一封信。信中，毛泽东向蒋介石表示："此时此际，国共两党休戚与共，亦即长期战争与长期团结之重要关节，泽东坚决相信国共两党之长期团结，必能支持长期战争，敌虽凶顽，终必失败。"[2]没有等会议开完，周恩来就匆匆返回武汉。10月4日，会见蒋介石，递交毛、王函件，说明六中全会决定，建议四点：1. 停止两党的斗争。2. 共产党员可以加入国民党，或令其一部分先行加入；如情形良好再全部加入。3. 中共取消一切青年组织，其全体分子一律加入三民主义青年团。4. 以上参加者，均保留其党籍。[3]周同时说明，中共不在国民党及其军队中发展组织。蒋很注意听，要周将意见写出给他。8日，周将意见交蒋。14日，周蒋再次见面。蒋答复周称：关于中共党员公开加入国民党和三青团问题，须由国民党中常会讨论。三青团章程可以改变，中共党员可加入。蒋要周先找三青团各领导人商谈。11月6日，中共六届六中全会决议：认为国共两党合作的最好组织形式是共产党员加入国民党和三民主义青年团。[4]

第一次国共合作期间，中共党员以个人身份加入国民党，成功地对国民党进行了改造，促进了北伐战争的胜利发展，但是，其间两党也发生许多纠纷，至1927年4月，终于分裂。现在，中共再次决定共产党员以个人

---

[1]《中共中央文件选辑》(11)，第629-630页。
[2]　毛泽东手迹，影印件。(台北)"国史馆"藏。
[3]《王世杰日记》第1册，第398页。参见蒋介石《苏俄在中国》第14节。
[4]《中共中央文件选辑》(11)，第754、781页。

身份加入国民党，蒋介石不能不认真思考。他开始阅读中共书籍《党的建设》。11月18日，蒋介石日记云："共党教育与经验是由其国际百年来秘密苦痛幽囚中所得之教训而成，故其纪律最严，方法最精，组织最密，任何党派所不及……读共党之《党的建设》一书，深有感也，能使其人趋向于民族国家之路则几矣。"11月19日日记云："对共党防制之道，除改正本党、重新本党外，尚有他法否？应不使其取得合法地位为目前要点。"这两段日记说明，蒋既充分认识共产党在纪律、方法、组织等方面的优越性，但是，也还对共产党存在着深刻的猜忌。一方面，他觉得，中共发表宣言，拥护三民主义，愿意加入国民党，"对敌必发生影响"[1]；但是，另一方面他又担心，中共党员加入国民党，就如同神话小说《西游记》所描绘的孙悟空钻进铁扇公主的肚子之后的情况一样，会对国民党"不利"。12月6日，蒋周会见。蒋称：1. 跨党不赞成，中共既行三民主义，最好合成一个组织。2. 如果此点可谈，拟约毛泽东面谈。3. 如全体做不到，可否以一部分中共党员加入国民党而不跨党。周称：1. 中共实行三民主义，不仅因为这是抗战的出路，而且因为这是到达社会主义的必由之路。国共终究是两个党；跨党，我们不强求，如果认为时机未到，可采用他法。2. 加入国民党，退出共产党，不可能，也做不到。3. 少数人退出共产党而加入国民党，不仅失节、失信仰，而且于国家有害无益。蒋表示，如果合并事不可能，就不必约毛泽东到西安会谈。[2]

12月9日，蒋介石在重庆黄山官邸与汪精卫、孔祥熙、朱家骅等人谈话，汪、朱都认为共产党加入国民党"可虑"。[3]12日，蒋邀周恩来、王明、博古、吴玉章、董必武等人谈话，力劝周等参加国民党，"作强有力的骨干"，"为国家民族共同努力"。[4]他说："共产党员退出共产党，加入国民党，

---

[1] 《蒋介石日记》(手稿本)。
[2] 《周恩来年谱》，第437页。
[3] 《王世杰日记》第1册，第446页。
[4] 吴玉章：《中共代表同蒋介石的一次会见》，《南方局党史资料》(三)，第175页。

或共产党取消名义，整个加入国民党，我都欢迎，或共产党仍然保存自己的党，我也赞成，但'跨党'的办法是绝对办不到的。"他并说："此目的如达不到，我死了心也不安，抗战胜利了也没有什么意义。""我的这个意见至死也不变的。"周等答以"一个组织办法做不到"，如"跨党"做不到，可采取其他合作方式。蒋表示："其他方式均无用。"[1]

十 周恩来明确答复：两党合并"不可能"，谈判最终破局

卢沟桥事件爆发后，中共力量在各地迅速发展，八路军军力日益增强。彭德怀向国民党要求将原来的三个师的编制扩展为九个师。[2]蒋介石对此感到忧虑，视为较"敌寇"还要严重的"急患"之一。1939年1月6日日记云："共党之猖狂日甚，彼或认为其时已到乎？"[3]同月16日日记云："共党发展迅速，其势已日汹。"次年1月20日，国民党筹备召开五届五中全会，蒋再次约周恩来见面，重提国民党与共产党合并，周再次明确答复"不可能"。蒋要求周将此事再电延安请示，并在全会期间得到回电。他说：汪精卫出走，"更是两党团结的好机会，即暂不赞成统一也要有新办法"。[4]

对于周恩来的拒绝，蒋介石很生气，当日在反省录中写道："中共匪性不改，亦惟有以严正处之也。"[5]1月21日，国民党五届五中全会在重庆召开。24日，中共中央致电五中全会，说明两党合作"为现代中国之必然"，两党合并，"为根本原则所不许"。共产党"绝不能放弃马克思主义之信仰，绝不能将共产党的组织合并于其他任何政党"。[6]这是对蒋介石建议的明确而坚决的回答。1月26日，蒋介石在国民党五届五中全会报告，声称对共

---
[1]《陈绍禹等关于一个大党问题与蒋介石谈判情况向中央的报告》，《中共中央文件选辑》（12），第6页。
[2]《徐永昌日记》，1939年1月8日。
[3]《蒋介石日记》（手稿本），1939年1月6日。
[4]《周恩来关于与蒋介石谈判情况及意见向中央的报告》，《中共中央文件选辑》（12），第6页。
[5]《事略稿本》，（台北）"国史馆"藏。
[6]《中共中央文件选辑》（12），第17—18页。

产党"不迁就，不放任"，"用严正的态度来教育他，管理他，然后可以融化他，'以敌化友'，这是中国国民党现在最紧要的政策。"[1]29日，国民党五届五中全会在《宣言》中声称："吾人绝不愿见领导革命之本党发生二种党籍之事实"，这是对中共所提"跨党"意见的明确拒绝。[2]至此，两党关于合并的谈判最终破局。

蒋介石佩服共产党员的献身精神，但是，他又极端害怕中共的组织力量。当时，他痛感国民党的腐败，希望共产党员的加入能为国民党注入新的血液，藉以振兴国民党的革命精神，加强抗日力量，这就是他何以一再要求两党合并或允许部分共产党员加入国民党的原因。[3]但是，他又不能允许共产党作为组织的存在及其发展，也担心兼有双重党籍的共产党员不能忠实于国民党，这就是蒋介石之所以最终拒绝中共的"跨党"合作方式的原因。

十一　国民党制定《限制异党活动办法》，两党关系转入多事之秋

当时，各地国共两党、两军之间的摩擦时有发生。2月1日，叶楚伧拟具"对共产党应取态度之原则"八条。其中第三条规定："各战区之国军于暗中划一地境线，不许第十八集团军部队自由越境，若不服制止，即将其消灭之。"第四条规定："对第十八集团军在晋、冀、察、鲁各沦陷地区所造成之既成事实，如各地方之非法政权，一律不予以法律上之承认，保持中央对地方皆可任命官吏行使地方政权。"第五条规定："对第十八集团军之行动，只给予临时任务及攻击目标，不划给固定或永久区域，保持中央军对任何地方，均可开入。"第六条规定："对陕甘宁边区问题，必须取消

---

[1]　《外交趋势与抗战前途》，五届五中全会速记录，（台北）"国史馆"藏。
[2]　《中国国民党历次代表大会及中央全会资料》（下），第547页。
[3]　蒋介石在国民党五届三中全会上曾说：孙中山因"国民党干部腐老，容共所以谋自新"，而他现在，其原因是"为抗日"。见《徐永昌日记》，1939年1月26日。

非法组织，回复行政常规，然后予以解决。在未解决以前，对边区外围，仍严密监视之。"第八条规定："默许各机关及沦陷区之国军采取任何方法肃清其内部之不良分子。"蒋介石批复称："可如拟办理。"[1]同月12日，蒋介石约周恩来谈话。3月10日，蒋介石阅读中共一二九师政委张浩1937年在抗大的演讲，题为《中国共产党的策略路线》，其中谈到，"对于反革命头子蒋介石，更是誓不两立"，"必须将眼光放大些，所以才与反动的各阶层合作"。蒋介石日记云："《中共策略与路线》一书，幼稚卑劣，可叹！"他决定，今后采取"融化共党政策"。[2]4月14日，国民党中央党部秘密下发《限制异党活动办法》，提出加强国民党的意见十条，限制共产党的意见十三条。国共两党关系再次转入多事之秋。

十二　两次合作与分裂，历史何其惊人地相似

在中国近代史上，国共两党有过两次合作、两次分裂。第一次合作的形式是共产党员以个人身份加入国民党，但是，仍然保留共产党员的身份，受中共和共产国际的领导。当时，这种党员被称为"跨党党员"，这种形式被称为"党内合作"。1926年，蒋介石研究法国大革命和俄国十月革命的历史，认为革命要取得胜利，革命势力和革命指挥必须集中、统一，只能有"一个主义、一个党"，中国革命是"国民革命"，其领导者只能是国民党。他向苏联顾问鲍罗廷提出：国民党是大党，共产党是小党，为了革命胜利，小党要做出牺牲，参加国民党的共产党员，应该退出共产党，做一个单纯的国民党员。蒋介石此议，受到鲍罗廷和中共的拒绝，蒋介石自此逐渐走上"限共"以至"反共"的道路。[3]抗战初期，两党实行互不包容的党对党的"党外合作"。蒋介石建议两党合并，实际上是他1926年"一个

---

[1]《事略稿本》，（台北）"国史馆"藏。
[2]《蒋介石日记》（手稿本）。
[3] 参阅拙作《中山舰事件之后》，《蒋氏秘档与蒋介石真相》，重庆出版社，2015。

主义、一个党"主张的翻版。中共再次拒绝此议，捍卫组织独立性，坚持自己独立自主的存在和发展路线。

但是，由于两党在思想、理论、策略上存在的诸多分歧，存在着谁影响谁、谁领导谁的尖锐角力，也存在着各自不同的发展利益和发展需要，而两党间又缺乏一种中共曾经设想过的统一战线形式的组织加以调节，这样，两党间的摩擦、斗争就不可避免了，蒋介石在战后发动反共内战也就不可避免了。

国共之间的两次合作与分裂，历史何其惊人地相似！

第二辑 对日策略

汪精卫出逃与蒋介石的应对

1938年12月18日,上午9时多,汪精卫以赴成都演讲为名,偕陈璧君、曾仲鸣等人潜离重庆。下午1时多,抵达昆明。当晚,向云南省主席龙云透露:将到香港与日本人商谈"和平条件"。19日,匆匆转飞越南河内。汪的出逃,固然有其自身的原因,但是,也和他与蒋介石之间在抗战中形成的分歧有关。

一 汪蒋之间的和战分歧

汪精卫与蒋介石之间的分歧源远流长,复杂纷纭,其内容,大体分两类:一为政见之争,一为权力、地位之争。抗战爆发后,二人的分歧除权力、地位之争外,主要集中于对日本的和战态度上。

卢沟桥事变后,汪精卫即反对抗战,认为抗战必败。庐山谈话会上,他将神圣的抗战说得愁云惨淡,调子极为灰暗。他说:"我们所谓抵抗,无他内容,其内容只是牺牲。"庐山谈话会后,汪精卫与周佛海等暗中成立"低调俱乐部",视主张坚决抵抗日本侵略为唱"高调"。自1937年8月起,汪精卫即连续致函蒋介石,主张对日和谈。8月4日函称:"如认谈判所开(条件)尚可接受,则负起和之责任。"[1]8月23日函称:"当悉力抗战之时,不惟不宜塞断(对日)外交途径,且当力谋外交途径之打开。"[2]9月3日,日本外相广田弘毅发表谈话,声称希望英、美、法等国出面劝说中国,按照1932年签订的《淞沪停战协定》撤兵于该协定"所定范围之外","如是

---
[1] 蒋中正"总统"文物,002-040100-00008-017。(台北)"国史馆"藏。
[2] 蒋中正"总统"文物,002-040100-00008-013。(台北)"国史馆"藏。

则沪战可止",国民党中宣部禁止国内报刊发布这一消息。汪精卫于9月5日致函蒋介石,要求中宣部开禁,斟酌发表,并由外交部发表针对性的谈话。[1]8日,汪精卫再次致函蒋介石,要求蒋本人或命外交部邀请英、法、美使节,征询意见,说明中国立场与界线,使之相机行事。[2]12月,南京沦陷,国民党内部出现一片主和声,汪精卫觉得有机可乘,即向蒋进言,由他出面,"以第三者出面组织掩护"。这个所谓"第三者",即进攻中国的日本为一方,领导抗战的蒋介石为一方,他自己则自居"第三者"。蒋当即拒绝:"此不可能之事也。"[3]在此前后,汪精卫劝说蒋介石与日本言和,共达十多次。[4]

1938年3月,蒋介石筹备在武汉召开国民党临时全国代表大会。他就设立"党魁制"问题和汪精卫商量,汪精卫不赞成。[5]22日,蒋介石访问汪精卫,讨论日本托意大利出面非正式调停中日战争一事。当日,蒋介石日记云:"世人只知战时痛苦,妄想速和,殊不知和后痛苦更甚于战时,而况为屈服不得已之和乎?"考察文意,这一天,蒋、汪之间可能有比较激烈的意见冲突。蒋在日记中所批评的"妄想速和"的"世人"应该就是汪精卫。25日,蒋介石计划利用临时全国代表大会的决议和宣言,表达抗战意志,对日本进行心理战。日记云:"大会决议与宣言如果有力,则其效果不惟可使敌适可而止,当能使敌知难而退也。"卢沟桥事变后,国共第二次合作,建立抗日统一战线。在一段时期内,蒋介石对"联共抗日"态度积极,日记云:"对共党主感召而不主排斥","对各党派主联合"。同时,蒋也决定自己当"领袖","推汪为副"。26日日记云:"团结党内,统一国内,是对敌国最大之打击。"29日,国民党临时全国代表大会在武昌开幕,代表提案中大多主张在国民党内设立总裁。蒋介石当日日记云:"此时设立总

---

[1] 蒋中正"总统"文物,002-040100-00008-014。(台北)"国史馆"藏。
[2] 蒋中正"总统"文物,002-040100-00008-015。(台北)"国史馆"藏。
[3] 《蒋介石日记》(手稿本),1937年12月16日。
[4] 西义显:《日华"和平工作"秘史》,第104页,江苏古籍出版社,1992。
[5] 《蒋介石日记》(手稿本),1938年3月11日。

蒋介石和汪精卫都自诩为孙中山先生的忠实信徒,长期以来,二人一直是中国政坛的强硬对手。

裁,至少可表示本党不妥协之决心,与敌以精神上之打击。"4月1日,大会推举蒋介石为国民党总裁,汪精卫为副总裁。蒋介石心情兴奋,日记称:"对总裁责任应当仁不辞,以救国与对外之道已无他法。此为最后一着,实与抗战增加实力不少,而且确定党国重心,无异于敌精神与其策略上一大打击也。"但是,汪精卫却因居于蒋介石之下,心情极度沮丧,见于形色。[1] 国民党临时全国代表大会通过了《抗战建国纲领》等一系列文件,坚持抗战,坚持联共。4月1日通过的《大会宣言》声称:"此次抗战,为国家民族存亡所系,人人皆当献其生命,以争取国家民族之生命。"[2] 同日,蒋在大会《闭幕词》中声称:"本党同志要站在当政党的地位,发扬这种固有的精神,宽宏大度,至公至正,在三民主义的最高原则之下,来接纳各

---

[1] 陈布雷:《回忆录》(二),第78页,二十世纪出版社,1949。
[2] 《中国国民党历次代表大会及中央全会资料》(下),第463页。

党派人士，感应全国国民，使共循革命正道。"[1] 蒋的这些意见都和汪精卫相反，汪自觉"和平"希望毁灭，自此，对蒋彻底失望。

德国驻华大使陶德曼调停失败后，日本政府恼羞成怒，宣布"不以国民政府为对手"，要求蒋介石下野。其后，日本政府一方面转托意大利，接替德国，在中日两国间调停"和平"。同时，积极动员民国初年曾任国务总理的唐绍仪（少川）出面组织傀儡政权，与国民政府谈判"和平"。1938年5月初，法学家罗家衡到武汉，见到汪精卫，谈及由唐绍仪出面谈判一事，汪即说："在辛亥南北议和时，我们俱是在少川先生领导之下进行的。现在的局面，只有少川先生出来与日本谈判才是办法。现在日本不是较以前对华主张缓了一步么？从前日本是不以蒋政府为对象的，现在日本仅主张不以蒋个人为对象了。只要少川先生出来与日本谈判，蒋的下野，是不成问题的。我只要国家有救，甚么牺牲都可以的……"[2] 这段话既暴露出汪精卫急于与日本谋和的面目，同时，也暴露出汪精卫对蒋介石失望，急于迫使其下野，取而代之的隐秘企图。同年6月14日，汪精卫的亲信高宗武与日人西义显在香港签订备忘录，准备组织"第三势力"。双方心目中的"第三势力"的领袖就是汪精卫。同月20日前后，意大利驻华大使授意汪精卫致函近卫首相，意图在汪精卫和日本政府之间建立直接联系。[3] 同年7月，高宗武在汪精卫鼓励下秘密访日，会见陆军大臣板垣征四郎、参谋次长多田骏以及近卫文麿首相等日方要员，决定"找寻蒋介石以外的人"，以"造成中日之间的和平"，而此人，双方也都认为非汪精卫莫属。[4] 影佐祯昭公然对高宗武说："可否请蒋委员长下野，由汪主席出任负责。"[5]

蒋介石并不了解高宗武在香港和日本的这些活动内幕，但是，他对高宗武擅自赴日的活动强烈不满。6月24日，蒋介石日记云："高宗武荒谬，

---

[1] 《中国国民党历次代表大会及中央全会资料》（下），第511页。
[2] 《南湖致刚父》（胡鄂公致孔令侃），1938年6月11日，特交档。
[3] 《蒋介石日记》（手稿本），1938年6月21日。
[4] 影佐祯昭：《漫谈》，《现代史资料》（13），《日中战争》（5），第360页。
[5] 《会晤影佐谈话纪要》，（台北）《近代中国》第129期，第125页。

擅自赴倭。此人荒唐,然亦可谓大胆矣。"[1] 他研究日本态度的反复变化,认为和高宗武的赴日有关。7月22日日记云:"倭阀对我变更态度者,其果误认吾内部之动摇,而与高之荒谬赴倭亦有关系也。"他当然了解高宗武此行和汪精卫之间的关系。25日,蒋介石与汪精卫、张群讨论高宗武的访日报告,日记云:"觉汪神情皆不自然,果有愧怍之心乎?"[2]

10月25日,国民政府自武汉撤退,汪精卫更加丧失抗战信心。11月18日,梅思平、高宗武奉汪之命与日人影佐祯昭、今井武夫在上海重光堂签订《日华协议记录》等文件。《记录》规定双方的"合作"条件有"缔结防

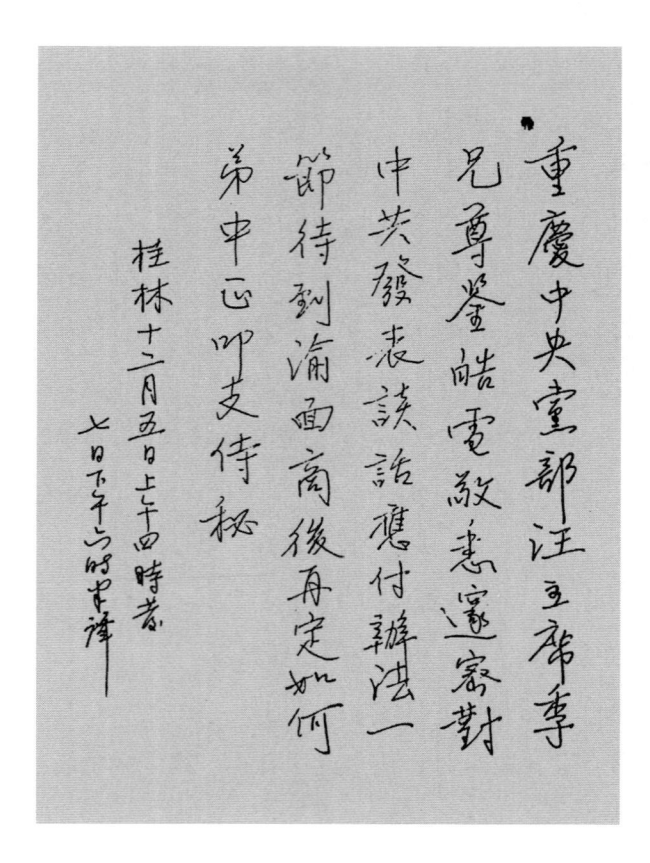

抗战前期,蒋介石与汪精卫就联共与反共存在分歧。汪精卫坚持反共,在叛离重庆前曾致电蒋介石,坚决反对"共产党员加入中国国民党及组两党各级合作委员会",蒋介石对此没有同意,回电表示"到渝面商后再定",这多少显示了二人对中共态度的不同。

---

[1]《蒋介石日记》(手稿本),1938年6月24日。
[2]《蒋介石日记》(手稿本),1938年7月25日。

共协定""承认日本军防共驻兵""中国承认满洲国"等六条。其行动计划为：首先由日本政府方面发表上述"合作"的条件，汪精卫等即发表声明响应，"与蒋介石断绝关系""见机成立新政府"。26日，梅思平到重庆向汪精卫汇报，随身携带与日方达成的协约以及近卫首相的第三次对华声明草稿。29日，汪急召陈公博到重庆，对陈说："中日和平已经成熟""中国的国力已不能再战了，非设法和平不可了。""假使敌人再攻重庆，我们便要亡国。""现在我们已经无路可退，再退只有退西北，我们结果必为共产党的俘虏。"[1] 他并向陈透露，准备离开重庆，以个人身份出面，与日本交涉。汪随即召集周佛海、陈璧君、梅思平等会商，决定接受"重光堂协议"，电港通知。[2] 当日下午决定：汪于12月8日赴成都，10日到达昆明，近卫首相于12日发表第三次对华声明，互相呼应。

武汉失陷，蒋介石并未随国民政府迁渝，而是到湖南部署继续抗战。10月28日，国民参政会第二届会议在重庆开幕，蒋介石致电会议，认为日军自进窥武汉以来，死伤三十余万，计穷力绌，抗战已入"第二阶段"。他估计，"吾人预定覆灭敌人之计划，必可实现于不久将来"。[3] 11月7日，他在长沙主持军事会议。25日，又在南岳主持军事会议。11月30日，视察桂林，设置军事委员会委员长桂林行营，以白崇禧为主任，统筹西南抗战。直到12月8日，蒋介石才到达重庆。这一天，本来是汪精卫预定的出逃之日，但因蒋的到来，汪不得不改变计划。

12月9日，蒋介石在重庆黄山官邸约集孔祥熙、汪精卫、王宠惠、叶楚伧、朱家骅等人谈话。汪精卫坚持对日主和，他表示：中国和日本都有困难。"中国之困难，在如何支持战事；日本之困难，在如何结束战事""故调停之举，非不可能"。"日本果能觉悟中国之不可屈服，东亚之不可独霸，

---

[1] 陈公博：《自白书》，南京市档案馆编《审讯汪伪汉奸笔录》，第10页，江苏古籍出版社。
[2] 《周佛海日记》，1938年11月29日。
[3] 《"总统"蒋公大事长编初稿》，第1308—1310页。

重庆南山的蒋介石黄山官邸云岫楼，为中西式三层砖木结构建筑，修建于1925年，抗战期间，国民政府迁都重庆后，此楼成为蒋介石重要的寓居和办公场所。在此曾经召开许多重要的军事、政治会议，因此，也成为当时军政要务的重要决策地之一。

则和平终将到来。"[1]蒋介石所言与汪精卫相反，日记云："下午，与党政各同志谈话，指示以后对倭方针，言明只要我政府不与倭言和，则倭无法亡我。并明告其只要我政府不与言和，则我政府即使失败，国家必可因此复兴。况政府至今决无失败之理，且革命政府旨在主义成功，而不怕一时失败也。"[2]当时，蒋介石正在谋求共产党加入国民党，两党合并为一个新的"大党"。谈话中，汪精卫询及此事，认为"可虑"。[3]国民党关于这一天的谈话，蒋介石后来电告龙云时也说："中此次在渝，并曾详切面告汪先生等，以日寇之狡狯毒辣，若我有人向其谋和，则寇之狰狞面目必毕露，万不可为。"[4]

[1]《傀儡组织》(三)，第51-52页。
[2]《蒋介石日记》(手稿本)，1938年12月9日。
[3]《王世杰日记》第1册，第446页。
[4]《"总统"蒋公大事长编初稿》，第1327页。

可以看出，汪主张与日本言和，蒋反对与日本言和。针锋相对，泾渭分明。后来汪精卫回忆说："12月9日，军事委员长蒋中正至重庆，（兆铭）复激切言之，卒不纳。"[1]可见二人之间辩论的激烈。蒋这一天的态度使汪精卫等大为失望。陶希圣致函胡适说："蒋先生12月8日到重庆。他的态度完全改变。对于国家处境困难，全不考虑。他的全部计划在提携共产党。他说日本没有兵打仗了。他对日本的和议，不假思索地拒绝。这样的变动，以及客观的困难，使汪先生及我们都感到一年半的努力进言都成了画饼，更都成了罪状。眼见国家沦落到不易挽救的地步，连一句负责的老实话都不能说。幻想支配了一切。我们才下决心去国。"[2]陶希圣的这段话，生动地描写出蒋介石和汪精卫等人的两种不同精神面貌。汪精卫等人，最初是在国民政府内部"主和"，现在，由于和蒋介石意见对立，只能到政府之外去"主和"了。

12月16日，日本内阁成立兴亚院，其目的在于加强对中国占领区的统治，其总裁由日本首相兼任，副总裁由外相、藏相、陆相、海相兼任。在中国北平、上海、青岛、汉口、广州、厦门等地设有分支机构。此前2日，蒋因感冒未上班。16日，汪精卫到蒋处探病，蒋当日的日记说："日本对中国之最后目的云者，乃灭亡中国之谓也。兴亚院成为确定对华政策执行之枢纽者，乃以兴亚院为中国之断头台。换言之，灭亡中国之总机关也。因此兴亚院之成立，中国若要自取灭亡，俯首而上断头台则已，否则除抗战拼命以外，再无第二道路矣。"[3]武汉会战期间，蒋也曾幻想过以和平方式结束中日战争，但从这一则日记可以看出，严酷的现实终于使他认识到，摆在中国人民面前的只有抗战一途。当时，日本特务土肥原约原天津市市长萧振瀛到香港见面谈判，蒋决定不准萧赴港，对土肥原"坚拒不理"。[4]

关于汪蒋之间的和战分歧，汪精卫在出逃后曾于12月23日致电蒋介

---

[1]　汪精卫：《曾仲鸣先生行状》，《河内血案》，第202页，档案出版社，1988。
[2]　《胡适往来书信选》（中），第397-398页。
[3]　《蒋介石日记》（手稿本），1938年12月16日。
[4]　《蒋介石日记》（手稿本），1938年12月17日。

石称:"在渝两次谒谈,如对方所提非亡国条件,宜及时谋和以救危亡而杜共祸。"[1] 蒋介石认为,汪所言,为1938年1月之事,而在重庆时,则"未有一言提及"。[2] 他在电告他的朋友、国民参政会副秘书长彭学沛时也说:他之所以离开中国,"系因中央不愿考虑和议,及本党有进一步容共之趋向",故不得不"以去就争"。[3] 汪所称"进一步容共之趋向",指的就是上述蒋介石企图联合共产党,甚至与共产党"合并为一大党"的意见。这就说明,汪精卫不仅主张与日本言和,而且反对蒋进一步"联共抗日",因此不惜以出走作为向蒋抗争的手段。当然,汪的出走,还有一条很重要的原因,他在致蒋电及致彭电中均未说明,这就是,他准备在重庆国民政府之外,另组政府。

二 汪精卫出逃与蒋介石的反应

汪精卫在离开昆明时,致电蒋介石,称:在飞赴昆明途中,因"飞行过高,身体不适,且脉搏时有间歇现象,决多留一日,再行返渝"。[4] 汪走后,龙云才致电蒋介石报告:"汪副总裁于昨日到滇,本日身感不适,午后二时半已离滇飞航河内。"[5] 到21日,才向蒋透露,汪精卫到昆明后,态度不像"昔日之安详",临行时,才告诉自己,"谓与日有约,须到港商洽中日和平条件,若能成功,国家之福,万一不成,则暂不返渝"。电中,龙云还询问蒋介石:"(汪)在渝时与钧座切实讨论及此否?"

12月18日这一天,蒋介石原本准备离开重庆,飞赴西安,召开军事会议,但因得悉当日西安气候不良,改变计划。一直到20日,蒋才飞抵西

---

[1]《龙云转呈汪自河内致蒋委员长如对方所提非亡国条件宜及时谋和以救危亡而杜共祸梗电之迥电》,《傀儡组织》(三),第48页。
[2]《致龙云电》,《"总统"蒋公大事长编初稿》,第1327页。
[3]《王世杰日记》,第455-456页;参见《张群以接汪自河内电为和平及防共问题以去就争致蒋委员长之马电》,1938年12月21日。《傀儡组织》(三),第46页。
[4] 金雄白:《汪政权始末记》(五),第32页,香港春秋出版社。
[5]《重要史料初编》,《傀儡组织》(三),第46页。

1938年12月18日，汪精卫率党羽潜离重庆飞抵昆明，受到云南省主席龙云（左三）的迎接。第二天，汪精卫逃到河内。

安。21日，蒋在西安主持军事会议。到晚上，才得知汪精卫私自飞到昆明的消息，当即电汪称："闻兄到滇后即感不适，未知近况如何，乞示复。"[1]蒋模糊地猜测到汪此行的含义，日记说："闻汪先生潜飞到滇，殊所不料！当此国难空前未有之危局，藉口不愿与共党合作一语，拂袖私行，置党国于不顾，岂是吾革命党员之行动乎？痛苦之至。惟吾犹望其能自觉回头耳！"22日，蒋介石得到龙云的电报，这才比较具体地了解到汪此行的目的，日记云："不料其糊涂卑劣至此，诚无可救药矣。"在国民党和国民政府内部，汪精卫资格老，地位高，关系多，其出走是具有严重意义的大事，蒋开始估计其影响，在日记中特别写下："汪去后，对党政军以及各地之关系，应特加慎重"，"外交与对敌或有影响乎？"当晚，蒋介石失眠，至次日晨3时才入睡。23日，蒋继续思考汪出走后的局面："广东军人，是否受汪影响？""政府内部，受汪影响之人几何？"他决定，对汪表明态度。

同日，日本首相近卫发表第三次对华声明，"阐明同新生的中国调整

---

[1] 《"总统"蒋公大事长编初稿》，第1325页。

关系的总方针",要求"日、满、华三国应以建设东亚新秩序为共同目标而联合起来,共同实现相互善邻友好、共同防共和经济合作"。这就是所谓"近卫三原则"。在声明中,近卫要求中国承认"满洲国",允许日军在华北及内蒙古驻兵,给予日本臣民"特别开发上之便利"。24日,蒋介石决定驳斥近卫声明。同日下午,蒋介石回到重庆,约集党政首长会谈。这一天,蒋介石在对汪精卫的态度上陷入矛盾。一方面,他仍有"挽救"汪的"政治生命"的想法,日记云:"知汪确有整个背叛党国奸谋,乃决心发表宣言,使其卖国奸计不售,亦所以挽救其政治生命。""彼虽有意害余,而余应以善意救彼,对于此种愚诈之徒,亦只有可怜与可痛而已。"但他一想起汪与自己过去的不良关系,又觉得不应援手,日记云:"余向来以至诚待之,礼遇之如总理,而彼乃不识大体,不顾国家至此。若复与之合作,使之自拔,岂不愚拙之至乎!"25日,蒋介石谒见国府主席林森,报告汪精卫通敌一事。

26日,蒋介石发表驳斥日本首相近卫的长篇声明,认为近卫所谓"东亚新秩序"和"日满支"协同关系,"就是将中国全部领土变成日本所有的大租界","这样一来,中国若不是变为他的奴属国也就降为保护国,而且实际上就是合并于日本"。他批判近卫的所谓"经济合作",就是"要操纵我中国关税金融,垄断我全国生产和贸易,独擅东亚的霸权";所谓"共同防共"就是以此为名义"首先控制我国的军事,进而控制我国政治文化以至于外交"。蒋称:综观近卫声明,"日本真正之所欲,乃在整个吞并我国家,与根本消灭我民族"。他号召中国人民"认定目标,立定决心,愈艰苦,愈坚强,愈持久,愈奋勇,全国一心,继续努力"。[1]蒋介石一向很欣赏自己的文笔,这次也不例外。29日,他重读此稿,"甚觉自快",认为"足使敌知所警戒,变换威胁或计诱之妄念"。[2]

---

[1]《傀儡组织》(三),第38—41页。
[2]《蒋介石日记》(手稿本),1938年12月29日。

汪精卫的表现和蒋介石迥然不同。他赞成并拥护近卫声明。28日，他从河内致函蒋介石，认为日方的三项声明，"实不能谓无觉悟"，要求蒋把握"不可再失之机"，以之作为"和平谈判之基础而努力折冲"。29日，发表致国民党中央党部诸同志公开信，主张对近卫所提善邻友好、共同防共、经济提携三点，"应在原则上予以赞同，并应本此原则，以商订各种具体方案"。此函通称《艳电》。《艳电》的发表，立即在国民党中央和各地爱国将领、官吏之间激起了愤怒的声讨波澜。

三　从劝汪赴欧到开除汪的党籍

最初，蒋介石确曾企图挽救汪精卫，至少，要尽量减少汪叛逃的影响。12月25日，蒋介石致电龙云，要龙对汪离开昆明前所述"与日方有约"等语保密，"勿为他人道"。[1]蒋之所以如此，目的在于为汪精卫留出余地。26日，他在发表声明严辞驳斥近卫的同时，还在为汪精卫打掩护，声称汪之赴河内，只是为了转地疗养。与此同时，蒋介石在思考，是否应该派人去河内劝说汪精卫，[2]能否"以至诚感动之"。[3]

第二天，蒋介石召见汪精卫在重庆的朋友彭浩然，嘱其转电汪精卫，驻港不如赴欧。这一天，蒋介石自感心跳加急，精神极为不佳，但仍勉强办公。同日，他再次致电龙云称：近卫声明，"全为对汪之讨价，彼竟不察，而自上其当。幸此时尚未失足，尚可为之挽救也"。[4]又致电香港《大公报》的主笔张季鸾，要求该报在批评汪精卫时，不要把话说绝："务当为之宽留旋转余地"，"并本于爱人以德之义，从舆论上造成空气，防止其万一失足之憾。"蒋特别关照，"不可出以攻击语调。此中机微，兄所明

---

[1]《事略稿本》，1938年12月25日。
[2]《蒋介石日记》（手稿本），1938年12月26日。
[3]《蒋介石日记》（手稿本），1938年12月27日。
[4]《"总统"蒋公大事长编初稿》，第279页。

悉"。[1] 28日，他接受王世杰建议，通过王致电驻英大使郭泰祺及驻美大使胡适，请二人劝汪：1. 勿公开主和；2. 勿与中央断绝关系；3. 勿驻港，但不妨赴欧。

汪精卫的《艳电》于12月31日发表于香港《南华日报》，南洋华侨代表陈嘉庚当日即致电蒋介石，指斥汪精卫"公然赞同日寇亡国条件"，要求蒋公布其罪状，通缉归案，以正国法而定人心。旅美华侨于同一日通电支持，要求"凡主和者请一律以汉奸论罪"。蒋介石也激愤地在日记中指斥汪精卫，"通敌卖国之罪已暴露殆尽，此贼不可救药矣，多行不义必自毙也"。

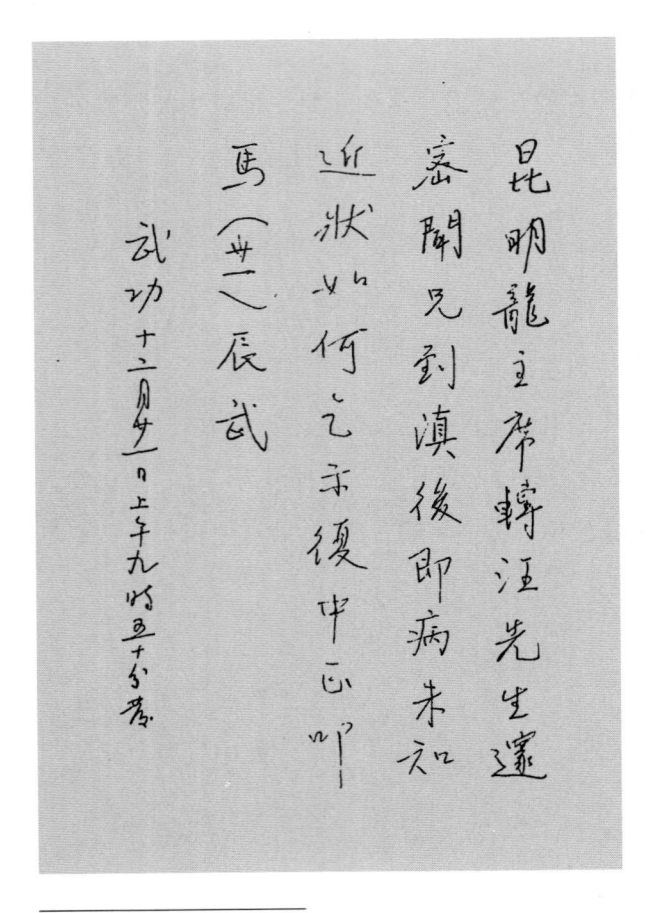

1938年12月21日，蒋介石致电龙云转致汪精卫，询问汪的近况，电文称："昆明龙主席转汪先生：邃密。闻兄到滇后即病，未知近状如何？乞示复。"

---

[1]《事略稿本》，1938年12月27日。

汪出逃之初，他担心连锁反应；现在，则觉得是好事。日记云："此后政府内部纯一，精神团结，倭敌对我内部分裂与其利诱屈服之企图，根本消除，吾知倭寇不久必将对我屈服矣。"[1]

1939年元旦，蒋介石在遥祭中山陵之后，召开谈话会，讨论汪精卫的《艳电》。下午，召开国民党临时中常会暨驻重庆中央委员会议，决定开除汪精卫党籍，解除其一切职务。会上，曾有人主张明令通缉，因蒋介石反对而罢。汪精卫被开除，蒋介石当日日记云："实足为党国之大庆也。"不过，他还没有确定对汪的处置办法。1月3日，他在日记"注意"栏中写道："汪以后之行动与处置。"这就说明，他还在思考中。

四 刺汪未中，汪精卫发表《举一个例》

汪精卫被国民党中央开除党籍后，很沮丧，陈璧君等则很愤怒。1939年1月4日，刚刚发表对华第三次声明的近卫文麿于1月4日辞职，平沼骐一郎继任首相，另组新阁。一时间，汪精卫与日方断了联系，计划到欧洲或其他国家旅行。7日，龙云致电蒋介石，报告从陈璧君之弟陈昌祖处所得汪精卫消息，建议由蒋派汪的亲信一二人到河内，以私人名义劝汪回国，或在重庆，或在国内任何地方居住，避免与日本勾结。龙云认为这样做，可以使汪免于铤而走险，"对外则团结之裂痕不现，对汪则以后无从活动，日人亦无从挑拨"。[2] 蒋介石得到龙云此电后，误认汪企图"转弯"，1月8日日记云："汪见无路可走，又想转弯，卑劣已极，宜乎其生无立足之地也。"同日，蒋介石致电龙云，表示"对汪事，此时只可冷静处之，置之不问为宜"。他坚决否定让汪回到国内的意见，认为日方将借此造谣，国内外也会发生怀疑与惶惑。电称："如为彼计，此时当以赴欧为上策，否

---

[1]《蒋介石日记》（手稿本），1938年12月31日。
[2]《傀儡组织》（三），第50页。

则皆于公私有损。"[1]11日，蒋介石致电宋子文，派郑彦棻到越南劝汪。1月20日，又计划派叶楚伧或陈立夫到越南。1月30日，蒋最后决定派原改组派成员、汪的老部下谷正鼎赴越，同时送去护照和旅费50万元，劝汪去法国等地疗养。谷转达蒋的意见称："不要去上海、南京另搞组织，免得为敌人所利用，造成严重后果。"[2]

在派人劝汪赴欧"疗养"的同时，蒋介石也在做从肉体上消灭汪精卫的准备。1月17日，汪的亲信、《南华日报》社长林柏生在香港被刺。1月26日，蒋介石日记云："派员赴越。"31日日记云："港越人员之行动注意。"这里的"员"，应是军统人员；"行动"，应指暗杀计划。此后，蒋介石日记中，连续出现下列记载：

2月18日："汪伪真无赖无耻，吾未见卑劣狡诈之如此也。"

3月15日："注意：对汪阴谋之对策。"

3月18日："汪通敌卖国之谋益急，而其行益显，奈何！"终于，在越军统人员于3月19日凌晨接到戴笠的"行动"命令。21日夜，军统人员越墙进入汪在河内的住所，开枪射击，但是阴差阳错，误杀了汪的助手曾仲鸣。3月22日，误刺曾氏的第二天，蒋介石日记云："汪未刺中，不幸中之幸也。"

曾仲鸣之死使汪精卫更加仇恨蒋介石和国民政府。3月27日，汪精卫写成《举一个例》，除哀悼曾仲鸣之死外，其主要目的在于公布国防最高会议第五十四次常务委员会会议记录。该次会议由汪精卫担任主席。据该记录，1937年12月6日，国防最高会议在汉口中央银行开会，由外交部次长徐谟报告德国驻华大使陶德曼的调停情况，其中谈到12月2日下午，徐谟与蒋介石、顾祝同、白崇禧、唐生智、徐永昌会商日方所提和平条件。白称：只是如此条件，那么为何打仗？徐永昌表示：只是如此条件，可以答应。顾祝同也表示，可以答应。蒋称：如此尚不算亡国条件。嗣后，蒋介石会见陶德曼，表

---

[1] 《傀儡组织》（三），第54页。
[2] 罗君强：《伪廷幽影录》，第17页。

1940年，汪伪政权"行政院长"汪精卫与日本驻华大使阿部信行在南京大礼堂签署条约，日本政府承认汪伪南京政府为中国"唯一合法政府"。图为汪精卫与阿部信行合影。

示相信德国及感谢德国好意，可以将各项条件作为谈判之基础及范围。汪精卫企图以此说明，主和并非自己一个人，是"最高机关，经过讨论而共同决定的主张"。他质问说：何以别人可以"主和"，而他汪精卫不行？

针对汪精卫的《举一个例》，蒋介石于4月6日，草拟《驳汪言要点》。11日继续写作修改。日记云："上午，手拟驳斥汪文，修改稚老最后一段。"他自述"甚觉痛快，因之心神兴奋，几不成寐"。据此可知，当日发表的吴稚晖的《对汪精卫〈举一个例〉的进一解》实为吴、蒋二人的共同作品。

《进一解》一文指斥汪精卫"泄露职务地位上所管的秘密文件，已经够犯罪；又把公家文件，随意添改伪造。"但文章写得过于冗长、晦涩，并不见精彩。蒋介石认为该文"必生效力，而对敌方与汪逆及国内未知抗战利害之封建者发生影响为更大，其效已显见矣。"[1] 蒋介石的这一估计，显然过头。4月17日，蒋介石接见中外记者，再次揭露近卫"建立东亚新秩序"的实质，宣称"在这种情形之下，绝对无和平的余地，绝对不是什么巧佞虚伪的投降理论所能动摇我们全国的决心于万一"。[2] 这里所指斥的"巧佞虚伪的投降理论"就是汪精卫的言论。

[1]《上星期反省录》,《蒋介石日记》（手稿本），1939年4月15日。
[2]《"总统"蒋公大事长编初稿》，第1390页。

刺汪不中，军统人员策划再次行动。不过，都没有得到下手机会。蒋介石开始考虑用其他办法对付汪精卫。其4月14日日记预定办法：一、对汪加以刑事处分；二、向法国政府交涉，使汪精卫回国，或不允其离河内。15日，蒋介石邀约叶楚伧、王世杰、陈布雷、张治中等讨论汪案。4月25日，汪在日本特务的严密保护下，由河内到海防，秘密乘船前往上海。显然，重庆国民政府与法国的引渡交涉没有成功。

五　争取龙云站到抗战一边来

龙云系云南地方实力派，一贯以保持其地位和实力作为其决策的主要出发点。1938年4月，龙云与四川地方实力派刘文辉等致函已经投靠日本的伪北平临时政府委员长王克敏，声称将联络四川、云南、西康、贵州四省，组成反蒋联盟，发起"和平运动"。汪精卫要投靠日本，也企图联络龙云与实力派军人薛岳、张发奎等，割据西南，与蒋对抗。1938年底，汪精卫发表《艳电》，全国纷纷声讨，但龙云却保持沉默。1939年1月上旬，汪派内弟陈昌祖到云南与龙云晤面，出境时被军统人员截住，在陈的皮匣中查获龙云致汪函，函中龙称汪为"钧座"，称蒋为"重庆方面"。其中有"现日方虽内阁改组而政策不变，我方似存幻想，毫无其他办法。不久大战重开，静观如何应付。此刻钧座暂守缄默，甚为得宜，至于钧座所主张各节，将来必有实现之一日"等语。[1]因此，蒋对龙的态度始终不放心。1月19日日记云："滇龙对汪态度不明，此事关系重大，成败存亡，全系于云南唯一之后方，不可不察也。"20日日记云："敌与汪勾结已深，而滇省是否受其影响，汪之背景何在，皆不得不研究也。"26日，蒋决定派白崇禧赴滇，防龙叛变，同时对龙进行安抚。蒋白之间常有电报往来。2月20日，蒋介石日记云："志舟（龙云的字。笔者注）不安之心理，如何安之？"

[1]《杂录》，《蒋介石日记》（手稿本）。蒋自记其时间为"廿八年1月23日夕"。

1939年3月21日,军统行刺汪精卫未成,龙云派警务处长李鸿谟去河内慰问。3月30日,汪精卫托李带亲笔手书致龙云,动员龙对《艳电》表态,同时要求龙允许自己回昆明活动。函称:

今已三月有余矣,未知先生布置如何?弟非有奢望,但能得先生毅然表示同意于《艳电》主张,弟当即来昆明,声明以在野资格,贡其所见,以供政府及国人之参考。先生对弟,只须以军警之力,保护生命之安全及不干涉言论行动之自由,如此已足。俟将来大局有所变化,再作第二步之进展计划。如此则可以安云南,安西南大局,安中华民国。弟之希望,实系于此。

随函并附港报所登《举一个例》。此函表明,汪精卫仍想依靠龙云,以云南为基地,控制西南,对抗重庆国民政府。在信中他力图说明自己"回

龙云,中华民国国民党滇军高级将领,国民革命军陆军二级上将,云南省国民政府主席,曾主政云南17年,有"云南王"之称。抗战后期,因与蒋介石素有矛盾而被蒋限制行动自由;1948年12月8日,龙云在陈纳德的帮助下奔赴香港,随即站到了反蒋反内战的行列。1949年9月21日,中国人民政治协商会议在北平开幕,龙云被列为特邀代表。10月1日,新中国诞生,龙云被委任为中华人民共和国中央人民政府委员。图为蒋介石与龙云合影。

到内地"的好处："则声势迥然不同。各方趋附有其目标，国际视听亦有所集。日本对弟，往来折冲，亦比较容易有效。"函末并称："日本以一再迁延，已有迫不及待之势。"[1] 由此可见，日本方面对汪已有不满，以及汪急于有所表现的心理。

此函为军统人员侦悉，拍成照片，上报蒋介石。蒋先后派李根源、唐生智赴滇防堵。4月22日，唐与龙云谈话，说明汪为人善辩多变，生性凉薄，对人毫无诚意，以及抗战期间，忠奸不两立等种种道理。24日再谈，唐提出三项办法：一、邀汪来滇（不作任何活动）；二、在云南发表汪函，申言忠奸不两立；三、正式呈请中央发表汪函。龙云同意发表谈话，拥护领袖抗战到底，指斥和议，惟领袖之命是听，但不愿提及汪函。4月27日，蒋介石复电唐生智，声明尊重龙云意见，由彼考量决定，但蒋建议由龙云复汪一函，表示不以汪函所言为然，同时对汪加以正言劝诫。蒋并代龙云起草了复书。5月2日，龙云在蒋稿基础上，改成一稿，批评汪要自己"背离党国，破坏统一，毁灭全民牺牲之代价，（违）反举国共定之国策"。函告严词指责汪精卫："此何等事，不仅断送我国家民族之前途，且使我无数将士与民众陷于万劫不复地步。此岂和平救国之本，直是自取灭亡，以挽救敌寇之命运耳！"这样，龙云就拒绝了汪精卫的诱惑，坚决站到了抗战一边。函末，龙云劝汪"立下英断，绝对与敌人断绝往来，命驾远游，暂资休憩，斩除一切葛藤，免为敌人播弄"。

云南是西南大省，抗战的重要根据地。假如龙云跟着汪精卫走，对重庆国民政府将构成巨大威胁，中国的抗战形势必然更加艰危。龙云的立场使动荡的局面趋于稳固，对保证抗战胜利有重要作用。至此，追随汪精卫叛逃的只有陈公博、周佛海等一小撮人，不仅龙云，汪精卫寄以希望的薛岳、张发奎等将领，谁都没有跟着他走。民族大义毕竟是一道区别人鬼的重要分水岭，在它面前，任何人都必须慎于举步。

---

[1]《河内血案》，第239—240页。

"桐工作"辨析
——真真假假的中日特务战

日本侵华期间，曾多次向中国方面"诱和"，其中，最为重视的是1940年铃木卓尔、今井武夫在香港和张治平、"宋子良"等人所进行的谈判，日方称为"桐工作"。至今日本文献中还留有大量资料，有些史家也乐于利用这批资料，以证明蒋介石和重庆国民政府在对日抗战方面的动摇和妥协。然而，遗憾的是，这一关系重大的谈判却始终缺乏中文资料的证明。本文作者查阅了保存在台湾的蒋介石档案，发现其中有不少和"桐工作"相关的文件，将这些资料和日文资料两相比照，便会发现双方记载差异很大，虚虚实实，真真假假，扑朔迷离。但是，仔细研究上述资料，查勘辨析，我们仍然可以在几个主要问题上比较确凿地揭示出事件真相。

一 谈判过程与日中两方记载的异同

关于"桐工作"，日文档案集中收藏于日本防卫研究所战史室，题为《桐工作关系资料缀》，为当年日本军令部第一部相关文电的汇编。[1] "桐工作"的参加者今井武夫1964年出版述及此事的回忆录时，也收录了部分当年文献。中文资料则有中方谈判参加者张治平的报告、军统局戴笠向蒋介石的报告、军统局审查张治平时留下的文件、时在香港参与中日秘密谈判的《大公报》主编张季鸾致陈布雷的多通函件等。

比较日中两方资料，可以发现，双方对谈判的缘起、经过的叙述存在巨大差异。

---

[1] 档案号：支那事变全般—127。日本防卫研究所战史室所著《大东亚战史》大量引述了该项档案。该书有台湾"国防部"史政编译局译印本，与本文论述有关者分别见于《战前世局之检讨》《对中俄政略之策定》两册，（台北）1991年。

（一）谈判缘起

日方资料记载：1939年10月，日本在中国南京成立中国派遣军总司令部。11月底，起用原参谋本部的铃木卓尔中佐担任香港机关长，找寻与重庆国民政府的联络路线。12月，铃木通过香港大学教授张治平的斡旋，要求会见宋子文的胞弟、时在香港担任西南运输公司董事长的宋子良。宋初则拒绝，后主动要求会面。12月27日夜，双方第一次会面。宋提出：日本如尊重中国的名誉及主权，中国有和平的准备，为此希望日本在承认"新中央政府"（指汪精卫政府。作者注）之前和国民政府认真商谈，先行停战，日本方面保证撤军。宋同时提出：日本对于不以国民政府和蒋介石为对手的声明，是否可重新加以研究？能否恢复七七事变以前的状态？能否向蒋介石个人提交有关和平的亲启书信？[1]1940年1月22日，双方第二次会谈，宋称：重庆方面仍具有日本预料以外的抗战实力；目前看不出蒋介石有与汪精卫合作的意图，毋宁说正在努力进行破坏。宋并称：通过胞姐宋美龄经常获得接近蒋介石的机会，两三周内将赴重庆。如有需向蒋介石传达的事项，愿进行转告。[2]2月3日，双方第三次会见。宋子良称：希望进一步获悉日方的真意。本人将于2月5日前往重庆，与蒋介石会谈，10日将携带会谈结果回港。2月10日，第四次会谈，宋称：自己已向蒋介石及宋美龄汇报，蒋于2月7日召开国防会议，决定派出代表或最受蒋介石亲的人物来港。铃木卓尔当即询问："上述代表是否随身携带蒋介石的委任状？"[3]2月14日，日本中国派遣军总司令部高级参谋今井武夫大佐到达香港，偕同铃木与宋子良、张治平会面。宋称：重庆方面将派出携有蒋介石委任状且与日本方面有同等地位、身份的代表，并称宋美龄已到香港。双

---

[1]《香港电第81、82号》，中国派遣军总司令部《桐工作圆桌会议的经过概要》，见《今井武夫回忆录》，第329—330页，中国文史出版社，1987。
[2]《香港电第126号》，中国派遣军总司令部《桐工作圆桌会议的经过概要》，见《今井武夫回忆录》，第331页。
[3]《香港电第126号》，中国派遣军总司令部《桐工作圆桌会议的经过概要》，见《今井武夫回忆录》，第334页。

今井武夫,日本军国主义侵华期间的高级军事特务。他从日军发动侵华战争到战败投降,一直是日军"和平工作"的重要参与者,经常出没于南京、上海、香港、东京等地,参与筹划收买汪伪和对蒋介石的拉拢、诱降活动。

方同意在香港召开日华圆桌会议。

中方资料不如日方资料详细。据张治平在1940年9月8日被审查时向戴笠所作书面报告,其经过是:七七事变后,张治平到香港避难,从事教育与新闻事业。1939年11月,日本驻港武官石野(芳男)去职,由铃木卓尔中佐继任。铃木是张治平"抗战前的老友"。1940年1月中旬,铃木从日本驻港总领事岗崎(胜芳)处得悉张的寓所,突然登门拜访,向张坦白陈明此次来港所负使命,要求撮合。张当时告以此事不敢过问,将来有此路线时,再行通知。1月末,张治平偶与军统在香港的工作人员曾政忠谈及,曾即介绍军统在香港的另一工作人员卢沛霖与张"餐叙"。不久,曾政忠告张称:卢已奉令,"允于特工、舆情范围内与敌周旋"。[1]张转告铃木,铃

---

[1] 《张治平致戴笠报告》,1940年9月8日。《蒋中正"总统"档案·特交档·和平酝酿》,(台北)"国史馆"藏。

木致电今井武夫。今井和张治平也是老相识，有"十余年旧谊"。2月8日，今井武夫约同大本营第八课课长臼井茂树大佐共同来港，与张治平、曾政忠在康乐道十七号空屋内会谈。10日，今井武夫提出觉书八项，张电呈重庆后，又将原件寄呈。2月17日，张治平奉电召到重庆，报告经过，得到训示："该觉书之荒谬，尤对于伪满问题、内蒙驻兵问题与汪逆问题，认为敌方之妄想。"[1]张治平返港后，即偕曾政忠会晤铃木，"面斥其非"。同时通知铃木："欲谈和平，须先撤销汪伪组织，并应有进一步之具体表现。"[2]铃木应允亲去东京、南京交涉后再谈。[3]

上述两方资料的差异主要表现在两个方面：1. 起始时间。日方资料在1937年12月，而中方资料则在1940年1月。2. 会谈次数：日方资料有1939年12月27日、1940年1月22日、2月3日、10日、14日等五次，中方资料则仅有1940年2月8日、10日两次。

张治平被审查时递呈的书面报告，又称：2月10日，今井武夫曾向中方提交包含八项条件的觉书，但今井武夫到达香港的时间为2月14日，当日日方记录中无此内容。[4]经查，今井武夫向中方提出包含八项条件的觉书，时在3月9日。关于此点，张治平被审查时向戴笠所呈书面报告是错误的。详见下文。

（二）3月香港圆桌预备会议

日方资料记载：今井武夫会见张治平后，于2月19日赴东京，向参谋

---

[1]《张治平致戴笠报告》，1940年9月8日。
[2]《张治平申辩》，转引自戴笠《报告》，1940年9月15日。
[3]《张治平致戴笠报告》，1940年9月8日。
[4]《今井武夫回忆录》第129、335页。今井在出版回忆录前，曾于1956年12月8日在《读卖周刊》先行发表《今井武夫少将手记》。据《大东亚全史》编者考证，该《手记》文中的日期与畑俊六日记等其他史料之日期完全一致，内容也没有出入。（《战前世局之检讨》，第319页）今井写作回忆录时，利用了他本人的日记和存世档案，因此所记日期比较准确。例如，今井回忆，他曾于1940年6月12日，偕同影佐少将会见周佛海，说明板垣、蒋介石、汪精卫将在长沙会商，要汪参加。周向汪报告，次日，周称，汪可以去长沙。所述日期和内容与周佛海日记完全相合。今井的回忆录出版于1964年，而周佛海日记至1986年才公布。这种情况，说明今井当年必定留有确凿的记载。

总长闲院宫和陆军大臣畑俊六汇报,21日,由参谋次长禀明天皇。3月7日晚,日中双方在香港东肥洋行座谈。8日晚,正式会谈。日方出席者为今井武夫大佐、臼井茂树大佐、铃木卓尔中佐;中国方面出席者为重庆行营参谋处副处长陈超霖,最高国防会议秘书主任章友三,宋子良,陆军少将、侍从次长、香港特使张汉年,联络员张治平。会上,日方出示陆军大臣畑俊六及中国派遣军总司令西尾寿造所开身份证明书,中国方面第一天未带来委任状,第二天由陈超霖和章友三出示了最高国防会议秘书长张群的身份证明书。[1] 中方称:出发之际,蒋介石提出:应取得日本撤军的保证;应明确日军的和平条件;应使会谈在极端秘密中进行。当日就中国承认"满洲国"及日军在华驻兵等问题进行了讨论。9日会谈中,日方提出备忘录(觉书)八条,其重要者为:第一条,中国以承认"满洲国"为原则;

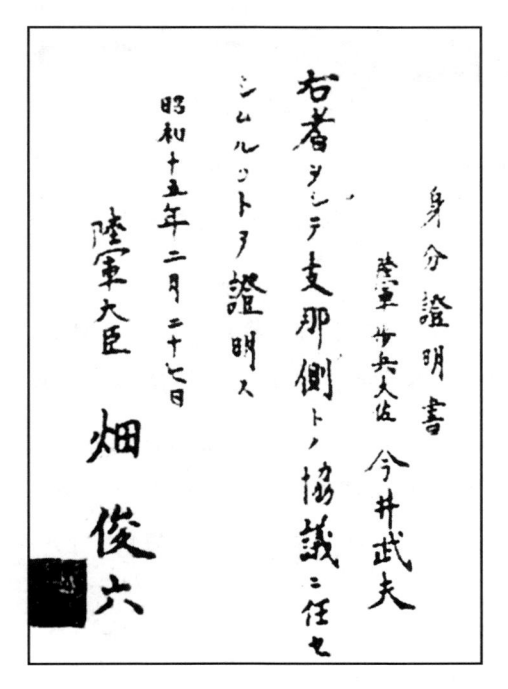

日本陆军大臣畑俊六为日方谈判代表今井武夫开的身份证明书

---

[1] 中国派遣军总司令部《桐工作圆桌会议的经过概要》,《今井武夫回忆录》,第339页,参见同书第131页。

第二条，中国立即放弃抗日容共政策；第三条，日华缔结防共协定，允许日军一定时期内在内蒙及华北地区驻兵；第七条，停战协定成立后，国民政府与汪兆铭派协力合作。[1] 10日中午，张治平通知铃木，中国方面委员彻夜协商，大体同意备忘录，已向重庆请示。同日晚，中方声称接到蒋委员长的长篇训词，另提"和平意见"八条，其主要内容有：关于满洲问题，中国在原则上同意考虑，方式另商；关于中国放弃抗日容共问题，乃和平协定后中国所取之必然步骤；关于汪兆铭问题，此纯为中国内政问题，在和平恢复后，以汪氏与国民党历史之关系，中国当有适当处置，无庸提为和平条件之一；关于撤兵问题，日本应于和平妥协时，从速撤退在华军队。[2] 中方建议，双方各自分别在"备忘录"与"和平意见"上签字，遭到日方反对。

3月23日，汪精卫预定在南京成立"新中央政权"的前三天，铃木应宋子良紧急之邀，与宋会谈。宋称：有蒋介石急电，望转达板垣征四郎。蒋对日方"备忘录"大致无异议，但承认"满洲国"问题受到东北将领反对，正努力说服，要求日方推延汪政权的成立时间。铃木答以重庆方面须立即派遣秘密代表谈判，并于25日前答复。[3] 至期，重庆方面没有答复，汪精卫遂于30日在南京举行"还都式"。

戴笠呈蒋介石的报告中保存有一段《张治平对工作之陈述》，中称："本年二月，由渝返港后，曾告铃木，欲谈和平，须先撤销汪伪组织，并应有进一步之具体表现。当时铃木唯唯久之，往反纠缠，毫无表示。三月中旬，呈奉电令，以敌无诚意，遵即置之不理。"[4] 这一《陈述》完全未提3月7日至10日的香港圆桌预备会议及3月23日的紧急会谈。但是，其后

---

[1]《备忘录》，《今井武夫回忆录》，第137—138页。
[2]《今井武夫回忆录》，第139—140页。
[3]《(日本)香港机关致参谋次长》，特香港电第210号，《桐工作关系资料缀》，日本防卫研究所战史室藏，支那事变全般—127。以下凡未注明出处的日文档案，均同。参见《战前世局之检讨》，第260页。
[4] 戴笠：《报告》，1940年9月15日。

张治平在被审查时所写《致铃木先生函》中则称："今年一月间，先生在港过访，密告负有斡旋中日两国和平之重要使命，请平向我政府方面设法沟通接洽和平之路线，故有本年三月七日香港之会谈。当时，除平与先生及今井先生外，尚有敝友章友三先生在座，结果先生出示今井等所提所谓中日和平之八项觉书内容交平设法转达我政府。"[1] 根据此函，可见确有3月香港圆桌预备会议，并且确有包含八项条件的觉书，与今井武夫的回忆相合，同时可证张治平被审查时向戴笠所呈报告中关于此点的遗漏。

（三）5月九龙四人会谈与今井、宋子良二人香港海上会谈

日方资料记载：3月25日之后，铃木与宋子良继续接触。宋强调"重庆方面有和平诚意，在努力实现中"。[2] 4月16日，张治平自重庆返港，声称15日曾面见蒋介石。[3] 5月13日，日方代表今井、铃木、坂田与中方代表章友三、宋子良在九龙半岛一旅馆会见。章称："当前和平的难题是中国承认'满洲国'问题，与部分日军驻兵问题。这可以暂放它一放，留待日华恢复和平后，再谈判解决。""只要秘密预备会议日华双方取得一致意见，日华两军即可停战。同时，重庆政府将发表反共声明。因此，希望在六月上旬仍由上次的原班人马在澳门举行第二次会谈。"[4] 此次会谈时，铃木从门锁匙孔中偷拍了宋子良的照片。17日，今井应宋子良之邀，在香港海面的小艇上会谈。宋称：蒋委员长"内心希望和平确属事实"。[5]

九龙会谈在中方文献中毫无反映。1940年5月底，张治平致戴笠报告称：他在4月自重庆返港后，即遵照上级意见，不再和铃木卓尔往来。其间，铃木曾数次访问张治平，张均以现任香港大学教授兼德国通讯社记者身份，"以采取情报之立场"与之会面，告以"中国决不能接受任何有损领

---

[1]《蒋中正"总统"档案·特交档·和平酝酿》。
[2]《香港机关致参谋次长》，特香港电第232号。参见《战前世局之检讨》，第263页。
[3] 铃木向中国派遣军总司令所作报告，1940年4月26日，见时在中国派遣军担任记录的井本熊雄的《井本日记》，转引自《战前世局之检讨》，第264页。
[4]《今井武夫回忆录》，第143页。
[5]《今井武夫回忆录》，第144页。

土完整主权独立之条件"。[1] 铃木卓尔知道自己的企图失败，于4月21日应中国派遣军总司令部参谋总长板垣征四郎之召赴南京，5月4日返港，再次邀请张治平面谈，张"婉词拒绝"。其后，铃木派秘书增田会晤张治平。据谈，铃木此次赴宁返日，会见板垣、今井及参谋次长泽田茂等人，报告在港活动经过，日本首脑部研讨中国不能接受和平的原因并给予对策：1. 中国在承认"满洲国"及防共驻兵两个问题上，或者不可能接受日本要求，日本为顾全东亚全局，获得真正和平，可放弃此项要求。2. 中国如同情日本的善意，日本愿在双方获得谅解之后，运用适当方法，毁灭"共党"力量，消除中日和平的阻力。又称，板垣对中国处境困难，颇能了解，故对和平条件，并无任何苛求，日本所亟须明了的是：在双方停战或签署协定后，中国是否可以发表"放弃抗日容共政策"的宣言（同时日本方面也发表撤兵言和宣言）？或是到如何时机，如何阶段，可共同发表此项宣言？这样，日本撤兵才有所根据，不致被认为是"战败溃退"。戴笠收到张治平上项报告后，于5月23日以《情渝二三四五号》呈报蒋介石，同时指示张治平："如敌方不先除汪，中央断难与之言和，今后不可与铃木等涉及中日和平问题。"[2]

《张治平对工作之陈述》称：3月中旬，接奉电令，敌人无诚意，勿再与铃木卓尔晤谈，张即遵令置之不理。其后，铃木的秘书增田多次求见，增田并于5月间提出和平意见五项，内有"日本对汪政权拟于一二月内不予承认，预为中日和平之最后时机"等语，奉准再与铃木卓尔晤谈，"仍以撤销汪伪组织为先决条件"。[3]

以上张治平的两份资料，绝口未提九龙会谈与香港海上会谈。

（四）6月澳门会谈

日方资料载：6月4日晚，今井武夫、臼井茂树、铃木卓尔在澳门与陈

---

[1] 转引自戴笠：《报告》，1940年8月12日。
[2] 戴笠：《报告》，1940年8月12日。
[3] 戴笠：《报告》，1940年9月15日。

超霖、宋子良、章友三、张治平会谈，地点为中国方面所租的一所空房的地下室。日方出示闲院宫参谋总长的委任状，中方出示由蒋介石署名，盖有军事委员会大印和蒋介石小印的委任状。[1]宋子良所用名字为宋士杰。会谈以香港备忘录为基础。章友三以空前激烈的态度表示：中国对"承认满洲国及日军在中国驻兵问题，绝对难以承认"。并称："有汪无蒋，有汪无和平。"他要求日方居中斡旋，或命汪出国，或命汪隐退。[2]日方对章的发言表示反对。会谈两天，无结果。6日，宋子良、张治平到旅馆访问今井武夫，双方磋商后提出，由板垣、蒋、汪三方先行会谈。其地点，日方提出在上海、香港、澳门三地中选择，中方则提出在重庆或长沙。当晚，双方代表再次在原地下室聚会，中国方面提出备忘录：满洲问题在和平恢复后，以外交方式解决之；驻兵问题于和平后，由军事专家秘密解决之；汪精卫问题，另行商量。日方也提出了自己的意见书：承认"满洲国"的时间及方法，留有协商余地；驻兵问题以秘密协定方式约定。[3]6月10日，今井武夫返回南京汇报，板垣征四郎对蒋、汪、板垣三人会谈极感兴趣，表示有主动进入敌区的决心。20日，宋子良转达重庆意见，要求将三人会议的地点设在长沙。[4]22日夜，板垣征四郎向汪精卫说明谈判情况，汪同意参加三人会谈，但希望地点在洞庭湖上。24日，日本参谋本部次长泽田茂到南京，传达参谋本部意见：承认"满洲国"及在华驻兵问题，均不作为"强行之条件"。[5]22日，铃木向宋子良提出，为保障安全，如会谈地点选定长沙，则必须交换进行会谈的双方最高负责人的备忘录。30日，铃木向宋子良提出会谈的四种方案，供中方选择。其一为首先举行蒋、板长沙会谈，继之以停战，再处理蒋汪合作问题。[6]

---

[1] 日本防卫研究所藏《桐工作关系资料缀》中有副本。
[2] 《今井武夫回忆录》，第151页。
[3] 《今井武夫回忆录》，第151—154页。
[4] 《香港机关致参谋次长》，特香港电第310号。参见《战前世局之检讨》，第307页；《今井武夫回忆录》，第155页。
[5] 《畑日记》，1940年6月25日，转引自《战前世局之检讨》，第309页。
[6] 《香港机关致参谋次长》，特香港电第328号。参见《战前世局之检讨》，第311—312页。

今井武夫（左一）与汪精卫（左二）合影

张治平《致铃木先生函》称："先生复再告奋勇，驰往南京、东京，将图挽救也。返港后，又力表诚意，要求继续谈商，故有六月三日在澳门作第二次之会谈。当时在座者仍为平与敝友章友三先生与先生及今井、臼井两先生也。平乃以贵国既有诚意，表示求和，则应撤销汪精卫之伪组织为先决条件，否则无以表示贵国求和之诚意也，但今井等当时则称对撤销汪伪组织问题，贵国为顾全信义，碍难办到，平与章友三先生则坚决表示，如贵国不能先行撤销汪伪组织，在吾人无继续晤谈之可能。"[1]

6月27日，张治平致电戴笠称：当月26日，铃木卓尔再次访晤张治平，声称日前赴粤，会晤今井武夫、臼井茂树二人，得知板垣征四郎意见："只须中国方面有和平诚意，则前言去汪而后言和，则亦未尝不可。惟于日军占领区内进行此事，既与日本信义有碍，且日本亦将起而革命矣。"

---

[1]《蒋中正"总统"档案·特交档·和平酝酿》。

为了解决这一难题，板垣提出两个方案："1.委员长如能予以谅解，请指定地点如长沙或重庆，板垣当偕同汪逆前来谒见，将汪逆交还我中央，当面请和。2.由委员长指派干员，在中立地点，如香港或南洋等地，约汪逆商谈中日大事，板垣当策动汪逆前来晤谈，则汪逆既离日本之占领区域，则一切悉听中国之处置。"板垣称：除此两办法外，并无其他先决条件。"无论此事之结果如何，中国必须履行诺言，开始和平谈判。至于日本方面所持之和平意见，大致如前次所提之觉书，惟其中关于承认'满洲国'及防共驻兵问题，暂可不提，留待将来用外交途径或他种方式解决之。"[1]板垣表示：自愿提供一份"觉书"，由板垣本人与西尾寿造或畑俊六共同签名，申述愿意亲来长沙谈判的诚意。在转述板垣意见后，铃木要求中方在会谈前十天通知日方；除板垣外，届时汪精卫、今井武夫、臼井茂树及其他军事、经济专家数十人将参加，有一艘小型轮船即足用；如中方要求陈公博、周佛海等同来，日方亦愿考虑、乐从。[2]

比较上述日中两方资料，其相同点是：中方对汪态度转趋激烈，双方均同意举行板垣、蒋介石、汪精卫三人会谈；其相异点是：铃木卓尔与张治平会晤时转述的板垣意见，"将汪逆交还我中央"云云，在日文资料中毫无影迹可寻。

（五）7月会谈

日方资料载：7月9日，宋子良向重庆请示后返港，提出新方案：蒋介石与板垣征四郎先行于7月下旬在长沙商议中日停战问题，蒋介石与汪精卫的会谈则于蒋、板会谈后另订。[3]铃木同意这一方案。7月11日，中国派遣军参谋片山二良携带《中日实施停战会谈之备忘录》到港。该备忘录由板垣亲笔书写并盖章。其内容为：一、时间：7月下旬。二、地点：长沙。

---

[1] 转引自戴笠：《报告》，1940年8月12日。
[2] 转引自戴笠：《报告》，1940年8月12日。
[3] 《香港机关致参谋次长》，特香港电第342号。参见《战前世局之检讨》，第314页。

三、方法：蒋与板垣协议中日间之停战问题。[1]16日，铃木卓尔与宋子良的会谈中，宋主动提出，将建议派出蒋介石和板垣二人都信任的高级人员到汉口，迎接日本代表，日方则要求这一高级人员必须是张群、孔祥熙或何应钦等。[2]会谈时，宋子良还曾要求板垣携带天皇敕命，遭到铃木拒绝。[3]7月20日，陈超霖、章友三携带蒋介石亲笔所书备忘录到达香港，其内容、格式均与板垣备忘录相同。21日，铃木、片山与宋子良、章友三会议，相互出示备忘录。铃木、片山共同研究，认为蒋介石所书备忘录与澳门会谈时中方出示的委任状字迹完全相同，确信为真迹。日方企图偷拍未成，只在匆忙间拍得"蒋中正"三个签字，随即模仿复制，送往南京审查。[4]22日，铃木与宋子良（署名宋士杰）签订备忘录，将板、蒋会谈时间改为8月上旬。会后，章友三赴重庆请示。27日，今井武夫偕片山二良少佐返回东京，向近卫首相及陆、海军省人员报告，近卫大感兴趣，要求"好好地做下去"。[5]29日，章自重庆致电铃木，要求与张治平共同访问东京。31日，章返港，与铃木继续会谈，声称近卫既第二次组阁，应发表声明，明确取消1938年的"不以蒋介石为对手"的第一次声明，同时提出：板、蒋会谈时，不可提及"蒋汪合作"问题；板垣应以亲笔函表示，取消日汪条约。对此，铃木答称，将争取在板垣亲笔函中声明："（日方）虽提出善意的意见，但不作为停战条件处理。"[6]

中方资料载：7月2日，张治平致电戴笠，报告前一日与铃木再次见面的情况。据称，铃木表示：板垣不仅亟欲与中国言和，而且希望在结束战

---

[1]《支那派遣军总参谋长致参谋次长电》，总参二特电第468号。参见《战前世局之检讨》，第315页。
[2]《支那派遣军总参谋长致参谋次长电》，总参二特电第480号。参见《战前世局之检讨》，第316页。
[3]《支那派遣军总参谋长致参谋次长电》，总参二特电第480号。参见《战前世局之检讨》，第316页。
[4]《香港机关致参谋次长》，特香港电第361号。参见《战前世局之检讨》，第317页。
[5]《大野大佐备忘录》，转引自《对中俄政略之策定》，第8页。
[6]《香港机关致参谋次长》，特香港电第377号。参见《对中俄政略之策定》，第8—18页。

争后进一步与中国商订军事同盟。此项计划,已由今井武夫拟成草案,其主要精神为:1.仿照旧时英日同盟形式,双方均处于绝对平等地位。2.消除中日两国之一切误会,力图东亚民族之富强,以抵抗外来之一切压力。3.经费共同负担。4.设立最高机关,双方人数相等。5.以中国之行政院长与日本之首相充任总裁。8.有效期间无限。9.不干涉同盟国之内政。10.互相尊重主权与领土。铃木并称:"板垣之意,以为此次中日战争实为历史上最愚笨之行为,及今只得痛自悔过。"7月3日,戴笠复电,指示张治平称:"敌方明知汪逆之无用,而仍不肯牺牲之,甚至谓将由板垣偕汪逆来见委座,当面言和等情,足证敌方之无言和诚意,同志以站在采取情报之立场与德国通讯社记者之身份,可与铃木见面,但对中日和约之问题,万不可有任何意见之表示。"[1]

7月26日,张治平再次向戴笠报告称:据铃木卓尔相告,板垣征四郎曾于最近偕同今井武夫返回东京,觐见天皇,并与海陆军及参谋本部首要磋商,决定电知张治平,"作末次之试行沟通"[2]:1.板垣奉天皇令前往长沙,向委员长当面求和。2.日本不提任何条件,双方精诚相见,停战协定成立后,日本迅速撤军。3.板垣与委员长会谈后,日本保证不干预中国内政,汪伪政权亦听由中国自行处理。4.前次所言由板垣带同汪逆赴长沙,意在交还我中央自行处理,并非带同谈判。今为免除外间误会,可以不带汪。5.板垣与委员长会谈时间,愈速愈佳。上项办法,如中方同意,日方即派员来港,将天皇保证文件交我,磋商板垣赴长沙之技术问题。[3]

比较上述资料可见:这一个月的最大事件是谈判双方相互出示板垣与蒋介石的亲笔备忘录,但张治平在向戴笠汇报时,绝口未提;而所谓板垣"痛自悔过"及准备在战争结束后订立日中"军事同盟"一事,也不见于日

---

[1] 戴笠:《报告》,1940年8月12日。
[2] 并无此事。据今井武夫自述,他在7月底去东京,30日会见第二次出任首相的近卫,近卫希望谈判成功,但在31日会见新任陆军大臣东条英机时,东条却认为铃木与中方的谈判是"派遣军的越权行为"。见《今井武夫回忆录》,第157页。
[3] 转引自戴笠:《报告》,1940年8月12日。

109

方记载。日方内部文件《调整日华关系的新原则》有"日、满、华三国"结成"东亚和平之轴心"的提法,[1]中方文献所称日方可派员送交"天皇保证文件"一事,日方资料的记载则是,宋子良有过类似要求,但遭到日方拒绝。

(六)8月会谈

日方资料载:8月4日至11日,双方多次会谈。日方称,阿部信行与汪精卫之间正在举行会议,日汪条约尚不存在。中方同意板垣在亲笔函中声明,不将汪蒋合作问题作为停战条件,并称已决定派张群迎接板垣与会。[2]中方表示,不再要求近卫发表新的声明,但近卫必须向中方提交亲笔私人函件。铃木同意提交近卫私函,但强调中方必须同时提交蒋介石的私函。13日,中方提出折中方案:日方须先提交近卫私函,然后中方才提交蒋介石的亲笔答函。铃木对此表示为难,但称须到南京,请上司裁定。[3]

14日,铃木赴南京,向派遣军总司令部汇报:"宋子良其人断定为真。""张治平为人可靠,与重庆中枢联络确有其事,假设本工作未直接通达蒋委员长,但至少有秘密通达是不难想象之事。"[4]19日,臼井茂树、铃木卓尔与派遣军总司令部的主要幕僚一起商定板垣与近卫首相致中方亲笔函的内容,同时完成板垣亲笔函的起草:"关于汪、蒋合作问题,为达成日华之间,特别是中国内部之圆满和平,必要时可能将会提出善意意见。但依据不干涉内政之原则,不作为停战条件之一。"[5]21日,铃木赴东京,向陆军省部首脑汇报,会上,代近卫首相起草了亲笔函:"半载以来,阁下所派之代表与板垣中将之代表在香港就中日两国间的问题交换意见,已获结果,欣闻阁下近期将与板垣中将会面,余深信此次会谈必能奠定调整两国国交之基础。"[6]22日,东条英机陆相、臼井茂树、铃木卓尔等谒见近卫首

---

[1] 见《今井武夫回忆录》,第337页。
[2] 《香港机关致参谋次长》,特香港电第388号。参见《对中俄政略之策定》,第23页。
[3] 铃木中佐报告,1940年8月17日,见《井本日记》,转引自《对中俄政略之策定》,第26页。
[4] 《井本日记》,转引自《对中俄政略之策定》,第27页。
[5] 《井本日记》,转引自《对中俄政略之策定》,第30页,原译文字蹇涩,本文有所校改。
[6] 《井本日记》,转引自《对中俄政略之策定》,第31页,译文亦有校改。

相，近卫欣然同意。[1]28日，铃木卓尔回到香港，当夜即与26日自重庆归来的章友三会谈。[2]

中方资料载：戴笠收到张治平7月26日的汇报后，正拟向蒋介石报告，收到军统南京区8月1日电，声称当地盛传：日军参谋本部臼井大佐来，由犬养健陪见周佛海，周向其亲信杨惺华称，如能实现和平，我与影佐甚至板垣均愿前往，虽有意外，亦所不辞。云云。戴笠当即密令张治平，"在不暴露身份之原则下多方探听"。[3]其后，戴笠又先后接到张治平的电报，声称：1.板垣征四郎续电在香港的铃木卓尔，大意谓：日本内阁虽经改组，但对中国求和之意如旧，板垣本人已获日皇训令，静候我中央许可，径赴内地，同时保证取消一切伪组织，以之作为求和先决条件。2.铃木卓尔最近接东京训令：甲、近卫决定，可先发一宣言，取消从前不以国民政府为对手的宣言；乙、由板垣立具亲笔保证书，保证中日议和后，日本决不理会汪伪政权，完全由国民政府处决之，此后日本决不再干预中国内政。铃木称：板垣奉天皇令，向中国最高当局求和，请中方决定地点；为求得信任，日方可立即由近卫亲书保证求和之诚意，转交中国最高当局。[4]8月12日，戴笠将上述情况书面报告蒋介石，请求指示。

据《张治平对工作之陈述》称：8月14日，铃木离港飞往南京，同月28日回港，约张治平晤谈，声称今井武夫、臼井茂树将在澳择期会见。会谈中，铃木出示板垣的亲笔保证书及近卫亲笔函件。事后，张治平向戴笠请示"应否接受"，"奉令先探内容具报，暂缓接受"。[5]又据《曾政忠对张治平之考察》称：8月28日铃木卓尔返回香港，催促张治平往阅板垣亲笔保证书后，其后即由张缮具报告，交曾政忠由卢沛霖电陈重庆。[6]

---

[1]《井本日记》，转引自《对中俄政略之策定》，第31页。
[2]《香港机关致参谋次长》，特香港电第351号。参见《对中俄政略之策定》，第33页。
[3] 戴笠：《报告》，1940年8月12日。
[4] 戴笠：《报告》，1940年8月12日。
[5] 戴笠：《报告》，1940年9月15日。
[6] 戴笠：《报告》，1940年9月15日。

关于铃木此次返港所谈，军统香港区工作人员叶遇霖在致戴笠"冬电"中有更详细的汇报。该电称：据铃木卓尔告，铃木于8月14日经台湾赴南京，会见板垣征四郎、西尾寿造多次，并曾会见汪精卫。21日至东京。22日，偕陆相东条英机及臼井茂树总参谋谒见近卫首相，同进午餐，会谈至下午三时半。铃木告诉中方称：此次无论在南京、东京，均竭力要求先毁汪组织，再进而与中国议和，而日本当局方面则担心迄今谈判的中国代表的真实性，更担心"毁汪之后，向何人交账"。会谈决定由板垣出具亲笔保证书。铃木并称："（汪）为日本政略之工具，可有可无。近因吾人之活动，近卫竟拒绝与汪晤面，阿（部信行）、汪谈判已暂告搁置。""（日本）事实上已不支持汪伪组织，在汪伪组织不毁而自灭矣。"但是，铃木也表示："中日如万一无和平途径可觅，则日本亦只有利用之耳。"铃木出示的板垣保证书为："为日华国交，尤其为助于中国内部之圆满的和平，或须有关于汪提起善意的意见之场合，该问题基于不干涉中国内政之原则处置之，决不认为停战条件之一，兹为保证之。板垣征四郎。"铃木并称：自己已获得近卫与板垣的授权，还带来近卫首相的亲笔函，要求中国方面转呈蒋介石。[1]

上述资料显示：两方叙述虽仍有诸多不同，但为准备长沙会谈，铃木卓尔确曾先飞南京，取得板垣征四郎的保证书，后又返东京，谒见近卫首相，取得近卫的亲笔函件。

通观日中双方留下的资料，可以发现，双方记载有若干相合之处，但是，也存在巨大的差异。其相合处，自然可以确认其真实性；其差异处，就需要进行仔细的考辨了。

二 军统局对张治平的审查与"桐工作"的结束

抗战期间，军统局负有收集日方情报的任务。张治平与铃木卓尔在香

---

[1] 戴笠：《报告》，1940年9月4日。

港开始谈判后,戴笠非常关注,不断向蒋介石汇报,也不断给予张治平指示。当他获知日方代表携带近卫首相的亲笔函及板垣征四郎的保证书到港后,即于9月4日转报蒋介石,请示是否可以接受上述两项文件。两天之后,情况突然发生变化。

8月下旬,板垣征四郎为加强"桐工作",将和知鹰二少将[1]派到香港。和知鹰二怀疑铃木所述的可靠性,向时在香港的《大公报》主编张季鸾询问"真相"。张自1938年起,即在香港和日方各色人物联系,刺探消息,供蒋介石决策参考。他从和知鹰二处得悉张治平等与铃木谈判的情况后,于9月2日致函在蒋介石的侍从室任职的陈布雷,汇报所得消息,分析日方何以相信张治平、铃木谈判的原因:一是最初之交涉人携有"委员长之委任状"——"研究对日问题咨议";二是"相信宋子良先生之有力量";三是"华方交涉人张某、陈某中间曾要求板垣来一信,向华方示阅,而数星期后华方交涉人得到委员长之回信,亦交日方阅看,日方将此信照相带回"。张季鸾指出:"此为板垣相信此事之最大原因。"张函并称:"最后华方又要求近卫须有所表示,故近卫来一信。据称,长沙之会见及岳军先生之赴汉,皆先已商妥者,现在仅余画龙点睛之正式决定而已。"[2] 但是,张季鸾判断,所谓委员长亲笔函件及军委会委任状均"彻底为捏造之故事","显系受骗或互欺"。其根据为:"我领袖何以能有回信,此在常识上尽可判断者。""所称交涉人有委任状,根本即是虚假,中国政府永不会派出有委任状之人找日方接洽。我军事委员会现在亦根本无咨议之官衔。"张季鸾猜测:"此事始终与汪逆、周逆有关。"他要求严查此事,函称:"惟有一点不容忽视者,即有人敢伪造委员长之信件,显为重大犯罪行为,应加以彻查。"[3] 9月3日,张季鸾再次致函陈布雷,认为"此案敌人陷于极可笑之

---

[1] 和知鹰二,广岛人。长期在华进行特务工作。1928年任职于日本在济南的特务机关。1932年任日本驻广东武官。1935年任太原机关长。1938年任兰机关长,负责策反中国的西南军政首长,此项工作即被称为"兰工作"。1939年任中国派遣军总司令部"部付"。次年5月升少将。
[2]《炽章(张季鸾)致陈布雷函》,1940年9月2日。
[3]《炽章(张季鸾)致陈布雷函》,1940年9月2日。

失败，但我亦曾受不利之影响。盖因此使敌人看轻，认为易与，同时，使汪、周便于作祟，故必须彻底纠查。目前最须严防者，为再出现委员长复近卫之假信。"他建议："可令张治平来渝，即禁其离开，而从容询查之。"[1]

蒋介石得悉张季鸾向陈布雷所报情况后，大为生气，判断张治平为汪精卫的"探子"，于9月6日指示戴笠审查。当日，戴笠紧急与已经应召来渝的张治平谈话。张强调自己的忠贞，声称在与日方八个月的周旋中，"我方坚持非去汪不可"。戴笠则认为日方一定有假，他说："敌方既不肯毁汪，派铃木之来找我中央路线，必故作（做）圈套，一面则表示诚意与我言和，一面则故放中央有讲和空气，企图国内外对中央都减少信仰呢！"[2]

9月7日上午，戴笠将张治平软禁，并派军统局第三处（掌行动司法）处长徐业道与张谈话。张坚决否认所询各点：1. 否认有伪造军委会委任令与伪造蒋介石亲笔信件之事实。2. 不承认有章友三与陈超霖二人偕见铃木之事，声称八个月来，始终只有本人与曾政忠二人与铃木卓尔、臼井茂树、今井武夫等接谈。只是"曾政忠之英文拼音与章字同，是否因此误会，则不可知"。3. 与铃木卓尔过从已久，早通姓名，决不能冒称宋子良先生。[3]张治平与徐业道谈话后，又书面补充声明：1. 本人与曾政忠"从未敢越出范围"；2. "职等第知运用特务技巧，以整个揭破敌人之阴谋"。张治平称：铃木于8月14日赴南京、东京，"活动汪伪组织之撤销问题"，结果，获得板垣征四郎的"保证书"与近卫首相的"亲笔书"，用以"表示其对撤销汪伪组织之决心"以及近卫"对委员长诚意"，"希望两国迅速调整邦交，为建设永久和平之基础"。他说，自己已经目睹上述两种函件的内容，但铃木不愿立即交出，郑重表示，用何种方式提呈中国方面，是一个重要责任问题。张治平并称：戴笠所获情报，可能是和知鹰二等与铃木卓

---

[1] 《炽章（张季鸾）致陈布雷函》，此函署9月12日，从内容判断，应为9月3日之笔误。
[2] 《戴笠与张治平谈话经过》，1940年9月6日。
[3] 徐业道：《报告》，1940年9月7日。

尔"作对"，目的是为了"反间"。[1]

9月8日，张治平致函戴笠，为自己辩护，全面反驳戴笠所示情报，声称该件"歪曲事实，言之难尽"。他说，自己与敌人周旋，均与曾政忠及卢沛霖两同志商量，始末情况，皆经卢沛霖按时电呈，还曾两次奉召来渝，亲向当局详尽汇报。张治平的辩护共七点：

1. 关于向日方出示蒋介石"委任状"问题。张治平称："读该件，谓职持委状于去年末见石野，不胜荒谬之至！""今井与铃木因与职为老友"，"何须有委状向示？此委状又从何处得来耶？"

2. 关于蒋介石对日方觉书所提八条的态度。张治平称："该件谓委座对敌方提出之八条，甚感满意，尤为荒谬绝伦。"

3. 关于宋子良参加谈判问题。张治平称："该件谓宋子良确参加之，因今井有摄印（影）带回，并由周佛海所供之多数相片内确认宋子良之相片无误，此事询诸宋子良本人，当亦发一大笑。"

4. 关于谈判中所持原则问题。张治平称：3月中旬本人第二次奉召来渝时，上峰训示"敌人如有诚意，须先取消汪伪组织"，返港后，即以此点与敌人争辩。5月初，铃木又约今井武夫、臼井茂树到澳门，在本人专租的密室内会谈。结果，敌方表示，"愿回去努力，但要求时机不可失，而以板垣来华（谈判）之意相告"。自此以后，"职即以取消汪伪组织之事与之苦缠至今，铃木此次带来之板垣保证书与近卫亲笔，即针对汪伪组织与表示诚意之举也。"

5. 关于允许日方摄印蒋介石文件问题。张治平称："该件谓我方示以委座之文件并令其摄印带回，此何言耶？""无论何时何地，能证实此事者并在敌方存有此摄印者，甘受国家之极刑。"

6. 关于委派张群赴长沙谈判问题。张治平称："该件又谓，此方已派张岳军负责此事……张未曾被派。此事始终由职与曾同志负责。"

---

[1]《张治平致徐业道函》，1940年9月7日。

7.关于日方谈判代表问题。张治平称:"该件内所提铃木通贞为铃木卓尔之误,所谓马场者,并无其人。"

张治平在该函中说明,经过"八个月与敌之苦缠",谈判已有进展:1.条件问题,现所争者为内蒙古驻兵与和平谈判后双方同时发表宣言;2.汪伪组织由板垣保证撤销之;3.议和方式,由敌酋板垣奉天皇命自甘来华求和;4.作为日方诚意表示,可呈交近卫首相的亲笔信函。[1]

次日,张治平在8日函后附言,重申没有伪造蒋介石委任状的必要:"过去八个月与敌周旋期内,敌人因对职信念极坚,一切会谈,从未向职索阅或索取委座文件。职亦从未有任何伪造委座文件授诸敌方以博得其信用也。在事实上,职对伪造文件无此需要,又自量绝不可为,深望明鉴之。"[2]

在此之后,张治平继续申辩:1.关于1939年底,张治平持蒋介石任命宋子良、章友三、陈超霖为研究对日问题咨议委任状,与日驻港武官石野洽谈和平问题,张称:"铃木与治平原系抗战前夙识","由曾(政忠)介识卢沛霖(即系港区与曾之联络人),得中央之允许,以特工技术进行。此本年一月间事也"。"今井与治平有十数年之旧交,决不需要伪造咨议委状。"2.关于陈超霖与宋子良参加谈判问题。张称:"仅介绍曾政忠与铃木等见面,曾化名章友三,并未冒充咨议,仅称章有中央路线可以转达,并未介绍宋子良与铃木相见,更无陈超霖其人。"3.关于张治平出示蒋介石"亲笔复函"问题,张称:"不但委座墨宝,即治平本人亦从未以一字笔迹供敌人利用。每次会谈,铃木屡要求记录签证,概予拒绝,更无伪造信件之理。如有此事,愿受极刑。"4.关于日方提出板垣与蒋介石在长沙会见,中方派张群赴汉口,陪同板垣前往问题。张称:"敌方求和心切,预定在九月中旬实现,因此,铃木当时提出福州、洛阳或长沙为会晤地点,治平对此未置肯定答复。"[3]

---
[1]《张治平致戴笠函》,1940年9月8日。
[2]《张治平致戴笠函》,1940年9月8日。
[3]《张治平之申辩》,戴笠《报告》,1940年9月15日。

根据张治平交代，曾政忠是张治平对日谈判时的合作者。戴笠为了查核有关情况，召曾政忠到重庆，询问有关情况。曾报告称："张治平自本年二月投效中央以后……对工作颇为热心，数月以来，确未与汪逆有任何往来勾结。"对张治平"是否伪造文件，冒充咨议"等情况，曾表示"毫无所闻"。[1]

曾政忠来渝前，张治平曾致函曾政忠，要求曾向铃木处索取近卫亲笔函及板垣保证书，铃木拒交，声称原件"须至适当时期及适当地点方能交出"。9月9日，曾政忠"照录"板垣保证书日文及中文本各一份，由铃木在日文抄本后加注保证："本内容与板垣总参谋长所书不相违"。并署名盖章。[2]曾到重庆后，将所抄之件交给戴笠。戴笠发现，曾政忠的新抄本与张治平所报旧抄本有同有异。相同处在后段，即"该问题基于内政不干涉之原则处置之，不认为停战协定条件之一"；而在前段则关键之处不同：张所报者为"汪问题"，而曾交来之抄件，则改为"□[3]（蒋）汪合作问题"。戴笠做完上述调查后，于9月15日向蒋介石报告：

张治平接受铃木、今井之求和，原属探取情报性质，以撤销汪伪组织为一试题，以觇敌人求和之诚意与其求和之缓急也。张治平本系伪东亚民族协进会常务委员，与敌伪当有关系，张谓铃木、今井均其旧交，有相当信赖，此语固未敢尽信。惟张自本年二月经港区运用以来，在工作上尚未见其有不忠实处，但张是否伪造文件、冒充咨议，经多方侦查与研询，尚不能证明其确有其事。张治平与铃木等屡次洽谈和平，据曾政忠谓，张对于铃木所提者，确以撤销汪伪组织为先决问题，但张对吾人是否忠实可靠，亦未敢肯定。

---

[1]《曾政忠对张治平之考察》，戴笠《报告》，1940年9月15日。
[2] 板垣日文保证书抄件，《蒋中正"总统"档案·特交档·和平酝酿》。
[3] 此字原空，当系戴笠避讳之故。

这份报告语气犹疑,"未敢尽信""尚不能证明""未敢肯定"云云,说明事件扑朔迷离程度的严重,连戴笠这个精明的特务头子也心中无数,不敢做出肯定判断。对于"汪问题"之变为"蒋汪合作问题",戴笠分析说:"敌人不肯遽然放弃汪逆,对汉奸仍欲保持信义与作用,实彰彰明甚。"[1]报告中,戴笠并称:张治平与今井武夫尚有9月16日在澳门见面之约,但张所进行的情报工作,已告一段落,"故拟留张在渝,暂不赴港"。此后,张治平即被"冷冻"。

在蒋介石档案中,还保存着一份张治平致铃木的责问函,所署时间为9月28日。此函或为张治平主动所写,或为应军统要求而作。是否发出,不可知。该函除回顾自1940年以来与铃木在香港的会谈经过外,特别指责铃木"要功心切,不自检点",又指责日方"在外间散布谣言":

戴笠,字雨农,曾就读浙江省第一师范学校,黄埔陆军军官学校第六期,创立国民政府军事委员会调查统计局(简称军统)并担任军统局副局长与中美特种技术所主任。1946年3月17日因飞机失事身亡,死后被追认为陆军中将。

---

[1] 戴笠:《报告》,1940年9月15日。

一则谓平曾持示军事委员会委任状，介绍宋子良、章友三、陈超霖等于去年年底在港晤石野武官，商谈中日和平问题，再则谓我蒋委员长对所提八项觉书表示满意，曾有委员长亲笔信交贵方摄影带回，又谓贵方曾摄有双方会谈时之照片，宋子良亦在其内等语。此种无稽之谈，如非先生有意伪造与故意宣传，平实不知从何而来也？[1]

针对日方所谓宋子良参加谈判的说法，张治平要求铃木将摄得的所谓宋子良原相片"公诸报端，以待证实"。函件末称：铃木的所作所为，"足证贵国所谓中日和平之无诚意也，足证先生做事待人之不守信义也。先生失败矣，咎由自取也。"

张治平虽被扣留在重庆，但重庆方面不愿意就此中止和日方的联系。曾政忠奉召到重庆陈述不久，即被派回香港继续与铃木卓尔等人周旋。9月18日，曾政忠晤见铃木，按照军统设计方案通知铃木，声称重庆首脑会议认为："中国之抗战力尚大"，"无须做出屈辱性和平"，"长沙会议暂行搁置"。对所谓"蒋汪合作问题"，曾表示"不明了日本之真意"，怀疑其中有"谋略"。[2] 谈话中，曾询问张治平与汪精卫的关系，铃木称：张治平对和平运动确甚热诚，日方所拟条件，人所不敢向中国高层转达者，张能，但张有时言过其实，此点日方早已了解。关于张与汪精卫"勾结"一节，铃木保证"必无其事"。对于重庆方面所提"先行消除汪精卫组织再言中日和平"问题，铃木明确拒绝，声称事实上"诸多困难"，"如中国力持此点，和平前途未可乐观，谅中国政府已准备再战数年矣"。[3] 铃木并称：今井武夫尚在澳门，等待与张治平会谈，张既不能回港，本人将赴澳报告，请示今后方针。铃木约曾政忠21日再谈。军统香港区负责人叶遇霖在向戴笠报

---

[1] 张治平：《致铃木先生函》，1940年9月28日。
[2] 《井本日记》，转引自《对中俄政策之策定》，第39页；参见《今井武夫回忆录》，第160页。
[3] 《港区叶遇霖致戴笠皓亥电》，1940年9月19日，转引自戴笠：《报告》，1940年9月21日。

告上述情况后表示："政忠同志老诚有余，机智不足，恐难应付铃木、今井诸人。如钧座对铃木等尚有运用之必要，应请指派干员来港，就近指示。如仅为表明我方严正之态度，则拟于再晤谈一、二次后，即嘱政忠停止一切活动，以免贻误机宜。"[1]

9月22日晨，曾政忠再次与铃木卓尔会晤。铃木称，已于19日派秘书赴澳门，谒见今井武夫，报告中方态度，他本人则拟于23日赴南京，见板垣时，"当尽力促请先行消除汪逆伪组织"。他要求中方提出具体意见与确实办法："消除之方式与消除以后之办法"，"如何能使中国确信日本之和平诚意"，"如何使日本在消除汪组织后，不致有不良之顾虑"。铃木并称："日本空军猛炸重庆，但对飞机场始终保全，亦所以使此项活动不致因交通困难而阻遏也。"[2]24日，军统香港区负责人叶遇霖再次将上述会晤情况报告戴笠，戴笠认为铃木此线已无利用价值，电嘱曾政忠停止与铃木见面。

在中方指示曾政忠"停止一切活动"的同时，日本当局也指示停止"桐工作"。9月27日，铃木卓尔应召回南京，向派遣军总司令部报告，总司令部决定暂时取消"桐工作"。10月1日，今井武夫赴东京汇报，登台不久的陆相东条英机严令军方"撒手"。[3]同时，外相松冈洋右则决定另辟途径，通过银行家钱永铭对重庆进行新的"工作"。

三 张季鸾企图借机拆穿日方"把戏"与中日秘密谈判的延续

张季鸾从和知鹰二处得知张治平、宋子良与铃木卓尔、今井武夫的谈判情况后，极为震惊，他一面研判事件性质，探究真相，汇报重庆中央；一面则力图通过和知鹰二，拆穿日方的"把戏"。

除铃木卓尔、今井武夫等人外，和知鹰二实际上同样负有找寻与中

---

[1]《港区叶遇霖致戴笠皓亥电》，1940年9月19日，转引自戴笠：《报告》，1940年9月21日。
[2]《香港叶遇霖致戴笠敬电》，1940年9月24日，转引自戴笠：《报告》，1940年9月25日。
[3]《今井武夫回忆录》，第160页。

国方面谈判机会的任务。九一八事变后，和知鹰二的主要任务是联络胡汉民、陈济棠、李宗仁等"西南派"反蒋。1938年日军进攻武汉前后，和知鹰二的任务转为在香港和蒋介石直接指挥的萧振瀛谈判，当时即与张季鸾相识。但是，和知与板垣征四郎等不同，主张抛弃汪精卫，专以代表国民党"中央"的蒋介石为谈判对象。他对张治平与铃木、今井之间的谈判，不仅不支持，而且"立于竞争、暗斗之地位"，"曾力予破坏"。1940年春，今井武夫第一次到港活动，和知即致电他的中国助手何以之，嘱其设法向中方揭破："今井来意为蒋汪合流，实际为汪奔走，故亟应破坏之。"[1]

1940年7月，和知鹰二在澳门会见张季鸾。8月17日，和知回东京向陆军省官员报告，声称"本官之工作根本不提和平条件，重点放置于兴之所至之打听"，"蒋中正之意在于希望日华彻底合作，不拟苟合"。[2]29日，和知在澳门会见时在香港的重庆工作人员王季文，要求王转告孔祥熙的秘书盛某，请其促进宋子良工作，但是，却意外地得到盛某告知："宋子良所进行之工作，那是一桩谋略。"[3]9月1日，和知向张季鸾打听"真相"，告以所知，张季鸾感到震惊之余，认定"铃木活动，彻底为捏造之故事"。[4]谈话中，和知向张季鸾透露，东京方面对板垣领导的"和平"工作本已失去信任：东条英机陆相怀疑，外相松冈洋右也怀疑，只同意板垣等办至9月底，"若届时不成，决由政府自办"。[5]因此，张季鸾暗示和知，将此事向东京报告，借以"促成板垣之崩溃，使敌人内部发生重大争吵"。张季鸾估计："该板垣把戏一旦揭穿，定会发生重大责任问题，而敌人之乱，即我之利也。"[6]9月3日，张致函陈布雷，告以即将向外界"放出消息"，说"委员

---

[1] 《炽章（张季鸾）致陈布雷函》，1940年9月25日。何以之，亦作何益之、何毅之，他既为和知鹰二，也为中国方面工作，是个"两面人"。
[2] 《石井备忘录》，转引自《对中俄政略之策定》，第47页。
[3] 《石井备忘录》，转引自《对中俄政略之策定》，第47页。
[4] 《炽章（张季鸾）致陈布雷函》，1940年9月2日。和知向张季鸾通报情况，时间不明，但8月30日和知尚在广州，与张季鸾谈话时间必在9月1日。
[5] 《炽章（张季鸾）致陈布雷函》，1940年9月7日。
[6] 《炽章（张季鸾）致陈布雷函》，1940年9月2日。

长震怒，正彻查其事"，"如是则敌人自知失败而板垣倒矣"。[1]

和知鹰二在与张季鸾谈话中，曾向张故示宽大：如中日双方停战言和，"东京只主张内蒙暂驻少数兵，其他无大问题"。张答以"中国是不许任何地方驻兵，不许任何地方特殊化的"。对和知所称中日谈判今后将由东京"收回自办，另作准备"，张季鸾表示："如作准备，须彻底觉悟，重新检讨，简单一句话，必须互相承认为绝对平等的独立国家，凡不合此义者，概不必来尝试。"[2]张季鸾通过铃木和张治平之间的谈判"故事"，认定日方"愚昧凌乱""荒唐幼稚"，程度太差，"证明去中日可以谈话之程度甚为辽远"，"可决其今后无大的作为"[3]，因此，他不准备与和知鹰二发展进一步的关系。张通过何以之转告和知，"不必奔走，更不必找我见面"。当时，张季鸾听说，日本陆军正在力主与苏联订立互不侵犯条约，因此又嘱咐何以之劝告和知："决不可对苏联乐观。苏联之事，中国知道的多，苏联对中国，近来也很好，个中消息虽不能多谈，总之苏联对日本，可说是无丝毫好意。"[4]

9月4日，和知离港，返回东京，自称当于15日返回华南，行前表示："板垣始终不脱蒋汪合流之主张，故必须撇开板垣。"张季鸾不愿与和知作泛泛空谈，托何以之电告和知："不是日政府诚意委托不必再来；不是日本诚意改变对华政策，诚意谋真正之和平，则不可接受委托。要之与弟何时见面并不关重要，日政府苟无真正觉悟，见我何用！"[5]当时，日军正在准备进军南洋，抢夺英、法在当地的利益。张季鸾估计，日方"因南进不能决策甚为焦躁，板垣等又闹此大笑话。和某归后，敌人内部，将呈鼎沸之态"。[6]9月6日，张季鸾致函陈布雷，建议对日方采取"攻心为上"策略。

---

[1] 《炽章（张季鸾）致陈布雷函》，1940年9月12日（应为9月3日）。
[2] 《炽章（张季鸾）致陈布雷函》，1940年9月2日。
[3] 《炽章（张季鸾）致陈布雷函》，1940年9月2日。
[4] 《炽章（张季鸾）致陈布雷函》，1940年9月7日。
[5] 《炽章（张季鸾）致陈布雷函》，1940年9月6日午前。
[6] 《炽章（张季鸾）致陈布雷函》，1940年9月6日午前。

他估计，板垣、铃木工作失败之后，日本内阁必将另起炉灶，重新确定与中国的谈判路线，因此，通过陈布雷向蒋介石请示：是否可以以"私人观察"身份向日方提出三项基本要求，即日军自中国完全撤兵，完全交还占领地，自动废止不平等条约？[1]

张季鸾分析，当时日方急于与中国议和的原因，主要有两方面：1. 为了进军南洋。他说："敌对南洋，势在必取，即荷印亦在所必争，故港、越、新加坡、荷印是一串的问题，一动作就是大事情。若只拿安南，不成一局势也。因此海军坚持非结束对华战争不能南进。"2. 摆脱在中国的尴尬局面。张季鸾称：日军在中国的部队，共69个师团，约计在130万人以上；每日军费由2000万元到3000万元。最近半年，日军几乎毫无动作，今后的作战计划也无法确定。"老师糜饷，毫无效果，而同时眼看一年或等不到一年之后将失去南进机会，此其所以不得不焦躁也。"9月7日，张季鸾

板垣征四郎，日本陆军大将，第二次世界大战甲级战犯之一。1938年6月任陆军大臣，1939年9月任中国派遣军总参谋长，主持对华诱降的"桐工作"。1948年12月23日被远东国际军事法庭判处绞刑。

---

[1]《炽章（张季鸾）致陈布雷函》，1940年9月6日午前。

致函陈布雷,请示下一步谈判方针,函称:

综观大势,委员长对于全局之判断,皆完全符合,弟深致敬佩。现观敌方殆有逐渐就范之可能,其酝酿应需一两月之时间,故十月、十一两月恐为重要时期,现拟得和某来电,再知悉最新敌情之后,即先回重庆。然若彼竟南来,当与一见。总之,现时为适于宣传之时期,倘蒙指示机宜,不胜厚幸。[1]

和知鹰二曾告诉张季鸾,日军大本营和日本内阁准备由少数人组成"委员团",专门负责对华谈判,因此,张季鸾询问:"万一敌方此次更派高级人员一同前来求见时,应如何处理?"他表示:"弟现时之个人意见在拟拒见他人,以贯彻私人谈话性质之立场。"[2]

在军统局审查张治平的同时,陈布雷也致函张季鸾,要求他向日方"索要伪件",以便查清所谓张群"证明书"、蒋介石委任状及亲笔函的真相。张季鸾感到为难,回函称:"板垣尚倾信伪件,正期待其进行。若果正面索取,反恐困难,且使敌人感觉,弟之地位太涉于机密也。"[3]他托何以之致电和知鹰二,声称"张群因无端被人出卖,非常愤慨,托索证件以便彻查。同时附告,张群疑为日方捏造,或为汪派作祟。愿查明真相"。张季鸾相信和知能办妥此事,携件南来;同时也相信"经此一电,亦可使南京敌酋恍然于一场故事之为捏造矣"。[4]

张季鸾曾得到情报:周佛海鉴定铃木得到的蒋介石所书"委任状"及"亲笔函"后,指出其均为伪造,板垣征四郎甚为慌急。又得到情报:1939年板垣任陆相时,日军为试探苏联态度,进攻诺蒙罕(今译诺门坎。作者

---

[1] 《炽章(张季鸾)致陈布雷函》,1940年9月7日。
[2] 《炽章(张季鸾)致陈布雷函》,1940年9月7日。
[3] 《炽章(张季鸾)致陈布雷函》,1940年9月10日。
[4] 《炽章(张季鸾)致陈布雷函》,1940年9月11日。

注），如苏联不抵抗，即调大部关东军入关。当时曾由板垣奏明天皇，天皇询问计划可靠否？板垣答云可靠。不料日军大败，转而调关内作战部队赴援。事后，关东军及参谋部有关人员一律免职。板垣本来也应该免职，派来中国，是让他"带（戴）罪图功"。"桐工作"出现问题，板垣更为慌恐。[1]云云。基于上述情报，张季鸾对板垣的倒台颇具信心。

和知于9月4日返回日本后，曾电告何以之，已向东条英机发出长文，拟在福冈与东条派来的人员见面，或直接赴东京报告。不久即发电称：东条英机"令彼负责进行"。但是，其后，又发电称，9月10日在福冈与东京派来的要员会晤，偕飞南京，协商结果，以和知与板垣为核心，办理此事。和知称：将于9月15日或16日再飞东京，处理铃木等失败的善后事宜，同时取得东京正式委托，再飞南京，然后南下香港。[2]

和知确曾按张季鸾要求向日本军方揭发"桐工作"的问题。9月12日，臼井茂树就曾在向参谋本部有关人员报告时说："据和知少将所调查探知，桐工作系香港蓝衣社之谋略，只是使用宋子良而已。""谅蒋中正不会见板垣中将，板、蒋会议无法解决一切问题。蒋中正不至于发亲函，所谓蒋之亲函是冒牌货。"[3]但是，日方不肯也不愿意相信和知所报，而宁愿相信中国有不同"路线"。9月20日，和知鹰二致电何以之：

下记最近之情况，有告知之必要：子良近对铃木言，彼将为治疗疾病出洋外游，中日和平交涉，急速需要结束。又谓宜昌方面，一周内当有人到达可能云云，暗示张岳军有出来之可能，表示恋恋不忘之意。日方为使促进正式交涉之实现，当期望中国路线之统一。又有人谓，蒋先生不肯使子良工作中断，子良背后，有特务人员控制，蒋先生不能使其中止等云。[4]

---

[1]《炽章（张季鸾）致陈布雷函》，1940年9月17日。
[2]《炽章（张季鸾）致陈布雷函》，1940年9月17日。
[3]《石井备忘录》，转引自《对中俄政略之策定》，第46页。
[4]《炽章（张季鸾）致陈布雷函》，1940年9月23日下午。

和知鹰二要求何以之转告张季鸾：最好能命宋子良出洋外游，然后日方正式向中方提出谈判要求，而由东京负责进行。和知很着急，函称："子良何时出国，祈速赐知为要！"[1]

张季鸾本已判断张治平、铃木之间的谈判是"把戏"，现在日方却又提出新材料，说明宋子良和铃木之间仍在联系，这使张季鸾感到迷惑。他决定不再参与中日秘密谈判。9月21日，张季鸾要求何以之用明码电文告诉和知，张季鸾日内离港；同时另用密码告知：

铃木假把戏我早已一再告之，何以尚如是纠缠？且对我方内部之观察，饱含污蔑之意，是证明对方不足与谈。中国本决无路线问题，我政府从未委托过人，我亦从未受过委托，只因你们来找我，我为个人友谊之计来此。今乃认中国有多少路线，是等于认定我为路线之一。我现在声明，此路线取消，我不复过问，将来纵有正式交涉，亦勿找我。我之为人，本极恶麻烦之事。今如此麻烦，我厌恶已极，故决计脱离此问题。望彼告板垣，我已自己取消，不愿过问矣。[2]

宋子良是否和铃木确有联系呢？张季鸾不能判断。他将这一问题交给陈布雷。9月21日，张季鸾致函陈布雷，陈述五条意见：1. 观和知电文，"足知敌方有轻蔑、操纵之意"，但宋子良君是否对铃木确有此表示，本人没有"判断真伪之力，因而不能作有力之反驳"。2. 今井、铃木的失败，在敌方内部是"绝大问题"，南京敌人明知是假，尚欲"挣扎蒙混"，板垣负责与中国谈判，原以九月底为限，本人"声明不管，更足以打击之"。3. 南京敌人的和平攻势彻底失败之后，日本只有两条路可走：一为再变和平攻

---

[1]《炽章（张季鸾）致陈布雷函》，1940年9月23日下午。
[2]《张季鸾致陈布雷函》，1940年9月21日晨。原函未署名。

势为军事攻势，一为由东京发起，正式媾和。此问题日方如何选择，在不远期间便可明了。4.敌军人本是一丘之貉，但和知有一点特殊，即不仅与"勾汪"工作无关，而且在敌人内部以"反汪"得名，因此可以判断，如东京正式与中国交涉，必派和知奔走，因此，和知此线索仍应保留。5.观察最近情形，我方内部不能不承认"发生毛病"，"当假委任状、假信问题发生之后，何以宋子良君以行将出洋之身，而尚与铃木作私人接触？"他严肃表示："此真为不能想象之事！"[1]他还列举了其他一些和日方秘密联系的严重事例，要求陈布雷将上述情况呈报蒋介石。23日，张季鸾再次致函陈布雷，说明"自前日向彼方通告不管之后，觉心神为之一舒。盖国家与领袖受敌轻侮，只有如此断然表示，为昭雪轻侮之道。"[2]

张季鸾虽已向日方表示"不管"，但是，他仍然对中日谈判存有希望。9月23日，张季鸾致函陈布雷云："对今后看法，弟微有不同。弟以为判断局势之第一关键，在看是否以敌大本营之名义来开正式交涉，果来交涉，即当认定其有若干诚意。""盖既来交涉，则为承认是国家与国家间之正式议和，一也，汪奸当然取消，二也。"此前，陈布雷认为，日军进攻安南，中国的对外联络线受到威胁，说明日方没有议和诚意。对此，张季鸾表示："安南问题，当然有威胁我方之恶意，然不能因此之故，即断定敌人不企图正式议和。"他说："和战本为同一问题之两面，中日现在战争之中，而又并无和的头绪，在我方似不必过于重视其另辟一新战场之企图，即藉以判断其政策如何。"他表示：自己的"工作目的"在于执行一种试验，即"敌人宣传愿与我政府议和之是真是伪"。他认为，此点关系中国今后半年乃至一年间之"一切抗建工作"。[3]

陈布雷反对张季鸾对"和谈"的幻想，要求张季鸾结束在香港的工作，尽早回渝。9月24日，张季鸾复函陈布雷：取消前函所述意见，自即日起，

[1]《张季鸾致陈布雷函》，1940年9月21日晨。
[2]《炽章（张季鸾）致陈布雷函》，1940年9月23日下午。
[3]《炽章（张季鸾）致陈布雷函》，1940年9月23日下午。

对外对内均脱离此问题，不再报告和知传来的敌情；所保管之"港币小款"，亦不再负保管之责；将向中航公司订票，尽早动身。[1]

宋子良以蒋介石、宋美龄、宋子文的"至亲"身份擅自与日方谈判，张季鸾对此深为不满。正当此际，一件关于宋子良谈话的新情报帮助张季鸾做出了判断。9月24日晚，张季鸾读到和知鹰二致何以之的最新电文，其要点为：铃木报告，谓宋子良近谈，本月十三、十四、十五三日，委员长曾与戴笠、张群、张治中秘密研究此事。又云：因近日委员长不满于孔、何二人，故孔、何不参加会议。张季鸾认为，"其最可笑之语为委员长表示，交涉可继续进行"。他判断："无论宋君如何荒唐幼稚，断不会作此可笑之谣言，是可确定为铃木所捏造矣。"对于铃木捏造此类谣言的目的与效用，张季鸾致函陈布雷称：板垣屡次向国内报告，和平条件业已成熟，并且逼迫近卫写信向我方表态。近卫信件在我方虽不觉重要，但在日方却是总理大臣公函，板垣无法卸责，只能继续不断造谣，希图继续控制军权，"以达其继续进行勾汪签约延长现状之目的"。[2]

当时，和知鹰二召何以之赴沪。9月25日，何到张季鸾寓所会面，张要何到沪后明确告诉和知，"所有铃木报告中之宋子良谈话，绝对为铃木捏造"，建议和知向东京切实报告。[3]同时，张季鸾也要何向和知转达：为大局起见，在一两个月之内，如东京确有正式讲和诚意，并有适当内容时，允许和知与张通信一次，但仅以一次为限。张称："当拼其最后之信用转达一次，盖中国实在认日本无诚意也。"张并称，如东京确有进行之意，则个人愿忠告：第一，停止进攻云南及轰炸一类威胁、压迫行动。第二，须有建立平等的"新国交"的决心，绝对不可向中国方面提出"承认伪满、中日联盟"等一类要求，否则张不能转达。[4]第三，根据上述两项作正式之

---

[1]《炽章（张季鸾）致陈布雷函》，1940年9月24日。
[2]《炽章（张季鸾）致陈布雷函》，1940年9月25日早。
[3]《炽章（张季鸾）致陈布雷函》，1940年9月25日早。
[4] 此为陈布雷指示张季鸾者。

准备，可来一次信，说明派何人负责开谈及其他具体事项。张特别强调：当年冬天，准备往陕西终南山养病，和知来信，须在两个月之内，"过时则我入山已深。无法接头矣"。何以之向张表示："除非东京真正弄好，彼亦不敢赞成接洽。盖在板垣之下接洽，则中国上当也。"[1]

张季鸾要何以之转告和知鹰二的话，有类最后通牒。之所以如此，据张季鸾致陈布雷函，其用意在于：1. 在敌人内部暴露板垣等之欺骗。2. 试验敌国今后究竟如何。此前，日本早已强迫法国封闭滇越铁路，英国也一度宣布封闭滇缅路，中国的对外国际通道先后受阻，抗战环境愈益艰难。张季鸾认为，形势断不能无条件乐观，个人可以封锁，国家不容封锁，保留与和知的联系线索，有益无损。之所以只允许通信一次，是为了使之"更为严重而有力"。他说："弟近月颇感敌人求结束战事之心已达顶点。盖如待其南进顺利，稳占安南，并控制缅甸，而美国又不实际干涉，则彼时敌人心理恐又一变，因此现时之对敌工作，恐正为最紧要而有用之时。"关于宋子良，张季鸾建议，应命其迅速出洋，或令其回渝，借以"打破敌人和平攻势"。他提醒陈布雷："铃木制造之假故事，方日异月新，喧腾于日人内部"，"观铃木造谣之猛烈，则所谓假委状、假信件，恐系铃木所捏造。"[2]

尽管张季鸾方面认为谈判仍有必要，但是重庆方面已对谈判失去兴趣，指示将1938年萧振瀛工作期间留在香港的文件全部销毁，同时对日方采取决绝态度。张季鸾随即遵令执行，同时指示在港协助自己工作的人员：1. 在何以之离港前，使之相信，张季鸾"决非任何意义之代表"，"亦决不做政府代表"，并非"真正受政府委托之人"。2. 今后不再与何以之来往，避免交谈，如何以之下次到港，亦不必理会，"务使何某知问题严重，今后无复奔走之余地"。9月27日，张季鸾致函陈布雷说：

---

[1] 《炽章（张季鸾）致陈布雷函》，1940年9月25日夕。
[2] 《炽章（张季鸾）致陈布雷函》，1940年9月25日早。

前年以来之悬案一宗，至此完全告一段落。弟此次判断有误。幸行动上未演成错误，一切处理，尚近于明快，此则近年特受委员长之训练，得不至陷于拖泥带水。就弟个人论，诚幸事也。[1]

写此函时，张季鸾确实准备将他在香港搞的特殊工作"告一段落"，然而，正当他回渝在即之际，又接到何以之转给他的和知鹰二的密电："铃木、宋子良工作终止，在东京将开始全面的和平谈判，现元老重臣、陆军、海军及外务省首脑部在协议中，务以大乘的见地，速求东亚全局之和平及繁荣。"[2] 电文中，和知表示，将于九月末至东京，然后携带所决定的《要纲》来澳门，张季鸾可先回重庆，但本人返澳后务求张来澳相晤。和知此电打消了张季鸾"告一段落"的想法，决定另拟策略。

张季鸾认为：从日本方面看，"必须企图结束对华之战争"，"求和运动，必继续一时"；而从中国方面看，"（现时）实立足于举足轻重之地位，同时亦到了必须决定长期忍耐封锁之对日战争办法"，因此，"希望在最短期内，将敌情、友情俱完全弄清，以便下最后的决定"。9月30日，张季鸾致函陈布雷，建议"在最后决定之前"，努力于"攻心为上"之对敌宣传，其内容为：1. 打破日本"战美之自信"；2. 打破其联苏之妄想；3. 打破其信赖德国之心理；4. 鼓吹中国之真正愤怒，并打破中国不肯和及不敢和之推测。张表示，他不期待和知鹰二再来会有何结果，但为取得"高等消息及做宣传"着想，在香港"稍待"还是有用的，"无论如何，我有知悉真正敌情之必要也"。[3] 这样，张季鸾就又在香港留了下来。

张季鸾在香港的工作一直做到1940年11月。张要求日军全面撤兵，不承认汪伪政权。同月23日，日方表示接受，要求重庆方面派出正式代

[1]《炽章（张季鸾）致陈布雷函》，1940年9月27日午。
[2]《炽章（张季鸾）致陈布雷函》，1940年9月30日下午3时。
[3]《炽章（张季鸾）致陈布雷函》，1940年9月30日下午3时。

表。[1]但是，日本当局终于舍不得抛弃豢养的傀儡。30日，日本政府与汪精卫签订《中日基本关系条约》，正式承认汪伪政权，以事实嘲弄了张季鸾，也嘲弄了重庆国民政府。

四 "宋子良"是冒牌货，蒋介石的亲笔"委任状"等是伪件

历史学家研究历史，有其局限与幸运。其局限在于，历史已逝，许多资料散失，事实失传；其幸运之处在于，有可能见到当时无法见到的敌对双方，甚至是多方面的资料，从而综合研判，最大限度地还原历史，作出比较真实、合理的分析。

根据笔者已掌握的日中双方资料，比勘辨析，可以确定：

（一）谈判中出现的蒋介石"委任状"及"备忘录"均是伪件。前文已述，据日方资料记载，谈判中，中方曾展示盖有军事委员会大印和蒋中正小印的委任状，其内容为："兹委派陈超霖、宋子杰、章友三代表研究解决中日两国事宜，此令。中华民国三十九年六月二日。蒋中正。印。"又，在讨论板垣、蒋介石长沙会谈时，中方曾出示蒋介石"亲笔"书写的备忘录。笔者认为，上述两个文件均为伪件。

在抗战前的中日秘密谈判中，蒋介石就主张不立文字，不落痕迹。在抗战爆发以后的中日秘密谈判中，蒋更加小心翼翼，不肯给日方提供任何文字根据。张治平等与日方会谈，蒋自然不会提供"委任状""备忘录"一类凭证。而且，更重要的是，蒋一开始就并不积极支持张治平等人与日方谈判。1940年3月31日蒋介石日记云："倭寇一面成立汪逆伪中央政会，宣言三十日成立伪组织，而一面又派陌不相识之陈治平来求和议，其条件一如往昔，以试探我方对汪伪出现之心理，其愚劣实不可及。窃恐古今中外

---

[1]《今井武夫回忆录》，第175页。

日本支那派遣军总司令西尾寿造为日方谈判代表今井武夫、铃木卓尔及臼井茂树等人开的身份证明书

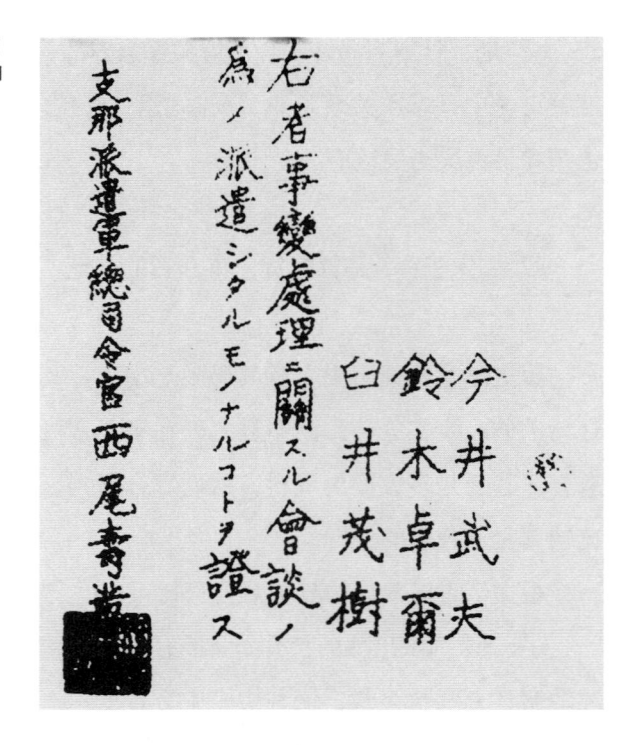

亦无此之妄人也。"[1] 这里的"陈治平"应为张治平之误。可以看出，蒋当时还搞不清楚张治平是何方人员，但拒谈之意很明确。其后，蒋搞清楚张治平的身份了，立即指示戴笠："如敌方不能先行解决汪逆，则张治平不准再与铃木辈有任何接洽。"[2] 5月下旬，戴笠指示张治平："如敌方不先除汪，中央断难与之言和，今后不可与铃木等涉及中日和平问题。" 7月3日，戴笠电张治平云："同志以站在采取情报之立场与德国通讯社记者之身份，可与铃木见面，但对中日和约问题，万不可有任何意见之表示。" 又曾指示，"在不暴露身份之原则下多方探听"。其后，蒋介石的态度越来越严峻。当年5月18日至30日，日本海军航空部队大举轰炸重庆8次。6月6日至8月17日，又轰炸28次。7月2日，蒋介石日记云："对敌人来探和，应皆置不

---

[1]《蒋介石日记》（手稿本），1940年3月31日；并见《困勉记》，稿本，1940年3月31日。《蒋中正"总统"档案》，（台北）"国史馆"藏。
[2] 戴笠：《报告》，1940年8月12日。

理，以示不受轰炸之威胁。"[1]8月11日，蒋介石与张季鸾谈话称："敌阀之愚，其求和既急，又欲以板垣亲到长沙会晤而以汪同来为饵，其儿戏滑稽，实太可怜，如何能不自杀耶？"[2]12日，戴笠向蒋介石书面报告张治平与日方多次接触情况，请求指示。次日晚，研究敌情，蒋介石日记云："敌国又托胡鄂公、何世桢、张治平等各人，各别来见、通问，皆一概严拒，此时惟有持之以一也。"[3]这应该是蒋介石对戴笠请示的回答。9月初，蒋介石从张季鸾函中得悉张治平向日方提供了自己的"亲笔"文件后，非常生气，日记云："下午研究汪探张治平捏造凭证事，是使我又多一不测，意料不及之经验也。"[4]9月15日，日机两次空袭位于重庆曾家岩的蒋介石官邸，蒋介石当日日记云："汪奸派张治平，伪造我中央函件与委状，以欺敌人，敌人信之，以张治平为我中央可靠之路线，用力求和八个月，未得成效，今始觉悟，遂更恼怒，炸我寓所。"[5]以上材料雄辩地说明，张治平与铃木谈判中出示的"委任状""备忘录"与蒋介石无关。

前文已述，日方在见到中方出示的"备忘录"后，曾在匆匆间拍得"蒋中正"签字，送回南京审查。而据周佛海日记，当年7月26日，日方确曾请周审查真伪，周观察的结果是"实不甚像"。[6]这一则材料不仅可以作为上述"备忘录"是伪件的旁证，而且说明，它的作伪者并非如张季鸾所认为的是日方。铃木卓尔等人决不会自己制造了伪件，又送回去请人审查。

（二）在一系列问题上，张治平等中方人员哄骗了日方。首先是宋子良参与谈判问题。尽管张治平在被军统审查过程中一再坚决否认，但是，日方谈判时曾从钥匙孔内偷拍了"宋"的照片，并且也曾交给在南京的周佛海等人核对，可见，有"宋子良"参与确是事实。这位"宋子良"的照片，

---

[1]《蒋介石日记》（手稿本），1940年7月3日；并见《困勉记》，稿本，1940年7月3日。
[2]《蒋介石日记》（手稿本），1940年8月12日；并见《困勉记》，稿本，1940年8月11日。
[3]《蒋介石日记》（手稿本），1940年8月13日；并见《困勉记》，稿本，1940年8月13日。
[4]《蒋介石日记》（手稿本），1940年9月6日；并见《困勉记》，稿本，1940年9月6日。
[5]《蒋介石日记》（手稿本），1940年9月15日；并见《困勉记》，稿本，1940年9月15日。
[6]《周佛海日记》，1940年7月26日，第327页，中国文联出版社版，2003。

经周佛海核对之后,也认为"与本人不符"。[1]1941年9月,参与"诱和"活动的日本人松本藏次就曾指出,所谓"宋子良",其实是蓝衣社的间谍,其目的在于刺探日本秘密。[2]1945年夏,这个假扮"宋子良"参加谈判的人成了日本上海监狱中的囚犯,被原日本中国派遣军特派员,曾在香港会谈中担任翻译的坂田诚盛认出。在与今井武夫见面时,此人承认自己是蓝衣社的"曾广"。1955年"曾广"致函今井武夫,对当年"冒充宋子良的错误深表歉意"。[3]可见,在张治平等人与日方谈判时,中方确实有人冒"宋子良"之名。

其实,这个冒充"宋子良"的"蓝衣社"特务的本名并非"曾广",而是在谈判过程中一直与张治平密切合作的曾政忠。前文已述,张治平被审

曾政忠,国民党军统特工,美籍华人,早年毕业于美国加州大学。抗战期间,在军统局长戴笠的策划下,曾政忠假扮宋子良与日本进行和谈。

---

[1] 《周佛海日记》,1940年7月26日。
[2] 《松本藏次致小川平吉电》,转引自《小川平吉致近卫函》,又,《致射山函》,《小川平吉关系文书》,日本东京みすず书房,1973年,第691—692页。
[3] 《今井武夫回忆录》,第162—163页。

查，并被软禁在重庆后，军统局继续派曾政忠到香港与铃木卓尔周旋，9月18日、22日先后与铃木有过两次谈话。然而，这两次谈话中的"曾政忠"都仍被铃木视为"宋子良"。19日，铃木向今井报告说："根据宋从重庆返回香港所作的报告，九月十三日到十五日在重庆的重要干部会议上决定，关于满洲问题及日军部分驻兵问题，只要日华双方未取得一致意见，长沙会议暂行搁置。因此，本谈判没有进展的希望。"[1]铃木的这份"报告"也传到了他的对手和知鹰二那里。和知在致何以之的一份电文中说："铃木报告，谓宋子良近谈，本月十三、十四、十五三日，委员长曾与戴笠、张群、张治中秘密研究此事。"[2]上述两通电报表明，9月18日，曾政忠与铃木卓尔会晤时，虽然已经通知铃木，张治平可能是汪方人物，但仍然以"宋子良"的身份出现。这是曾政忠冒充"宋子良"参加日中秘密谈判的确凿证据。[3]和知鹰二另一通电报说："子良近对铃木言，将出洋疗疾，希望中日问题早日结束。又岳军一周内可到宜昌云云，故板垣对于子良路线，仍认为可靠。"[4]这通电报告诉我们，曾政忠当时已准备"抽身"，不再以"宋子良"的身份出现，同时，也还在继续哄骗日方，所谓张群"一周内可到宜昌云云"，即是一例。有意思的是，一直到1941年11月，为了阻挠日本承认汪政权，军统特务还在假借蒋介石的名义，在"宋子良"问题上继续说假话，欺骗头山满和萱野长知二人。[5]

[1]《今井武夫回忆录》，第160页。
[2] 转引自《炽章(张季鸾)致陈布雷函》，1940年9月25日早。
[3]《今井武夫回忆录》，第160页。又据同书及《井本日记》(《对中俄政略之策定》，第42页)，9月21日，宋子良曾再次访问铃木，而据军统叶遇霖9月24日致戴笠电，此次的访问者，仍是曾政忠。此外，铃木卓尔于9月27日到南京派遣军司令部作报告，仍称18日与"宋子良"会谈。凡此，均可证明，铃木卓尔心目中的"宋子良"，乃是曾政忠冒充。
[4] 失名密电，1940年9月23日。《蒋中正"总统"档案·特交档·和平酝酿》。
[5] 1941年11月16日，军统在香港的工作人员杜石山致函头山满、萱野长知，转达蒋介石"意旨"云："宋子良以运输事务抵港之日，宫崎(应为铃木。作者注)、今井代表板垣将军，约其晤谈，并提交子良以中日二国之和平条件，子良据以为报。当即电质子良，以何资格见板垣将军之代表，及根据何种机关之命令，以接受板垣将军之中日二国之和平条件？讵知子良接电，惧而避之美国。旋以该条件甚为苛细，想板垣将军畅晓军事，明察世局，必不提出中日两国不能相安之苛细条件。该条件或系一二军人之私见，遂不予子良以深究。"见《小川平吉关系文书》(二)，第697页。

"宋子良"是冒牌货，自然，参与谈判的所谓重庆行营参谋处副处长陈超霖、国防会议秘书主任章友三、陆军少将张汉年等也都是冒牌货。根据前文所引军统香港区叶遇霖致戴笠"冬电"，铃木回港后，曾与叶谈话，而据铃木给上级的电报及派遣军总司令部有关人员的日记，铃木当时谈话对象即为"章友三"，[1]因此，"章友三"应是叶遇霖的化名。

在审查张治平时，张坚持与日方谈判中只有他本人和曾政忠二人参加。对于所谓"章友三"其人，张第一次解释为"曾政忠之英文拼音与章字同，是否因此误会，则不可知。""曾"与"章"的英文拼音本不相同，张治平等与铃木的谈判中也并未使用英文，不可能产生误会。后来则解释为"仅介绍曾政忠与铃木等见面，曾化名章友三"，两次说法前后明显不一，巧言支吾、企图蒙混之心清晰可见。显然，张治平可以承认曾政忠化名"章友三"，而不能承认冒充"宋子良"，因为前者无罪，而后者则关系重大，可能获罪。

张治平对军统的交代，不仅时间颠倒，语意支吾，而且真假混杂，包含着若干谎言。例如，他声称与铃木、今井是老相识，与今井且有十多年的情谊，因此，无须身份证明及委任状。其实，他和今井武夫并无深交[2]；日方在与中方人员秘密谈判时索要身份证明也并非仅此一例。铃木卓尔在香港开始"桐工作"时，还在开展"姜豪工作"，向姜豪"要求与携带有重庆政府中枢有关的身份证明书的人会面"。[3]张治平之所以编造与铃木、今井的"友谊"谎言，无须身份证明云云，不过说明他心中有"鬼"，力图掩盖他伪造文件，伪传蒋介石指示等做法而已。

（三）铃木等日方谈判人员也哄骗了中方。2月3日，铃木在与"宋子

---

[1]《香港机关致参谋次长》，特香港电第351号。参见《对中俄政略之策定》，第33页。又，《井本日记》所记亦同，参见同上书33页。
[2]《今井武夫回忆录》称："宋子良和铃木中佐的居间人张治平，我在北平大使馆武官室工作时，他正在冀东政府任职，他还当过北平的新闻记者。这次奇遇，感到惊异。但只是见过面，对他的身份、性格等，却一无所知。"见该书第129页。
[3]《今井武夫回忆录》，第168—169页；参见姜豪《和谈密使回忆录》，第194—196页，上海书店出版社，1998。

良"第三次会见时曾表示:"处理汪精卫对重庆政府的关系,纯属中国的内政问题,我方似无干涉的必要,可由中国政府妥善处理。"[1]所谓日方同意"去汪""毁汪"一类的"甜言蜜语",铃木不仅在私下对张治平讲过多次,对"章友三"也讲过。前引叶遇霖致戴笠"冬电"所汇报的铃木行程及其和近卫会见的时间、情况,和现存日文档案完全相合,可以确证"冬电"转述内容,来自铃木本人,而非张治平等编造。一直到9月22日晨,铃木与"宋子良"会晤时,仍在向"宋"保证,回南京会见板垣时,"当尽力促请先行消除汪逆伪组织"。[2]可见,处理汪精卫,取消汪伪组织确是铃木私下向中国方面作出的保证。前文已经指出,铃木先后出示的板垣征四郎保证书有所不同,有一个从"汪问题"向"蒋汪合作问题"演变的过程。8月14日,铃木赴南京、东京之前,向张治平、"宋子良"(曾政忠)出示过"底稿",主题词为"汪问题"。当时,即由张抄录,交曾密存。19日,铃木卓尔到南京,与臼井大佐正式为板垣起草保证书,主题词演变为"蒋汪合作问题"。28日,铃木返港,催张治平往阅"保证书",但铃木仅出示抄件,主题词仍为"汪问题"。张阅后即缮写报告,交曾政忠由卢沛霖电呈重庆。[3]9月上旬,"宋子良"(曾政忠)向铃木索取板垣亲笔日文原件,"保证书"的主题词又变回"蒋汪合作问题"。前后出示的两种版本,措辞虽只有几个字不同,但却是根本性的差异。当时,日方的基本方针是促进汪精卫和蒋介石之间的合作,使南京、重庆两个"国民政府"合流。铃木为板垣起草并在9月上旬出示的保证书才反映日方的真实态度,也和20世纪今井武夫公布的内容相合。[4]由此可见:铃木出示过的以"汪问题"为主题词的保证书并不反映包括板垣征四郎在内的日本官方的态度,而是铃木为了诱使中国方面坐到谈判桌前的伎俩。他在和张治平等人的私下接触中所称,日本准

---

[1] 中国派遣军总司令部:《桐工作圆桌会议的经过概要》,《今井武夫回忆录》,第332页。
[2] 《香港叶遇霖敬电》,转引自戴笠:《报告》,1940年9月27日。
[3] 《曾政忠对张治平之考察》,戴笠:《报告》,1940年9月15日。
[4] 《今井武夫回忆录》,第158页。

备抛弃汪精卫，甚至准备将汪交给中国方面，云云，都不过是巧言相，为了哄骗中方而已。

1940年2月，"桐工作"刚刚开始之际。日本参谋总长载仁亲王就指示："日华代表在协商处理事变时，可同意中国方面的提案，藉此引诱重庆参加乃至进行分化离间工作。"[1]铃木卓尔关于"毁汪""去汪"一类"甜言蜜语"，正是对载仁亲王策略的运用。

铃木卓尔哄骗中方非止上述各例。前文已经叙述，9月18日铃木与"宋子良"会谈时，铃木曾称，将去澳门向今井武夫汇报，后来又称，已于19日派秘书前往汇报。其实，今井武夫在当月14日已经离开澳门，并于16日到了南京。[2]铃木所云，完全是信口开河。应该指出的是，铃木卓尔不仅哄骗了中方，而且在关键情节上对其上级也有隐瞒。如，6月澳门会谈，中方提出"有汪无和平"，要求日方令汪出国或退隐。此事见于今井武夫记载，并非中方文献的片面之词。[3]但是，铃木在向其上级汇报时，却改变为中方仅要求日方对汪作"适当处置"，并可由重庆派遣代表，与汪"协议合作问题"。[4]这就完全扭曲了中方的态度与立场。又如，9月初，"宋子良"已经将中国方面对张治平与汪方关系的怀疑，以及张不能回港继续参加谈判等情况告诉了他，这实际上是在通知铃木，张治平已处于被审查中。但是，这一情况，铃木卓尔始终未向其上级报告。[5]

（四）据《今井武夫回忆录》记载，"桐工作"过程中，宋美龄曾于1940年3月5日到港，"从侧面协助中国方面的代表"，"宋美龄抵港的消息，经报纸作了报道，因此，我们相信了中国方面的言词"。有些历史学家据此怀疑宋美龄此行大有文章，其实，宋此次到港，完全是为了休养。1939年12月7日，蒋介石日记云："今日吾妻以疗鼻疾割治，甚忧。"1940年2月

---

[1]《参谋总长对实施桐工作的指示》，《今井武夫回忆录》，第336页。
[2]《今井武夫回忆录》，第160页。
[3]《今井武夫回忆录》，第151页。
[4] 特香港电第228号，又291号。参见《战前世局之检讨》，第300—301页。
[5] 参阅《井本日记》，转引自《对中俄政略之策定》，第39—40页。

20世纪60年代，今井武夫撰写了自己的战争回忆录《今井武夫回忆录》《支那事变回忆录》《近代的战争——与中国的斗争》《昭和阴谋》《对汪兆铭运动的回忆》，详细地描述了对华侵略战争期间的"和平工作"情况，并附录了自己掌握的第一手文献。图为今井武夫及中文版《今井武夫回忆录》。

12日日记云："送夫人到珊瑚坝机场，往香港休养。"可见，宋美龄此行与"桐工作"无涉。中方"代表"所云，与冒充"宋子良"一样，同为对日方的哄骗。

五　日方急于求和，军统借机玩弄日方

在全面审视日中两方留下的资料后，现在可以作结论了：

（一）日军攻占武汉、广州等中国广大地区以后，兵力枯竭，财政困难，已达势穷力蹙境地，急于与中国方面"停战"，用战争以外的形式巩固其侵华成果。日方上至天皇、内阁、军部，下至板垣征四郎等中国派遣军官员，普遍重视"桐工作"，其原因在此。为了等待"桐工作"的成果，日方不惜推延汪伪政权的成立时间；在汪伪政权成立后，又不惜推延对其"外交承认"的时间，幻想出现"蒋汪合作"的局面。日方谈判代表铃木卓尔之所以不惜卑词谦态，巧言相，乃是为了诱引蒋介石或重庆要人坐到谈判桌前来。它既反映出铃木个人的"要功心切"，更多反映的却是日方"求和"的急迫性。

（二）日方所谓"桐工作"，就中国方面说来，不过是军统在香港的几个小特务对日方的玩弄，目的在于刺取情报。谈判中出现的"宋子良"以及重庆行营参谋处副处长陈超霖、最高国防会议秘书主任章友三等人都是假货，所出示的蒋介石"亲笔"委任状、备忘录等文件都是赝品，所转达的蒋介石意见都是假"圣旨"。

（三）谈判初起时，汪精卫正依靠日本的支持在南京筹组伪国民政府，因此蒋介石以"先行解决汪逆"为谈判条件。其后，汪伪政府成立，蒋介石自感上当，认为日方求和乃是"欺诱"行为，主张严拒。但是，为了阻挠日本对汪伪政权的承认，中方并没有马上关闭谈判之门。"桐工作"在1940年9月底结束后，重庆方面也还通过几条线索，虚与委蛇地继续维持着和日方的秘密关系。

战争中，既有战场上的"角力"，也有谈判桌上的"斗智"。铃木卓尔、今井武夫与"宋子良"、张治平之间的谈判是一种"斗智"行为，不能要求双方"忠诚老实"，他们在谈判中说假话，提供假材料、假情况是必然的，也是可以理解的。历史学家的任务就在于谨慎地辨别真假，而不能以假作真，视为信史。遗憾的是，已经出现过这样的情况，而且似乎还不是个别的。

[附记]本文写作，承臧运祜副教授代为收集、复印日本防卫研究所收藏资料，承台北王正华教授代为校核部分资料，谨此致谢。

第三辑 国际外交

跟德国还是跟英、美站在一起？
——抗战时期中国外交的一次重要选择

一　英国对日妥协，孙科、白崇禧等主张"联德、绝英、疏美"

1940年7月1日，国民党在重庆召开五届七中全会。2日，讨论外交问题，首由外交部长王宠惠报告国际形势，谈到日本逼迫法国政府关闭滇越铁路，断绝中国对外通道，成功后又逼迫英国断绝中国通过香港和缅甸的对外交通，英国正在考虑中，等等。孙科听后起立"放炮"说："以英国目前之态度，香港且将放弃，势将屈服，亦无疑义。唯吾人应明白表示，如缅甸方面亦允敌请，吾人只有取西北路线，积极联络苏、德。德在欧洲已稳操胜券，吾人更应派特使前往。除外交外，并应发生党的关系。英国在欧已无能力，必将失败也。"[1]

抗战初期，中国政府将香港作为与欧美各国进行贸易，特别是军火贸易的中心，大量战略物资通过香港运入内地。据统计，1938年6月前，通过香港运进中国的军需物资，每月约6万吨，主要有炸弹、飞机、机枪、雷管、导火线、炸药、火药、子弹、高射炮、防毒面具等。日本力谋截断这一通道，英国政府则不惮牺牲中国利益，曲意迎合日本要求。自1939年1月起，港英当局禁止经香港陆路边界对华出口武器和弹药。1940年6月24日，日方向英国政府提出，关闭滇缅公路和香港边界，不仅要停止运输武器和弹药，其他如燃油（特别是汽油）、卡车、铁路物资等，也均在禁运之列。6月28日，日军宣布封锁香港。孙科在五届七中全会的发言正反映了对英国和港英当局有关政策的强烈不满。

王宠惠的报告还谈到德国进攻法国，法国政府投降一事对远东的影

---
[1]《王子壮日记》第6册，第184页；《王世杰日记》第2册，第301页。

王宠惠（1881.10.10.—1958.3.5），民国时期著名法学家、政治家、外交家，曾任中华民国外交部长、代总理、国务总理，并为海牙国际法庭任职中国第一人，被誉为近现代中国法学的奠基者之一。

响。1939年9月1日，德军突然进攻波兰。3日，英、法对德宣战。次年4月至5月，德军陆续攻占丹麦、挪威、荷兰、比利时、卢森堡等国。6月，法国和英国的军队前往比利时抗击德军。德军绕过英法军队主力，侵入法国，英法军队急忙南撤，遭德军包围。英军33.6万人几乎丢弃了全部武器装备，于5月底、6月初撤回英国，英国随即遭到德军飞机的猛烈轰炸。孙科所称，"英国在欧已无能力"、"德在欧洲已稳操胜券"，指此。在此情况下，孙科建议中国政府派"特使"前往德国，加强和德国政府及希特勒掌权的民族社会主义工人党（纳粹党）的联系。

蒋介石建立南京国民政府以后，认为德国的"物质"和"人才"均可借用，因此实行"联德"方针。九一八事变后，蒋筹划"对日秘密国防"，一面让德国顾问参与整理兵工厂计划；一面派人赴德，接洽经济合作，以货易货，从德国取得军火供应。之后，德、日、意先后结盟，蒋介石逐渐改变对德态度。1938年2月，德国承认伪满洲国，国民党内部要求对德绝交的呼声日渐增强。3月，蒋介石本拟派朱家骅赴德，因欧局紧张，决定缓行，但仍不同意与德绝交。同年5月，德国政府下令召回德籍顾问，停止向中国发卖武器之后，蒋介石决定"对德应不即不离"。11月24日，德国延迟中国驻德大使陈介呈递国书日期，蒋介石认为"实我莫大之耻辱"，致电行政院长孔祥熙及外交部长王宠惠，命陈介托辞离德，或正式召其回国，电称："否则国家与政府威信与体统全失，此种耻辱将无法湔雪矣。"[1] 此后，中德关系即处于冷冻状态。孙科在五届七中全会上的发言，实际上是在要求国民政府"联德"，重建中德之间的热络关系。孙科的发言得到了许多国民党高层人员的支持。[2]

国民党五届七中全会后，国际局势对中国愈加不利。6月29日，日本外相有田发表包括南洋在内的"东亚门罗主义"声明。7月6日，罗斯福总统授权秘书欧尔利发表谈话，声言"美国无意干涉欧亚两洲之领土问题，美政府希望并认为应当实现者，即世界各部分及各洲实行门罗主义"。[3] 这份声明给世人的感觉是美国只关心美洲的事情，不关心亚洲正在发生的战争。7月17日，英国政府不顾中国政府的抗议和声明，在东京签订《封锁滇缅路运输的协定》，缅甸国防部随即布告，禁止摩托、汽油、汽车、军火及铁路材料经缅甸运往中国。18日，国防最高委员会召开第38次常务会议，孙科再次发言，要求改变此前的外交路线。他说：

我国外交政策日趋困境，似不能再以不变应万变之方法应付危局，因法既屈服，英又将失败，美为保持西半球，亦无余力他顾，势必退出太平洋，放弃远东。我之外交路线，昔为英、美、法、苏，现在英、美、法方

---

[1]《战时外交》（二），第690页。
[2]《王世杰日记》，1940年7月9日。见第2册，第303页。
[3]《大公报》，1940年7月12日，第2版。

面，均已无能为力。苏虽友好，尚不密切。

今后外交，应以利害关系一变而为亲苏联德，再进而谋取与意友好之工作，务必彻底进行。

美国与英国关系密切，在德军攻陷巴黎后，罗斯福立即向英国保证，将以美国的资源帮助英国。孙科认为，美国援助英国，自然无暇顾及亚洲，因此美国也靠不住。他主张，在英、法助日，中断运输线，已妨害我国之后，中国应即采取激烈行动，召回驻英、法大使，退出国际联盟。"藉以对美表示民主国家辜负中国，使中国迫于生存，改走他道"。发言最后，孙科要求主持会议的孔祥熙以及王宠惠部长和张群秘书长向蒋介石报告，从速决定方策。[1]

自1934年之后，中国政府即企图联合苏联，抗衡日本。1937年8月，两国签订互不侵犯条约，实际形成了战略上的对日同盟关系。孙科要求"亲苏"，有其正确性，但要求"绝英、疏美，联德、联意"，这就是在要求和当时世界上的主要反法西斯国家决裂，转而投向法西斯阵营了。

讨论中，邓家彦表示："亲苏联德，极端赞同。"张厉生表示："亲苏联德，应如何进行，希望彻底检讨，获得共同意见……"孔祥熙是会议代主席，他说："我国外交政策，现在应予检讨，改走有利途径。"1938年5月3日，英国与日本签订协定，承认日本在中国占领区内所有海关税收，一律存放日本正金银行。1940年1月，日本为攫取中国存放于天津英租界交通银行的白银，封锁天津英租界，日方加紧压迫，英国遂与日妥协。孔祥熙主管财政，因上述二事也对英国强烈不满，并且不看好英国与德作战的前途。他支持孙科的意见，声称"英对我关税及天津存银问题处处出卖中国，当不能再事虚与委蛇。德国军人尤其国防部中人有许多做过我国顾问，对我颇有好感，要做联络工作，似亦不难。德英战事，英虽不屈服，恐亦难

---

[1]《国防最高委员会常务会议记录》，中国国民党党史委员会1995年影印本第2册，第476页。

免失败"。[1]

抗战爆发，英国为保护它在远东的利益，处处迁就日本，激起了中国人民的普遍愤怒。王子壮在日记中愤愤地写道："最可恨者，英人以缓和日人，免攫夺其远东殖民地，则以吾国为牺牲，断我交通以制我，希望在此时期以与日本议和，狡诈险恶，何以如此！"[2]王只是国民党中央的一个小秘书，他的这页日记反映出当时许多普通中国人的情绪。

除孙科等人外，作为军事家的白崇禧也主张联德，并与蒋介石辩论。关于此，蒋介石在1941年1月13日回忆说："当此之时，我中央外交方针，几乎全体主张联德，而孙哲生、白健生等为尤烈。"[3]一时间，国民党中央几乎一片"联德"声。

二 蒋介石坚持中国外交政策不变

怎么办？是与军事上处于颓势的英、法站在一起，还是与正在侵略欧洲、军事上不可一世的德国站在一起？这取决于当时掌握中国最高权力的蒋介石。

7月5日，蒋介石在七中全会讲话，阐明中国的外交方针是广泛团结友好国家，孤立日本。他说："我国现行之外交政策，大致仍遵一贯之抗战到底方针，友好各邦，以对暴日。"接着，蒋介石分析，英法虽然失败，但不足以撼动太平洋形势。在蒋介石看来，太平洋形势决定于美苏两大国。两大国不变，则太平洋形势如旧。他说："现在美国已实行扩军，较我们所料增加三倍，及太平洋设防等，均足以威胁日本，所以我们预定的目标依旧，不过因此时间要延长些罢了。"[4]

---

[1]《国防最高委员会常务会议记录》，中国国民党党史委员会1995年影印本第2册，第478页。
[2]《王子壮日记》，1940年7月19日。
[3]《困勉记》，稿本。
[4]《王子壮日记》第6册，第381页。

美国长期实行门罗主义和中立主义、孤立主义政策，标榜不过问美洲以外的事情，尤其不愿卷入中日战争，但是，罗斯福总统已在做加强太平洋防务的准备。6月30日，美国舰队调回夏威夷。7月4日，中央社自华盛顿报道，罗斯福将于下周提交新国防计划，咨请国会追加国防预算50亿美元，其中40亿用于陆军，10亿用于海军。蒋介石由此看出，美国和日本有利益冲突，不可能长期听任日本侵略势力在亚洲和太平洋地区为所欲为。美国扩军、增防等行为，均足以威胁日本，有助于中国抗日。8日，蒋介石应美国全国广播公司之邀，对美演说，宣称中美两大民族利害相关，美国应迅即采取行动，援华制日。

尽管英国和法国长期侵略中国，蒋介石个人极端不喜欢英国，但是，在反对德国侵略欧洲这一点上，英法是站在正义方面，蒋介石表示要"一本立国仁厚的精神"，在可能范围内"还要帮助他"。蒋介石相信，英国由

抗日战争期间，中国积极发展与美、英的外交，并结成盟国。1942年10月，中国相继向美、英提出，希望其能放弃对华的不平等条约。美国与英国经过磋商后，声明放弃诸多在华特权，并同意与中国签订新约。图为1943年1月11日《中英平等新约》签字后宋子文（前排中）与中英双方人士合影。

于其远东利益所关，在世界反侵略战争中，必将对中国"亲善"。蒋介石的这一估计是正确的。后来英国虽然仍轻视中国，排挤中国，但还是和中国结成了反法西斯同盟。

关于对德，蒋介石说："德国的友好关系我们始终保持。他虽然对不起我，但我们依然派大使前往。欧战起时，有人主张对德绝交，我认为与我们以日本为唯一敌人之方针有违。我们现在证明了我们方针的正确。现在也不必着急。德国实际上已倾向我国。以前有戈林及里本特罗夫亲日，现在戈林的态度也转变了。"蒋不赞成派"特使"赴德，认为在大战之际，德国"实际上对我们是不能援助的"。[1]

由于蒋介石坚持外交方针不变，7月6日，七中全会通过的《对于政治报告之决议》中称："美与苏均超然欧战之外，我自当本一贯之方针加紧努力，增进相互间之合作；对于英、法，尽力维持固有之关系；对德、意等国不仅以维持现存友谊为满足，更宜积极改善邦交，以孤敌势，并打破敌之阴谋，以期有裨我抗战建国之前途。"[2]这一决议，将中美、中苏关系作为中国外交重心，表示将"本一贯之方针加紧努力"，对英、法，表示"尽力维持固有之关系"；对德、意，表示将"积极改善邦交"，其目的在于"孤敌势"，最大限度地孤立正在侵略中国的敌人——日本。

7月9日，蒋介石致闭会词："我们常有国际环境之变化，即思改变政策以资应付，殊不知今日各国均有国策，决不能如古人效秦廷之哭，即可实际助我。我唯有从自强不息中使世界认识我之实力，始能活用外交于国际。"[3]公元前506年，吴楚相争，楚国危殆，申包胥到秦国向秦哀公求援。秦哀公一时拿不定主意是出兵还是不出兵，申包胥在秦廷痛哭七日，终于感动秦哀公，出兵援楚。蒋介石这里借申包胥的故事批评孙科，向德国求救行不通，必须"自强不息"，靠自己的"实力"才能站住脚跟。

[1] 《王子壮日记》第6册，第382页。
[2] 《中国国民党历次代表大会及中央全会资料》（下），第635页。
[3] 《王子壮日记》，1940年7月9日。

这一时期，蒋介石曾认真思考、研究过对德关系。他的决定是维持现状。在与白崇禧辩论时，蒋介石坚决表示："此次则决不能因德大胜而更求交好，徒为人所鄙视也。"又称："此时亲德，决不能由我强求而得亲也。国际大势莫测，当暂处静观，以待其定。"[1] 他决定对德外交仅限于经济、军学、文化等方面，"不用正面外交，亦不积极，以免英、美、苏俄之顾忌"。[2] 这时，蒋介石虽然还没有决定对德绝交，但他的外交天平明显地倒向"英、美、苏俄"。他对美国的要求是：一、支持英国，迅速在远东合作，反对日本侵略。二、美国长期以战略物资供应日本，在日本向中国宣战时，美国必须禁止向日本供应战略物资。[3] 蒋介石的结论是："我们的政策还是依太平洋上主要的国家来决定我们的外交方针。我们在国内是坚持抗战到底的国策，对外是按照九国公约美、英诸国的意向来解决远东问题。"[4]

蒋介石的决定起了安定人心的作用。7月6日，钱昌照致电正在美国的宋子文："哲生主张联德后，颇多响应。幸介公昨说明外交方针不变。"[5] 同日，"七号"也致电宋子文："哲生主联俄德，总裁训话，略谓对英、法仍亲善，对德亦不必急于拉拢，因彼海军无力达太平洋以助我。美、俄均仇日。战事须俟欧战结束后结束，恐亦不远。"[6] 与此同时，蒋介石的决定也得到了国民党中央宣传部部长王世杰等人的支持。7月10日，王世杰专门到蒋介石的黄山官邸表示，外交政策不可改变，"联德"等于放弃立场，没有任何实际好处。在场的王宠惠、张群则主张对德"敷衍"，事实上反对孙科、白崇禧的主张。[7]

---

[1]《困勉记》，稿本。
[2]《蒋介石日记》（手稿本），1940年7月10日。
[3]《蒋介石日记》（手稿本）。
[4]《王子壮日记》第6册，第382页。
[5]《宋子文文件》，42-5，美国胡佛档案馆藏。
[6]《宋子文文件》，42-5，美国胡佛档案馆藏。
[7]《王世杰日记》，第2册，第304页，1940年7月6日。

三　中国避免了二战后沦为战败国的噩运

蒋介石否决了孙科、白崇禧等人的意见后，继续推进联络英美的外交方针。

7月28日，蒋介石致电英国首相丘吉尔，声明"唯有中国战胜并保持其独立，英国远东利益方能保存"。他要求英方为两国利益计，从速恢复缅甸运输线。[1]9月27日，德、意、日三个法西斯国家缔结同盟条约。10月14日，蒋介石召见英国驻华大使卡尔，商谈中、英、美合作问题。蒋介石表示，"中国人为具有自尊心之民族"，英美必须"以平等待我"，在此基础上才能讨论军事、经济与政治合作。卡尔询问前一时期国民政府内部"倾向德国"的情况，蒋介石坦率相告：

> 我等中国人素讲信义，既不甘屈服于强国之威胁，亦不鄙视战争失利之国家。法国屈服之后，中央领袖确有大部分主张重新考虑我国策者，然我人仍主张坚守此项原则，不应更张。我人绝不改变我国家之特性。

卡尔再问，中、英、美联合对日作战时，中国是否对德宣战，蒋介石明确答复："我自应对德宣战。"[2]这就将中国政府在外交方面的抉择正式通知了英国政府。

美国长期奉行不与其他国家建立同盟的国策。10月31日，蒋介石再见卡尔，提出中英两国先订同盟，而仅与美国成立"绅士协定"，内容为：在战争中，美国担任空军，中、英担任陆军。11月1日，蒋介石约见卡尔及美国驻华大使詹森，面交《中美英三国合作方案》，其原则部分

---

[1] 《战时外交》（三），第116页。
[2] 《战时外交》（二），第40-42页。

规定：一、认定中国之独立自由为远东的和平基础，亦即太平洋整个秩序建立之基础。二、坚持九国公约门户开放与维护中国主权、领土、行政完整之原则。三、反对日本建设东亚新秩序或大东亚新秩序。方案提出相互协助的具体条目四项：甲、英美与日本，或英美两国中任何一国与日本开战，中国陆军全部参战。乙、英美两国共同或个别借款给中国，总数为美金二万万至三万万元。丙、美国每年借给中国战斗机500至1000架。丁、英、美派遣军事与经济、交通代表团来华，组织远东合作机构。[1]18日，蒋介石再次召见卡尔，提议立即开始中英军事合作谈判。同日，又约见詹森，表示"不论将来之发展如何，敝国必与英美合作到底"，"在中、英、美之合作中，我人当随美国之领导"。[2]次年2月21日，蒋介石甚至向卡尔表示，倘战事在新加坡发生，中国愿派15万人至30万人赴新助战。[3]

英美此时仍不愿意卷入对日作战，蒋介石的《中美英三国合作方案》遭到拒绝，但他坚持联合英美的方针却逐渐发生良好作用。9月26日，罗斯福下令自10月16日起对日禁运一切废铁，走出了制裁日本的重要一步。10月17日，美国复兴银行董事长琼斯表示：中国可接受美国1亿元之借款。22日，《中美钨砂借款合同》签订，贷款额2500万美元。27日，美国国务卿赫尔发表演说，表示将继续援助中国。11月30日，美国政府声明，不承认汪伪南京政府。次日，罗斯福立即宣布予中国1亿美元贷款。12月29日，罗斯福发表《炉边谈话》，宣称"任何国家都不能对纳粹姑息纵容"，"现在就要不遗余力地支持那些正在保卫自己并抗击轴心国的国家"，"我们必须成为民主制度的巨大兵工厂"。[4]31日，罗斯福亲自致电蒋介石，表示"凡能实际妥适尽力之事，必悉力以促其成"。[5]1941年1月5日，美国财政部长摩根索向

---

[1]《战时外交》（一），第107—108页。
[2]《战时外交》（一），第101—102页。
[3]《战时外交》（二），第73—74页。
[4]《炉边谈话》，第125—129页，中国社会科学出版社，2009。
[5]《战时外交》（一），第126页。

太平洋战争爆发后，在美国寻求援助的宋子文被任命为国民政府外交部长。图为宋子文（后排左三）在华盛顿与美国总统罗斯福、英国首相丘吉尔合影。后排左二为加拿大总理麦肯齐金，后排右一为菲律宾总统奎松。

记者宣告，中国平准基金谈判即可签字，将以5000万元贷给中国，协助中国稳定法币。10日，罗斯福向国会提出《军火租借法案》，为打破中立主义、孤立主义，从军事上援助中国等反侵略国家提供了法律依据。

美国援华态度日益明朗，英国随之跟进。在美国鼓励下，10月8日，丘吉尔宣布，自10月18日起重新开放滇缅路。11月14日，英国成立紧急救济会，以英镑100万元救济中国难民。11月30日，英国和美国同时声明，不承认汪伪南京政府。12月10日，英国政府宣布，贷予中国"平准基金借款"及"信用借款"各500万英镑。虽然后来的历史证明，道路曲折，阻碍尚多，但是，中国仍然和英美等国结成了世界反法西斯同盟，并最终取得了对轴心国的完全胜利。

当时，英、美援助中国的姿态和表现虽然是初步的，但蒋介石看到了未来发展的前景，他觉得，当初拒绝孙科、白崇禧的"联德"意见完全正确。蒋于1941年1月13日的笔记云："若余当时不坚持，听健生等之言而违美、联德，则英、美今日不仅不愿与我合作，其必联倭以害我，我处极不利之地矣。抚今追往，思健生等之幼稚如故，实不胜为国家前途忧也。"[1]

在"联德"还是坚持"联英美"的选择上，孙科、白崇禧迷惑于希特勒的一时胜利，确实幼稚、荒唐，而蒋介石的选择则是明智、正确的。试想，如果孙、白等人的意见被采纳，中国和中华民族的命运和希特勒绑在一起，那么二战结束，中国将不是战胜国，而是战败国，那是多么可怕的场景！

---

[1]《困勉记》，稿本。

拒绝德国拉拢，阻挠德日会师印度洋
——抗战期间中德关系探秘之一

宋子文档案中有一份署名"羽谨呈"的报告，篇幅不大，但却包含着极为重大的历史内涵。全文如下：

此间曾盛传前总顾问"鹰屋"（Falkenhausen）有赴日本消息，经电询林秋生，其7月10日来电云：电询事，容再告。国社党今年曾三派弟旧识"洋克"氏（Jahnke，为戈林亲近人）向我方游说，背盟突攻印度，与德合作，委座并无具体答复。此事系由桂永清兄经办，未便早日电告，但2月3日曾提及。如"鹰屋"有日本之行，或与此事有关。生。10日。羽谨呈。7月13日。[1]

右上角有"密"字，并画有三个圆圈，以示特别重要。所用信纸上端有 China Defense Supplies, INC 等字，可知这是抗战时期宋子文在美国创立的中国国防供应公司的信纸。所署"羽"为谭延闿长子谭伯羽，名翊，别字习斋，湖南茶陵人。1920年赴德国勒登大学学习电机工程。1924年毕业，在柏林实习，旋归国。1928年夏赴柏林，任中国驻德使馆商务调查部副主任。1929年归国，任上海兵工厂工程师。1933年再赴柏林，任驻德使馆商务专员，一等秘书。1937年随宋子文赴欧考察，任考察副使。1938年任驻德商务参事。1941年中德绝交后离德，奉命赴美，协助宋子文工作。1942年归国。此报告写于归国之前，时为1942年7月13日。

桂永清，字率真，江西贵溪人。黄埔一期毕业。参与组织孙文主义学会，成为蒋介石的亲信。1930年赴德，留学于步兵学校，结识后来成为纳

---
[1]《宋子文文件》，46-6。

粹第二号人物的戈林。1934年归国，任中央军校教导总队长。历任首都警备副司令，第46师师长、第27军军长。1940年7月被蒋介石派任驻德武官。1941年7月中德绝交，桂永清等转移到瑞士的伯尔尼，仍然从事对德联络和情报工作。

林秋生，当时国民党驻欧洲的工作人员，经常向国内提供德国情报。初驻德国，后移瑞士。

函中提到的"鹰屋"，指曾任蒋介石军事顾问的德国人法肯豪森。谭伯羽根据美国华盛顿地区的传闻，向熟悉德国情况的林秋生求证，法肯豪森是否有日本之行。林秋生不能肯定是否确有此事，但他却向谭伯羽传递了一个惊人的消息：今年以来，德国国社党（纳粹）曾三次派一个名叫洋克的人和桂永清谈判，要求中国与德国合作，合攻印度。林与桂当时同在瑞士，负责收集有关德国的情报。电中称桂永清为"兄"，可见关系密切，所述自然具有可信度。

一　德国继续调停中日战争，蒋介石一再拒绝

南京陷落前后，德国大使陶德曼应日方要求，出面调停中日战争，为蒋介石否决。此后，希特勒政权企图继续调停，拉拢中国。1940年10月1日，桂永清电告蒋介石，听说德国拟妥中日和议方案，要中国承认伪满，日方拟撤退华中、华南日军，与中国经济合作。[1]6日，纳粹第二号头子戈林自前线返回柏林，密约桂永清谈话。戈林盛赞"日本优点"，指出中国军事、政治、经济弱点及蒋介石困难情形，认为"如日本集中全力，专向中国主力及所在地不断攻击，则早已收效"。桂永清当即告以中国"抗战必胜之原因"。戈林称："日本为我同盟国，中国为我好友。德、意胜英后，中国必更困难。中国绝少战胜希望。况日本只欲得一部分生存土地，不如合理言和。"桂永清

[1]　蒋中正"总统"文物，002-090103-016-160。

答称:"中国为祖宗、历史、子孙生存而战,现已握住敌国弱点,必待日本根本崩溃,放弃其大陆政策而后已。"戈林继称,中国绝无力驱除日军出境。桂永清答称:委员长"为革命党领袖,从斗争中所造成意志坚定之三十万军官,五百万战士,亦非任何势力所压倒"。二人对谈约两个半小时。戈林最后表示"希望中日和平"。事后,桂永清向蒋介石汇报,请求指示要点,"俾便应付,以维邦交"。[1] 11日,蒋介石指示桂永清:"最好暂不直接表示态度。如其不再来问讯,更不必直接答复,但可间接使戈知我国之意,如领土、主权、行政不能完整,则无和平可谈之意也。"[2]

11月11日,德国外长里宾特洛甫约中国驻德大使陈介谈话,声称日本新内阁成立,急图解决中日问题,拟于近日内承认汪精卫在南京成立的政府,德国与意大利因与日本结盟,将随之承认,其他国家或将继起,中国抗战必将更加困难。里宾特洛甫称:如阁下认为有和解可能,则请转告蒋

1941年12月27日,国民政府外交部长宋子文与驻美大使胡适在华盛顿访晤了罗斯福,此为二人在白宫合影留念。

[1] 蒋中正"总统"文物,002-090103-016-162。
[2] 蒋中正"总统"文物,002-020300-044-068。

介石及中国政府,"切勿误此最后时机"。[1]20日,蒋介石将陈介来电大意电告在美国的宋子文和驻美大使胡适,并且特别增加了一些原电所没有的内容,如:借里宾特洛甫之口批评英美所称援助:"口惠而实不至",德宣称"中国若与日本议和,或竟加入轴心,则德国可保证,必忠实履行其和平条款,决不至违约"。蒋介石增加这些内容,意在通过宋、胡二人催促美国政府对中国提出的两国合作方案做出响应,早日予以确切答复。[2]21日,蒋介石复电陈介:声称"我国坚决抗战,实为保持我主权之独立与领土主权之完整。不论国际局势如何变化,我只求达到抗战目的"。"日本果欲言和,自应将其侵入我国领土之陆、海、空军全部撤退"。蒋介石这时仍然希望维持中德关系,分化日、德联盟,叮嘱陈介转告德方:"当知日本控制中国后,对德终属无利而且有害;反之,中国之独立与主权仍能维持,则将来德国对华之经济与发展,自属无可限量。"[3]

德国调停中日战争的意图持续到1941年。当年1月,法肯豪森将军的副官长格鲁(Krummasher)密告谭伯羽:德方逐渐注意中日问题,外交部有出面调停可能,意谓英国无力调停,美因对日关系,不便调停,以德国出面调停最为相宜,于德也有利。格鲁征询谭的意见,谭答"以日退兵为前提"。[4]

中国幅员广大,资源,特别是人力资源丰富,具有重大的战略价值。在同盟国和轴心国的对垒中,中国显然具有举足轻重的位置。德国之所以一再劝中国与日本议和,目的在于加强轴心国的力量。

蒋介石艳羡德国的军火、科技和统治手段,对卢沟桥事变以来德国外交的亲日政策长期持忍耐态度。1941年7月1日,德国承认汪伪政权。蒋介石认为已到忍无可忍阶段。当日日记云:"德国太无理性,应断然与之绝

---

[1] 《战时外交》(三),第699页。
[2] 《事略稿本》,1940年11月20日。
[3] 《战时外交》(三),第673—674页。
[4] 蒋中正"总统"文物,002-080103-032-009。

交也。"次日日记抨击希特勒近年来的"侮华"政策,"可谓极矣","若不再与绝交,则国格将有所损。"[1]当日,中国政府宣布对德绝交,关闭驻德使馆,召回商务专员谭伯羽。12月9日,宣布与德、意两国处于交战状态。

二 德方多次与桂永清会谈,要求秘密缔结《中德军事密约》,合攻印度

中德绝交,中国宣布与德国处于交战状态。但是,德国仍然企图拉拢中国。1942年,德国有关方面企图引诱中国缔结《中德军事密约》,将中国绑到轴心国的战车上。德方的谈判代表是戈林的亲信洋克(亦作杨克、杨氏、某翁,为统一,本书一律称洋克),中方代表则是原驻德武官桂永清。

上引林秋生电称洋克为"旧识",其实,洋克也是桂永清的旧识。

1941年5月,洋克曾向桂永清建议,中国方面出资100万美金,他的"现成机构"可以破坏经由葡萄牙等地运送军火、汽油、钢铁的日本船舶,蒋介石对此很感兴趣,但旋即为德方所阻。[2]中德绝交后,洋克向桂永清表示,"德国承认汪伪,为德国政府之耻,德民族决不如此"。[3]

中国宣布与德国处于战争状态后,洋克派人到瑞士向桂永清表示:德国对中国政府向德宣战,"不甚仇视,但望不至实际冲突"。他声称,将于次年1月下旬到瑞士与桂晤谈。[4]

1942年1月,洋克亲到瑞士,与桂永清连谈三日夜,为桂分析国际形势,指责"美国抄袭英国殖民政策,将来亦必视中国为榨取利益之区,决不能以平等待遇"。此前,英国的两艘主力舰"威尔士亲王"号及"反击"号被日本击沉,洋克据此分析,世界海军形势已有变化,日本占领南太平

---

[1] 《蒋介石日记》(手稿本)。
[2] 蒋中正"总统"文物,002-070100-046-043。
[3] 蒋中正"总统"文物,002-090103-016-181。
[4] 蒋中正"总统"文物,002-090103-016-188。

洋后，英、美在两三年内不可能打击日本。中德两国则由于地理及政治关系，数百年以后也不会有冲突可能。他表示："现在因绝交而宣战，皆为一时情势所迫，非两国本意。"因此，他建议由中国方面向德国提出，订立军事密约。洋克分析其好处是：密约成功，德国可以居间促成中日签订停战协定，使日本不受牵制，或能得到中国援助，共同制俄。同时，德国在取得直达中国的航空线后，即能以实力援助中国从事建设，牵制日本。他并要求与桂永清交换对"双方有利而无害之消息"。桂永清表示不赞成缔结"军事密约"，声称"中国素重信义，不尚诡诈，恐不如吾人私谈之有兴趣"。洋克则称："政治但求成功，不可固执。"他表示即回柏林，努力进行，待2月中旬再来瑞士，听取答复，详谈办法。桂永清觉得洋克此来，"确系得上级同意，有目的之行动"，26日，他向蒋介石请示："是否有答复及虚与委蛇之必要。"[1]

2月上旬，洋克及其秘书再来瑞士伯尔尼，询问桂永清：密约事有无答复。桂称："兹事体大，不能率尔答复，请告我以较详办法及德国对日所施压力，是否能发生实际影响。"洋克答称："德国压力在日本未与英、美和平谈判以前当然有效。此后则为中德合作，而非德日合作。其余明日再谈。"桂永清判断，洋克此行"如非受命，决难出德境闲谈"，于2月12日再次电告蒋介石。[2]

洋克与桂永清的谈话持续到2月16日。洋克称：来此以前，曾得希特勒主要干部同意，如中德能开始军事密约谈判，当由希特勒亲自派一名将官来瑞士。当时，德国外长里宾特洛甫亲日，洋克表示，此事当不使里宾特洛甫闻知。洋克继续宣扬密约成功后对两国的有利之处，如"应付现局及将来世界和平会议"，"防范英、日中途妥协"等。他因为未能得到中国方面的明确答复，显得很焦急，坚持在得到答复后再来瑞士。关于互换情报一事，桂永

---

[1] 蒋中正"总统"文物，002-090103-015-004。
[2] 蒋中正"总统"文物，002-090103-015-005。

桂永清（1900-1954），字率真，国民党将领，江西人。黄埔军校一期毕业，参加过两次东征以及北伐战争、抗日战争和国共内战。1941年，桂永清出任驻德武官，直到国民党与德国断交，桂永清才回国。

清答称：中国在各国无此类组织，从私谊上，彼此可以互通消息，但"对某事负责之情报，非有政府命令决不能办"。16日，桂永清电告蒋介石，声言蒋如不便电示，可嘱侍从室主任贺耀祖示意，俾有遵循。[1]

3月14日，蒋介石复电桂永清，告以所发二电均已阅悉，以后此类事情不可再用旧密本发电，以防泄漏。洋克如有具体办法及意见，可嘱其先行提出，今后"可以私人关系与之不断连络（联络），不必峻拒"。蒋并规定了此后通电的"代名词"："可进行"之代名词为"不可"，"不可进行"的代名词为"切不可"，"从长计议"的代名词为"勿谈"。当时，蒋介石已决定派军事委员会秘书齐焌赴欧，从事秘密工作，为了保密，蒋决定将此电及密码本10种交齐焌，随军事代表团出国时亲自带交桂永清。蒋特别叮嘱：此种要电密码，只可使用一次，用完即应作废。[2]此电表明，蒋介石还不清楚德国的意图，要桂永清具体了解德方的"办法及意见"。

6月9日，洋克与桂永清再次会谈三小时。桂按照蒋介石指示，要求

---

[1] 蒋中正"总统"文物，002-090103-015-001。
[2] 蒋中正"总统"文物，002-070200-014-026。

洋克先行提出具体建议，转呈蒋介石考虑，得到答复后才能作为"讨论基础"。洋克声称，即日返德，密报戈林，转商政府，有结果后或本人，或派人携书面答复来瑞。他同时谈到两项困难：1. 得悉东京密令：为保障日本生存起见，千万注意，不可使希特勒与蒋介石重新发生关系。如有发现，应以全力破坏。2. 日本在太平洋军事进展，对德毫无裨益。德国所需要者为日本攻俄，但日俄关系日臻亲密，我军部如再提出中日停战条件，恐不为中国谅解。桂永清急于摸清德方的底牌，答称："建议系表示真实意见，不能强制对方执行。凡德方所要言者，不妨尽量提出，好在系绝对秘密，即使不能实现，亦可增加好感。"

洋克与桂永清的谈判，虽然前后三次，有几个月时间，但都在外围兜圈子，即在此后，洋克终于和盘托出了前引林秋生电所称"突攻印度，与德合作"的核心内容。这样，蒋介石就警醒了，其6月18日日记云："对德国路线，勿再探索为宜，以桂永清非长于此，不如严令拒绝之。"[1] 随后，蒋介石即命陈布雷以陈本人的名义复桂永清一电，全文云：

此事切勿继续侦察，如前途再有任何提案，只将其内容记取后即可，以兄本人之意，当面婉辞谢绝，以为此种提案，决（绝）不可能，亦难转达其意，覆绝为要，但对杨个人之感情，仍可联络也。若其不再来谈更好，切勿由我方再去探索。佳电所用密本与底稿一并毁灭，切勿再用。布。[2]

"兄"，蒋介石对桂永清的称呼。"此种提案，决（绝）不可能，亦难转达其意"，这是蒋介石代桂永清设计的拒绝洋克的答词。蒋介石这时关心的是加强反法西斯阵营的力量，争取反法西斯战争的胜利。当年2月，蒋介石与宋美龄访印，力劝英国与印度之间化解矛盾，共同投入反法西斯战

---

[1] 《蒋介石日记》（手稿本），胡佛档案馆藏。
[2] 蒋中正"总统"文物，002-010300-047-029。

争,现在德方却要中国"背盟"、"突攻印度",自然会被蒋介石拒绝。

三 德、日的"会师"计划与蒋介石拒绝德国拉拢的意义

德日确有会师计划。

德军攻苏,在占领乌克兰粮仓后,进一步的计划是夺取高加索油田,进而攻占近东、苏伊士运河等地,截断英、美对苏援助的通道。据德国陆军总参谋长哈尔德回忆,希特勒曾向他提出,分兵越过伊朗,进驻波斯湾,与日本"在印度洋会师"。[1]日本外务大臣重光葵在《昭和的动乱》一书中也说:希特勒"认为大军南侵,从乌克兰进攻高加索,将石油控制在手,可断绝英、美从波斯湾方面对苏的援助,使德国的势力伸展到中亚细亚,再与印度方面的日军遥遥相对,取得联系。日本军部从缔结三国同盟以来,也是这样考虑的。日本海军在中途岛战败后,仍与陆军一起,电令在柏林的野村武官,劝希特勒调德军进攻高加索"。[2]

为了实现会师计划,1942年3月23日,德国外长里宾特洛甫和日本驻德大使大岛会谈,商讨轴心国的战略,要求日本占领锡兰和马达加斯加等地,以配合德军向中东和高加索的进军。日本在偷袭珍珠港得手,攻击英国两艘巨舰成功,取得局部海上优势后,也曾制订了一个用五个师攻打澳大利亚、夺取锡兰,与希特勒在印度洋上会师的计划。1942年初,日军攻入缅甸,其下一步计划就是进攻印度,实现会师目标。

中国的情报人员早就掌握了德方的计划。1942年2月27日,齐焌致宋子文电云:"接欧友电,称德扩大增兵,正积极计划春季攻势,以高加索为攻点,期与日本会师波斯湾。"[3]同年5月29日,齐焌自瑞士致电宋子文称:

---

[1] 威廉·夏伊勒,《第三帝国的兴亡》(下卷),第1074页,世界知识出版社。
[2] 《日本侵华内幕》,第323页,解放军出版社,1987。
[3] 《宋子文文件》,46-4。

"希特勒有通过伊朗占波斯湾之企图。"[1]齐焌的这些讯息当然会首先通报给蒋介石。

德日会师印度洋的计划相当危险。一个是西方的法西斯,一个是东方的法西斯。他们的携手会增长气焰,沉重打击国际反法西斯力量。据印度人巴盖特·拉姆·泰勒瓦尔(Bhagat Ram Talwar)回忆,当年,他为争取德国支持其反英活动,曾在阿富汗与纳粹德国外交官几次会谈,纳粹外交官员告诉他:"德国人显然并不想占领整个俄国领土,他们的战略只是想在占领部分俄国领土后,将在俄国的军事力量与中东的军事力量会合。"当巴盖特询问这位外交官,这是否意味着德国军队将从俄国进入伊朗和伊拉克,进而会师中东地区。他说:"'不错'。如果他们达到预期的目的,那世界上就没有什么力量阻挡他们去完成他们的最后使命。"[2]这种估计,充分反映出德国纳粹分子对会师结果的乐观期待。

美国总统罗斯福也充分认识到德日这两个法西斯会师的危险性。1943年,他在开罗会议期间对他的小儿子直言不讳地说:"假如没有中国,假如中国被打垮了,你想一想有多少师团的日本兵可以因此调到其他方面来作战?他们可以马上打下欧洲,打下印度——他们可以毫不费力地把这些地方打下来,他们并且可以一直冲向中东……日本可以和德国配合起来,举行一个大规模的夹攻,在近东会师,把俄国完全隔离起来,割吞埃及,斩断通过地中海的一切交通线。"[3]

罗斯福的这段话是从中国坚持抗战,拖住日军主力这个角度进行分析的。他认为,如果中国军队被打垮,大批日军投入其他战场,冲向中东,与德军会师,对世界反法西斯战争的发展来说,其结果将是灾难性的。如果我们换一个角度分析:蒋介石接受德国拉拢,与德合作,命令当时在缅

---

[1]《宋子文文件》,46-5。
[2] The talwars of Pathan Land and Subhas Chandra's Great Escape, People's Publishing House(P)Ltd, New Delhi, 1976, pp. 160-164。
[3] 李嘉译,小罗斯福著《罗斯福见闻秘录》,第42页,上海新群出版社,1949.10.4。

二战期间在美国刊行的"帮助中国"海报，它提醒美国人不要忘记"中国在帮助我们"，并呼吁美国民众为中国的抗战贡献力量。

甸与日军作战的中国远征军进攻印度，从而促成两个法西斯会师，其结果不也同样是灾难性的吗？幸亏，蒋介石没有这样做。

四　纳粹已经到了穷途末路

蒋介石要桂永清拒绝德国的要求，但是，仍可联络洋克"个人之感情"，因此，洋克与桂永清之间此后仍有联系。

当年10月17日，洋克再到瑞士，与桂永清晤谈二日。洋克声称，"某事"经戈林、希姆莱转达希特勒，现奉希姆莱之命，来瑞士转达两点：甲、德政府准备与中国政府正式取得联系，希望双方秘密指派正式代表人员，以便秘密商讨战时及战后互相合作有利之事件。乙、德国为中德将来合作计，愿为中日和平继续努力，希特勒本人已征得日本同意，愿将以前所提和平条件收回，希望中国方面要求不可过高，示有谈判可能。洋克强调："此二点如毫无结果，乃中德两国之不利。"桂永清答称，现在情势较前数月不同，不敢直接向蒋介石报告，只能托友人相机转达。[1]

二人谈话中，洋克还就中德关系和德国状况发表了看法。如："英美无法以武力战胜德国，将来可获得合理和平。如迫至非作战到底不可时，则不能不使用非人道毁灭性武器，尔时恐非欧美在欧洲登陆，而为德国在美国登陆。"又如："英美在战争时期需要中国，故极力拉拢，战后必忌中国强盛，不为中国建立国防重工业，而德国则不但为经济互利计，愿帮助中国建立重工业，即为对付俄国计，亦需强盛之中国在亚洲大陆牵制俄国。盖以战后之俄国十年后即可恢复原状，不能不预先着手。"当桂永清建议德国与俄国停战时，洋克称："由中日之停战或可促成德俄之停战。"这些谈话的主旨仍在吹嘘德国强大，不可战胜，英美不可信，中国应与德国结盟，并与日本议和。

1943年2月，瑞士盛传中国以500万工人帮助苏联，洋克多次派人到瑞士询问桂永清。27日，洋克突然到瑞士与桂见面，"以中国友人及受德政府密派资格"提出疑问。洋克首先询问桂永清"对于德国战争观察如何"。桂称，德国偏重武力忽略政治，坐失良机。现在政治已成僵局，军事陷于被动，战胜极难，只有速谋和平，方可挽救险局。洋克承认"德国以人力缺乏，树敌太多，战胜绝无希望"。上年10月23日谈话中，洋克曾力辟外传推倒希特勒之事绝不可信，而此次谈话则承认斯大林格勒德军覆灭及其他失败，牺牲50万人。"苟非希特勒固执己见，本可避免"。他表示，德国内部"议论冲突甚剧，近来渐次露骨"，有可能出现"德国新政府"，

---

[1] 蒋中正"总统"文物，002-090103-015-010。

英、德正在秘密谈判，可望妥协，共同对俄。

从洋克的谈话中，桂永清感到，洋克当时"隐身"于希姆莱集团，正在为将来的军部、政府做"准备工作"。[1]

1944年11月初，洋克突然派人到瑞士看望桂永清，表示"德国战争已经绝望，战争结束愈快愈好"，"希望战事结束后，即刻与中国取得联络"。12月12日，桂永清在巴黎旅馆门前，突然遇见洋克的秘书马固斯。马称，他受洋克密派至德军第一线突击队，希望借机潜入英军后方，代表洋克接洽内应。12月21日，马向法军自首，法军当局表示，如马愿与美国驻巴黎当局接洽，可以负责介绍，但马一心赴英，桂永清于是资助其1万法郎。[2]

此电说明，由于纳粹已经到了穷途末路阶段，内部分崩离析，连洋克这样的人都在抛弃纳粹，找寻出路了。

此后，桂永清和洋克的联系中断。

---

[1] 蒋中正"总统"文物，002-090103-016-190，1943年3月5日。
[2] 蒋中正"总统"文物，002-090103-016-192。

蒋介石与德国内部推翻希特勒的地下运动
——抗战期间中德关系探秘之二

蒋介石1942年1月10日日记《本星期预定工作》第一条云："对德运动倒戈工作之进行。"次日日记《预定》栏第六条云："派齐焌赴瑞士。"1月14日日记云："运动德国军队倒戈计划应告知罗斯福总统。"怎么回事？1942年年初，中国抗战正处于艰难时期，蒋介石怎么会将手伸到欧洲，管起推翻希特勒政权的事来了？

日记中提到的齐焌（1905—1981），字子焌，河北高阳人。其父齐宗颐（寿山），清末译学馆学生，与蔡元培同时留学德国，民初任教育部佥事。齐焌曾留学德国 Munchen 高等工业学校，后任军事委员会秘书，兼任德文翻译。1937年6月，随孔祥熙、陈诚等访问德国，订购军火，受到孔的倚重。1938年10月，参与《中德货物互换及贷款合同》谈判。1940年7月，和桂永清一起被蒋介石派往德国，任驻德使馆武官，对外则以"经济专员"的名义活动，在德国军事、经济两界结下广泛人脉。[1]

一 德国内部反纳粹力量求助于蒋介石

1940年9月，齐焌到达柏林，继续结交德国军政两界人士。1941年初，蒋介石本拟召还齐焌，但驻德大使陈介却不愿放人，致电蒋介石称："数月来，与各方面联络探访，深资臂助。若遽召还，恐启德方猜疑，且资敌方快意，并使经济界之为我奔走关怀者绝望。处此重要时期，以暂留为宜。"[2]

---

[1] 齐焌无传，其生平资料据委员长侍从室三处所制表格、"总统府"人事登记卷及其他档案综合写成。
[2]《事略稿本》，1941年1月27日。

齐焌联系的主要人物之一是军火商人克兰（Hans Klein, 1879—1957）。1934年1月，克兰在柏林与塞克特上将、国防部长柏龙白、经济部长沙赫特等组织德国工业产品贸易会，简称"合步楼"（HAPRO），从事对华军火贸易，任经理。同年8月23日，与孔祥熙在中国庐山签订物物交换贸易合同。1936年4月重定协约，由德意志银行向中国贷款1亿马克，供物物交换时资金周转之用。他在德国政府中没有官职，但与经济、外交、国防等方面的首脑都过从甚密，与中国的孔祥熙、何应钦、翁文灏等人也关系匪浅。1936年，获国民政府颁发的勋章。1937年在齐焌陪同下访华，会见蒋介石。1939年9月，德军进攻波兰，挑起世界大战。在此前后，德国内部逐渐形成了一股反对希特勒政府的内外政策，特别是反对其对外侵略扩张政策的力量，克兰是商界代表性的人物。

齐焌联系的另一人物是内阁部长沙赫特（H. Schacht, 1877—1970）。沙赫特，经济学博士。1916年，任德国国家银行董事，1923年任总裁，受命拯救德国货币危机，获得成功，被誉为"金融怪杰"。1934年8月，任希特勒政府经济部长。1937年，因反对希特勒和戈林的过度军备支出政策而辞职。1939年被免除德国国家银行总裁职务，但仍保留内阁成员的虚衔。他反对德、意、日三国同盟，主张对华友好。1940年10月15日，齐焌向蒋介石汇报与沙赫特密谈印象称："彼对三国联盟甚不谓然。"[1]次年1月21日报告云："昨晤沙博士，对我国前途极表乐观，再三为钧座祝贺。"[2]

齐焌联系的第三位人物是德国国防经济厅厅长托马斯（G. Thomas，或译托玛思、汤麦司，1890—1946）。托马斯，1908年参加步兵第63团，任少尉。自1928年起，到柏林国防部军队武器办公室参与处理军备问题。1933年12月，倡议"在中国设立一个代表德国工业界的统一代理处"。次

---

[1] 蒋中正"总统"文物，002-090103-00016-167。
[2] 蒋中正"总统"文物，002-090103-00016-173。

年1月,"合步楼",即应运而生。[1]1939年,成为最高统帅部经济与军备局长官。他认为进攻波兰将触发世界大战,德国的原料和粮食都不足以支持这场战争,因此,坚决主张"把希特勒搞掉"。[2]他因负责军备,须从中国进口钨砂,与谭伯羽、齐焌、桂永清等接触频繁。[3]

以上三人,托马斯是"合步楼"公司的倡议者,沙赫特参与创建"合步楼",克兰是"合步楼"的经理。三人都主张对华友好,反对希特勒的战争政策,形成"三人组合"。特别是托马斯,他既坚决反对希特勒的战争政策,又在军内联系广泛,是反希特勒派别的中坚力量。

"三人组合"向齐焌透露反对希特勒的密谋是在1941年。当年4月,沙赫特偕夫人到瑞士旅行,与避居当地的克兰商定,希望蒋介石派宋子文自

1937年6月,应德国政府的邀请,国民政府行政院副院长兼财政部长、蒋介石的私人特使孔祥熙,在赴英访问之余,率领中国政府代表团抵达德国首都柏林,进行正式友好访问,并与希特勒会见。

---

[1] 联邦军事档案馆,Wi / IF5.383,"机密指令",转引自柯伟林《德国与中华民国》,第135页,凤凰出版集团,2006。
[2] 《第三帝国的兴亡》(中卷),第603、653、755、773页。
[3] 参见蒋中正"总统"文物,002-090103-00016-182。

美国到瑞士商谈。同年5月15日，克兰约齐焌到瑞士会面。克兰告诉齐焌，已在德国国内秘密联络大量"友人"，准备将来组织新政府，改善国际外交。29日，克兰派其原私人律师爱尔哈特上尉自柏林到瑞士与齐焌继续晤谈，长达八日。爱尔哈特称：将来，德苏大战必不可免，德军上下将领均对国社党当局严重不满，反对政府者大有人在，均正秘密进行中，以备将来有所作为。"国内友人"希望克兰先生代表德方，认真寻觅国际路线，沙赫特博士、托马斯将军均请克兰转托蒋介石，"负责代德国友人与罗斯福、丘吉尔取得相互间的谅解与联络"，至于"德国内部如何解决，一般友人自有办法"。爱尔哈特要求齐焌立即飞赴重庆汇报。事后，齐焌即电告蒋介石，要求返渝，得到蒋的同意。6月9日，齐焌返回柏林。12日，再次会见爱尔哈特上尉。爱尔哈特当时在托马斯将军部下工作，充当托马斯和克兰之间的联络员，他建议齐焌尽速会见托马斯和沙赫特。此后，齐焌即在柏林紧张活动。其日程及会晤情况如下：

1. 6月13日，齐焌到德国国防部经济署会见托马斯将军。托马斯主要关心希特勒下台，恢复和平后，西方各国能否公平合理地对待德国。托称："我们对委座（指蒋介石。作者注）之贤明政治态度及其抵抗决心十分钦佩。""如世界各大政治家确有正大决心，树立一公平和平，则为全世界之福。当然，将来谈判最大障碍为希特勒，我们亦知希氏退休然后可谈，但我们不愿（在）在希氏退休（后），德国仍无公正和平地位。事当慎重，故须先获得国际间之保证。"托马斯保证，新政府成立后，"除去经济合作、资源分配公允，并共同解决失业问题以外，我们对西欧各国毫无野心。""我们将裁（军）到50万或30万。"托表示，自己别无要求，"惟望战争早日结束，和平早日恢复。"[1] 届时自己将退职，与克兰同到中国一行，协助"委座"建设中国。

2. 6月14日上午，齐焌到沙赫特的柏林私人寓所与沙会晤。沙很高兴，

---

[1] 蒋中正"总统"文物，002-080106-00060-008。

声称:"好极了!好容易有了办法。"他说:"吾寻觅路线,已非一日。""现看世界各国领袖,只有蒋委员长一人为最适当。不但对英美有关系,而对我德人亦特有好感。而吾辈德人又最相信委座,尤其德国军人备予崇拜。""只希望委座以委座之地位,以委座之人格与声望,肯帮助德国告知罗斯福、丘吉尔,德国已有势力雄厚人众,准备取消目前政局。"他表示:希望取得"国际间之谅解",保证在希特勒"退役"后即可恢复"真正和平",否则,德国内部不会采取任何举动。"如得到此项谅解,则德国内部我们自有办法。"沙赫特盛赞罗斯福,认为不失大政治家作风,希望蒋介石能派大员与罗一谈。他表示,自己仍是德国政府的"不管部长",自夺取奥国以后,政府就没有召集过内阁会议,因此,自己对希特勒等一二人决定的政策不能负责。他特别对齐焌说:"若不知兄为委座亲信人员,何敢露骨如是。"并说:"希特勒等严禁人民自由发表意见,并自有野心,与军人势不两立,兼以希特勒穷兵黩武,民间不满,已非一日。此间准备举动之人已不是少数,各方面力量雄厚,直达国社党高级干部,但不能一一相告,今若在国际间得到保证,则可更为易办。"

3. 6月17日下午,齐焌往见拉伯苏将军,拉称:"此种局面终不是永久现象,将来终有一日改变,变化之速,亦必突然。但请转达委座,我国国人敬佩委座之为人,为数甚众。"

4. 6月18日下午,托马斯将军在其公馆为齐焌饯行。托称:"委座为中国无二之领袖","(中国)最大难关亦已过去,将来国际合作,仍以委座是赖"。

5. 6月19日下午,齐焌到沙赫特公馆晤谈。沙阐述未来新德国的内外政策设想:

(1)国际和平原则:以耶稣博爱精神共谋福利,以道义为国际谈判基础,恢复国际相互间之信用,遵守条约。

(2)共同解决面包问题。资源公允分配,经济合作,国际贸易自由,打破层层关税。工业与农业国家相互调整其差别，工业先进国家援助落后国家建设，提高世界上之生产以增强购买力。共同解决失业问题、社会问题，共商调整贫富过甚之分。国际合作，消灭国际化之共产主义及马克思主义。

（3）民族自决。各国独立自由。国家政体应允许人民有参政机会，以免少数人霸权、独断专行。欧洲无自主能力的弱小国家应允许其自主加入某邻居大国的经济政治范围。

除以上设想外，沙赫特并向齐焌阐述了工作步骤：

（1）如委座肯代为努力，英美领袖赞成，请用最速、最秘密的办法报告，并请英、美负责人表示：只要求希特勒退休，并不仇视德国国民。如德国国民推翻希氏，则战事即可罢休，德国可根据上述原则获得真正和平。

（2）最好以英、美民众团体方式声明，保证将来国际和平条件。

（3）各国作战，仍照各国原有计划继续进行，谈判、商洽完全是另一件事。如联络顺利，相互呼应，宣传得法，从旁协助唤醒德国国民，则事情将更易办理。

（4）通讯地点以瑞士最为相宜。除克兰先生外，亦可与沙赫特在瑞士的代表哥则卧斯博士一谈。

（5）德国内部变化以今年秋季为宜，其时当在德国军队解决苏德战事至相当程度之际。沙赫特最后叮嘱齐焌："以后吾人性命全在兄等之手，切望谨慎进行为祷，甚望早日获得好消息，并请敬候委座。"

至此，齐焌已经掌握了"三人组合"反对希特勒的基本情况及其计划。6月22日晨，苏德战争爆发。24日下午，齐焌到德国国防部会见托马斯，讨论苏德战事。27日下午，齐焌再次到国防部，向托马斯报告，德国政府将承认汪伪政权，托不信，声称不久以前，希特勒还表示，决不轻易承认汪伪，希特勒不至于"不智如此"，当晚，托马斯打电话给齐焌，证实确有此事，已通过开泰勒及戈林、希特勒之间的联络武官转托戈林，向希特勒陈说利害，但恐已难挽回。28日上午，齐焌与托马斯会晤。托懊丧万分，表示承认汪伪实为最大错误，惟望"贤明如委座者，不致怪怨德国国民，德国友人对委座之信任决不改变"。齐焌告以中国政府必将与德绝交，托马斯表示，无论如何必须恢复邦交，他希望蒋介石能批准齐焌早日归来，充当与"德国友人"之间的"联络员"。

德政府于7月1日宣布承认汪伪，中德随即绝交。2日中午，托马斯及沃尔夫公司经理普朗克博士邀请中国驻德大使陈介午餐，对两国绝交表示"至为遗憾"，决心继续维持中德友好关系。饭后，托马斯私语齐焌：吾人所谈之事，现在更应进行。他要齐焌与克兰详细商讨，早日动身。

7月3日晚，齐焌离开柏林。4日到瑞士。6日再赴柏林。7日会见托马斯，托表示，中德两方友人切不可改变友好关系。他甚愿不久后到瑞士一行，与克兰晤商一切，必要时，克兰应亲赴重庆。托马斯估计，德军的对苏战争必将胜利，将来共产主义的俄国将不复存在。当晚，齐焌再次离开柏林。8日到瑞士，与克兰详谈。克兰表示，自己是中国"唯一老友"，现在希特勒、里宾特洛甫承认汪伪，中国更应全力帮助（我等），反对希氏。

1941年7月1日，德国承认汪伪政权。蒋介石认为忍无可忍，随即宣布对德绝交，关闭驻德使馆。图为汪精卫会见德国使团成员。

他说，"我虽德人，但常以中国利益为念"，希望蒋介石"勿置德国对委座最忠实之老友于不顾"。他希望蒋介石能委派大员与齐焌到欧一行，在瑞士与德国方面的"要友"商量，而且可以就近赴英，与顾维钧商量，加派人员在欧活动。他并提出，希望蒋介石能提供他和夫人的中国护照，以便必要时经美来华。

此次谈话，克兰向齐焌透露了若干最重要、也是最机密的内情：德国国防军中有十余位元帅，连同老友莱谢劳将军在内，内心都对当局至为不满，但莱谢劳是希特勒委任的元帅，不可能轻易举旗变政，因此将来的领导人会是其他人。爱尔哈特上尉曾建议，以戈林为政变时的临时元首，克兰表示不赞成，因为戈林的罪恶并不少于其他纳粹分子。克兰并称：托马斯是现役大将，柏林武装警察司令达律格将军等都参与密谋。他表示："事之成否，全赖委座同意，相信罗、丘两氏亦聪明人，未见不予最严重之考虑。"通过谈话，齐焌了解到，在德国军队中反对希特勒的力量已经相当庞大。

在谈话中，克兰特别要齐焌转告蒋介石，中国应努力促成中、英、美三国战事协定，在三个国家的利权尚未得到完全恢复时，三国之一不得单独与任何轴心国家成立停战协定或和平协定，以免中日人之计。[1]

早在1938年至1939年之间，德国国内、军内就逐渐形成反对希特勒的派别。其中一部分人熟悉西方，他们既希望"搞掉希特勒"，又希望在建立没有希特勒的新德国后能与英、法平等相处。这一部分人曾通过几条渠道和英国人，包括丘吉尔、艾登联系，也有人和在瑞士的美国战略服务处的艾伦·杜勒斯联系。[2]另一部分人则亲华，希望通过蒋介石与美国、英国建立联系，得到美国、英国的保证。克兰、沙赫特、托马斯的"三人组合"就是这一部分人的代表。

---

[1] 蒋中正"总统"文物，002-080106-00060-008。
[2] 参见《第三帝国的兴亡》，第761、812-814、1196-1197页。

二 蒋介石决定派齐焌赴欧，联络德国反纳粹力量

齐焌摸清了德国内部反纳粹力量的情况后，即向蒋介石申请归国汇报，经蒋批准。7月14日，齐焌致电蒋介石，告以此次返国，"事关德国国内演变情形及国际大局，信其极为重要"。[1]月底，齐焌到达纽约，将上述情况向宋子文作了通报。约在10月上旬，回到重庆。

齐焌在回国之前，已于7月15日在瑞士写成《机密报告》（一）。回到重庆后，又陆续写成三份机密报告。其时间分别为10月10日、13日，11月13日。其间，蒋介石曾于10月28日召见齐焌。[2]在上述《机密报告》中，齐焌向蒋介石详细地陈述了德国内部反纳粹力量的发展情况以及他们对蒋介石的要求，内称："彼等筹划已非一日，实力甚巨，有军部及经济（界）人物为其后盾，虽国社党警察之防范甚严，而范围日益扩大，德国民众如能得到国际上项保证，则潮流奔放，事将易办。"齐称，根据沙赫特的意见，"德国政变以秋季为宜"。"德国人对钧座至深信仰"，"请钧座接受此项伟大问题，恢复世界和平，救德民出永久战争"。其具体要求是，请蒋介石"委托人员一人，代为向英美领袖人物（接洽），以期获得相当保证，再求进一步联络"。[3]报告送呈后，暂无回音。

齐焌回国后，克兰一直焦急地等待消息。10月25日，克兰自瑞士致电齐焌，告以收到抵渝之电，询问在华盛顿时的电报是否收到。电称："德内部情况日益严重，将来演变，当不出吾人之已意料。事关重要，深盼兄早日返来，以利前途。到渝后晋谒委座，谕示如何？急盼相告。"[4]电报中，克兰告诉齐焌：桂永清做事不甚小心，写给托马斯将军的信件被德国当局

---

[1] 蒋中正"总统"文物，002-090103-016-176。
[2] 《事略稿本》，1941年10月28日。
[3] 蒋中正"总统"文物，002-080106-00060-008。
[4] 蒋中正"总统"文物，002-080106-060-007。

查获，给托马斯带来严重麻烦。托马斯大为不悦，拒绝再与桂永清有任何来往。克兰并称：托马斯将于下月初来瑞士一谈。11月18日，齐焌将克兰来电呈报蒋介石，意在促蒋做出决定。

齐焌提供的是极为重要的情报，但蒋介石一直在思考，没有立即做出决定。12月7日，日军偷袭珍珠港，太平洋战争爆发。国际局势的变化使蒋介石立即亢奋起来，迅速采取一系列对策。

12月8日，蒋介石在国民党中常会讲话，提议太平洋反侵略各国应立即成立正式同盟，由美国领导，成立同盟国盟军总司令部；英、美、苏三国与中国一致对德、意、日宣战；联盟各国应相互约定，在太平洋战争胜利结束之前，不与日本单独媾和。当日下午，蒋介石约见美国驻华大使高斯和苏联驻华大使潘友新，提议中、英、美、苏、荷、澳等国结成军事同盟，在美国领导下共同作战。同日晚，又召见英、美两国驻华武官，建议成立中、美、英、荷四国联合作战机构。

12月9日，中国政府发表文告，正式对日宣战，同时，宣布对德、意处于战争状态。当日，罗斯福、丘吉尔分别致电蒋介石，表示将加强友谊，共同奋斗，征服暴日。第二天，蒋介石分别复电，除表示愿贡献其所能，与友邦共同奋斗，扫除共同之敌外，又连续发表《告全国军民书》和《告海外侨胞书》，号召与英、美、苏等友邦并肩作战。

12月11日，蒋介石致电罗斯福、丘吉尔、斯大林，提议反轴心国组织联合军事会议。12日，罗斯福复电，同意蒋介石的意见，在重庆召集第一次联合军事会议。12月17日，中、英、美、苏四国军事代表在重庆集会，商定在重庆设立包括荷兰在内的五国联合作战机构。蒋介石提出，盟国应集中兵力于东亚，在1942年内击败日本。

12月23日，中、英、美三国代表再次在重庆召开军事会议，决定在重庆设立由何应钦主持的中、美、英联合参谋会议，在缅甸设立中英联军统帅部，建立中国远征军。31日，罗斯福致电蒋介石，建议组织中国战区，

在国民政府对德意日三轴心国宣战的同一天,蒋介石以中国最高军事长官的身份,分别致电美英苏三国首脑罗斯福、丘吉尔和斯大林,建议立即在反轴心各国间组织某种联合军事会议。12月23日,"中美英三国联合军事会议"在重庆召开。图为在联合会议上听取中美联合作战演示文稿后步出会场的蒋介石。

以蒋介石为统帅,指挥在中国、安南、泰国境内的联合国家部队。次年1月1日,中、美、英、苏、荷等26个国家在华盛顿签订《对法西斯轴心国共同行动宣言》,世界反法西斯联盟正式形成。

　　克兰等人仍在焦急地等待齐焌和中国方面的消息。太平洋战争爆发后，克兰再次致电齐焌，希望早日获得中国方面的"谅解"，以便进行，同时希望电汇2万美元，请蒋介石"并予协助"。[1]12月10日，齐焌电告宋子文，由于日美开火，蒋介石似乎暂时无暇积极讨论德国问题。[2]同月18日，克兰再电齐焌，表示"友人等仍盼继续努力，代为进行"。[3]

正是在克兰等不断来电催促，世界反法西斯同盟已经形成的状况下，蒋介石终于在1942年1月做出决策，派齐焌赴瑞士，策动德国军队倒戈，并且将有关计划报告罗斯福。

在世界反法西斯战争的战略上，蒋介石一向主张"先亚后欧"，反对英、美的"先德后倭"策略。他担心，盟国全力注意德国，将使东亚战局延长，日军即可利用当地民族的"反殖民"心理，反对英美，东亚战局将不可收拾。因此，尽管他认为"此时德国崩溃，于全局非利"，但是，权衡之下，他还是向瑞士派出了齐焌。[4]

三 齐焌赴欧，转报反纳粹力量的举事时间和条件

1942年3月，齐焌奉蒋介石之命到达瑞士，以该地为基地进行工作。之所以选择瑞士，一是因为瑞士与德国邻近，交通方便，更主要的原因则是当时德国内部的反纳粹成员不少人聚居该地，联络方便。

齐焌到达瑞士首都伯尔尼之后，陆续发回的情报有：

1942年5月19日、22日、24日各电报告：1941年冬，德军损失严重，希特勒计划在南线截断英美的援俄路线，企图通过伊朗占领波斯湾；德日积极合作，达成日本攻俄谅解；德国虽盼日在远东成立攻俄第二阵线，但日本则坚欲在南洋阵地巩固后，出其不意攻俄。[5]

---

[1] 转引自《齐焌渝来电》，1941年12月10日，《宋子文文件》，46-3。
[2] 《齐焌渝来电》，1941年12月10日，《宋子文文件》，46-3。
[3] 《齐焌渝来电》，1941年12月23日，《宋子文文件》，46-3。
[4] 参见《蒋介石日记》（手稿本），1942年1月14日。
[5] 《齐焌瑞京来电》，《宋子文文件》，47-2。

1942年8月18日、20日、21日、27日各电报告：德陆军在苏损失至巨，作战日益困难，无相当军队可以调派；希特勒希冀在夏季攻势前，尽快击溃俄军，进至乌拉尔，然后倡言和平，形成包括欧洲大陆、北欧、巴尔干在内的"大德势力范围，由德独裁"；德国仍力促日本进攻西伯利亚。电报并称："（德军）冬季粮食日难，人心将极度不满，国民多数不盼侵略胜利消息，渴念和平。英美宣传轰炸将日渐剧烈，倘符实，德国内部反对派活动将易于发展。若第二阵线亦成事实，德大局必更严重。"

1942年8月31日续电报告："日本调停德苏（战争）传说及其成功可能性，不敢置信，正在探洵（询）。""沦陷区各国仇德心理普遍坚决，并与日俱进。""9月初旬可获新消息"，"报告前面呈重要事件之进展程度"。所谓"前面呈重要事件"，即指德国反纳粹力量推翻希特勒政权的计划。

1942年9月8日发电报告：日本政府因德国不断逼迫，令驻德大使大岛向希特勒承诺，准备向苏联西伯利亚进攻；德军部认为，中国最近反攻目的，在于减轻苏俄负担；日前隆美尔元帅曾奉新令，急求攻破英军阵线，占领埃及。

希特勒进攻苏联，初期进展顺利，但是逐渐受到苏军的顽强抵抗，德军失败连连。在此情况下，希特勒不思反省，一意孤行，接连免除了布劳希奇、博克、龙德施泰特、勒布、古德里安、赫普纳等高级将领的职务，自任陆军总司令。1942年1月底，克兰致电齐焌，报告希特勒指挥失误，德军将领与希特勒发生矛盾等情况，电称："希特勒独信在冬初击溃俄军。自第二次攻势未成以后，陆军将领曾劝严守斯莫陵斯克（即斯摩棱斯克。作者注），准备来春攻势，希竟强令进攻，内部不和，后以俄反攻，德惨败，内部意见更深，将领颇多免职或辞职，（希特勒）自兼陆军总司令，准备坚守。"[1]1943年2月，苏联军队在斯大林格勒全歼德军，德国内部矛盾加剧。一方面德军高级将领与希特勒发生争执，迫使希特勒不得不让出部

---

[1] 转引自《齐焌渝来电》，《宋子文文件》，46-4。

分军权。另一方面，德国人民对希特勒的怨愤也在增加。有关情况，齐焌不断向蒋介石和宋子文通报。

关于军方。4月8日齐焌发电称："德大将与希特勒及重要纳粹争执，尚未解决，但大将如勃克曼斯坦及其他友人多数恢复总司令职权，虽然总指挥权尚未掌握，但积极指导目前作战。希特勒经此次东线惨败刺激，神经颓丧。"电中所称"其他友人"，指秘密参与反纳粹的德军高级将领。关于德国民众，同电报告称："军民对希特勒及纳粹信仰消灭殆尽，且国内恐怖政策日厉，小职工商一律停顿，中等阶级遭摧残，国民怨懑。"该电的核心部分是反纳粹力量的动态。电称：

查此间重要友等，对大局前途甚感（有）把握。虽然事关艰巨，日期不能预定，但希望今年6月内有最后之动作。

当时，英美方面对战后德国提出了许多苛刻的条件，反纳粹力量不愿接受这些条件。电称：

探报重要友等，仍盼推翻希特勒，彻底消灭纳粹党及主义以后，德国获国际平等地位。然最近英、美对处置战后德国种种表示，例如无条件投降，长期解除军队，监视教育，改革德国民精神，英美派员掌握敌方行政等，能否办到且无论，结果即武力占据德国一二十年之久，等于殖民地待遇，德人此种忧虑甚（重），愿早日改革德内政，本民主精神，平等自由，求国际合作之友（人）等工作甚感困难。[1]

齐焌担心："英美倘坚持此项苛求，则未来德国新政府，亦有宁与苏俄

---

[1]《齐焌瑞京来电》,《宋子文文件》, 47-2。

彻底合作，不愿沦为英美殖民地之可能，似应注意。"[1]据德方资料，反纳粹分子当时对西方的要求是：在他们逮捕希特勒并推翻纳粹政府后，盟国就同德国媾和，与非纳粹政府谈判一项体面的条约。如遭拒绝，就转向苏联。[2]德方资料和齐焌电所云，完全一致。

显然上电所云，都是德国反纳粹力量与齐焌交涉的内容，也是反纳粹力量希望通过中国取得的国际保证。蒋介石理解他们的意图，于是接到齐焌的电报后，立即致电时在白宫访问的宋美龄，要她转告罗斯福总统，请其注意，电称：

据报，最近纳粹对内宣传，常以英、美最近战后政策之种种表示，与前年《大西洋宪章》日形歧异，致使德国各方深恐如无条件投降，英、美长期解除德国军备，监视教育，并主接防德国地方行政等，致一般愿早日推翻希特勒者，均踌躇不前。倘英美坚持此种苛求，则未来德国新政权，宁愿与苏联合作，不愿沦为英美之殖民地等情。为促成德国内部运动起见，此种心理不可忽视。希将此意对美政府委婉说明，加以注意。[3]

宋子文也接到了齐焌的上述电报，他没有马上向罗斯福汇报，而是首先核实情况。5月8日，宋子文复电齐焌，解释英、美方面之所以条件苛刻的原因："弟意英美因惧俄德速和，故发表对德如此苛刻条件。现德在北非及俄境惨败，联军力量日益膨胀，并已决定侵欧，德失败不过时间问题。"宋子文表示"急欲得知者"：1. 德内部是否如上电所述，将于6月对希特勒有最后动作？2. 联军占北非，可利用地中海航线，德是否将由西班牙攻直布罗陀？当时，德国方面在苏联境内发现残杀数千被俘波兰军官的坟墓，

---

[1] 《宋子文文件》，47-2。
[2] 《第三帝国的兴亡》（下卷），第1196—1197页。
[3] 转引自《古达程渝来电》，《宋子文文件》，47-2。按，古达程，名兆鹏，宋美龄秘书，曾在蒋介石侍从二处工作。

宋子文也希望了解："内容如何？"[1] 5月19日，齐焌复电宋子文，报告希特勒的权力虽有削弱，但纳粹党人尚在顽抗：

> 纳粹与正统军人争权，自东线惨败，尤以史丹林格（勒）大牺牲。若非军事领袖自动改正希特勒作战计划，收拾残局，兼天气骤暖，否则不堪设想。如此费尽力量，亦未能迫希特勒让出政权，因纳粹党及其信徒拼命反对所致，且希特勒少年团训练新完成，未上火线，盲从党部之青年士兵为数尚巨。盖党部深信一日失军权根据，生命终了，故顽抗。[2]

齐焌称，在此情况下，反纳粹力量的顾虑在于："倘予武力解决，必大流血，甚至内乱，全国瓦解，乃友（人）等极欲避免者。"他报告说：希特勒已经决定今春对苏继续取攻势，击溃苏军占领莫斯科。然后分兵援助墨索里尼，抵抗英、美。希特勒坚信，德、意在突尼斯能支持到今秋，从而将英美联军对欧洲大陆的总攻击延至今年底或明年初。与希特勒的估计相反，德军中的反纳粹将领认为，德军对苏联的进攻必遭挫折，至多勉强招架，苏联大反攻之时，德国民众及军队必对希特勒及纳粹的残余希望尽失，届时将是反纳粹力量的举事之时。电称：

> 友等认为彼时方可有把握，不必终流血，短期内痛快解决，并认为此种事件之开始，当在今年6月，但大局演变莫测，友等亦不能预定确期。然于6月起，最近将来动作之期不远矣。

1941年沙赫特在会见齐焌时，就曾预言，反纳粹的举事时间在当年6月，现在则推迟到1943年6月了。这一年，反纳粹力量确实有所动作，不

---

[1]《致齐焌电》，《宋子文文件》，46-6。
[2]《齐焌瑞京来电》，《宋子文文件》，47-2。

过，造成巨大影响的举动还要等到1944年。

四 德国军队中的反对希特勒运动与1944年的未遂政变

克兰、沙赫特、托马斯最初希望在国内外、军内外的压力下，能够迫使希特勒"退职"。其具体计划是：在东线和西线的高级司令官按照预先约好的暗号，一齐拒绝作为总司令的希特勒的命令，借以制造混乱局势。在此情况下，前陆军参谋部总参谋长贝克大将立即依靠驻守柏林的部队，夺取政权，解除希特勒的职务。[1] 不过，他们很快认识到，这是一种幻想。1941年秋，陆军中有部分年轻军官提出："杀死希特勒是最干脆的。也许是唯一的解决办法。"[2] 于是，便有种种暗杀计划的提出，并且逐渐形成了"贝克—戈台勒—哈塞尔密谋集团"。

1942年1月中，反纳粹分子派遣驻罗马大使哈塞尔去巴黎与维茨勒本元帅秘密会谈，又去比利时和驻军司令长官法肯豪森将军会谈，策动他们参加新的密谋计划。同年春，反纳粹分子选定以贝克大将为领导。11月，反纳粹力量在斯摩棱斯克森林中举行秘密集会，原莱比锡市长戈台勒亲自劝请东线中央集团军司令克鲁格陆军元帅积极参加清除希特勒的活动。其后，又想动员保罗斯将军和曼斯坦因元帅。

1943年2月，戈台勒计划在3月份发动政变，诱使希特勒到斯摩棱斯克集团军总部，"将他干掉"。其办法：以两瓶伪装的"白酒"为炸弹，或在希特勒和将领聚会、吃饭时爆炸，或在希特勒回去的飞机上放置炸弹。以此为信号，在柏林发动政变。但是，当时雷管没有点燃。据德国资料，反纳粹密谋分子进行了不下六次暗杀希特勒的尝试。其中有一次，他们在希特勒乘飞机巡视俄国战线后方的时候，把一颗定时炸弹放在他的飞机里

---

[1] 《第三帝国的兴亡》（下卷），第1064页。
[2] 《第三帝国的兴亡》（下卷），第1064页。

面，只是因为这颗炸弹没有爆炸，密谋才告失败。

希特勒的大本营设于德国腊斯登堡的"狼窝"。1944年7月20日，陆军上校冯·施道芬堡将定时炸弹安放于希特勒作报告的会议桌一侧，准备在炸死希特勒后，立即宣布暗杀成功，切断通讯线路，在柏林的反纳粹分子立即接管首都，占领广播电台，宣布新政府成立，以贝克任国家元首，维茨勒本任武装部队总司令，戈台勒为总理。但是，由于偶然的原因，爆炸仅使希特勒受了轻伤。政变失败，在11个半小时内政变被平息。共处死4980人，逮捕7000人。

蒋介石在7月22日就确知德国发生政变，日记云："本周倭阁东条已倒，德国希特勒被刺未死，敌方之命运失败在即，固为可慰。然而敌国败后我不能自强，则虽胜犹败，究有何益乎！因之焦灼更甚矣。"[1]由于文献缺乏，我们还难于确指克兰、托马斯、沙赫特在上述政变中的具体作用，但是，可以确认的是，托马斯将军、沙赫特博士这两位和齐焌联系的人在"狼窝"事件后都被逮捕了，在1942年2月派人向蒋介石表示"忠诚"的法肯豪森将军也被逮捕了。[2]同样由于文献缺乏，我们也还难以了解蒋介石和宋子文向美方转达有关信息的后续情况，但是，上文已经阐明，蒋介石通过宋美龄向罗斯福总统通报过情况，转达过反纳粹分子的条件。当然，我们也还不了解克兰在政变中的具体活动。但是，我们可以肯定，中国方面曾向克兰的反纳粹活动提供过资助。1943年4月7日，宋子文复电齐焌："兹汇美金3万元计合瑞士法郎12万9000元，收到后，希秘密设法交克兰，最好取出钞票，分次交给，以免外间注意。"4月16日，齐焌自瑞士复电云："克兰嘱呈如下：钧座鼎力协助，无任感谢。深知办理款事异常困难。兹承高谊优待，铭感五中。实因进行要事，需款孔殷，否则不敢有扰。收据自当遵照来电，签妥交齐君矣。克兰敬候。"这里所说的"进行要事"，当然暗

---

[1] 《上星期反省录》，《蒋介石日记》（手稿本），1944年7月22日。
[2] 唐纵《在蒋介石身边八年》载："1942年2月8日，桂永清自瑞士来电，法根（肯）豪森派人表示忠诚，并对德国战争前途不甚乐观，彼不主张再大举攻俄云。"第255页，群众出版社1991年。

暗杀希特勒后，在"狼窝"总部，鲍曼、希特勒、戈林和希姆莱走在第一安全区的一条路上。右二为希特勒，他的手上缠着绷带。

指推翻希特勒的有关活动。电末，齐焌有按语云："此次又劳清神。克君感仰至深。款已到，决遵示用极妥密办法，分批拨给不误。"[1] 这当然不会是唯一的资助，在宋子文档案中，还可以查到其他资助的痕迹。由于克兰早已避居瑞士，因此，他逃过了希特勒的大逮捕。1944年12月28日，克兰曾通过齐焌致电蒋介石祝贺新年，电称："元旦在即，谨此恭贺。敬祝政躬康泰，并热望中国民族自由战争早获胜利。鄙人惟愿意忠诚不懈，贯彻始终，追随左右，以期有益于中国。"[2] 可见，他逃过了劫难。

沙赫特、托马斯被捕后，囚禁于南提罗尔的下多夫集中营里，看守他们的秘密警察正打算将他们全部处决，5月4日，盟军的先头部队赶到，法肯豪森、托马斯、沙赫特等人成为美军俘虏。1945年5月7日，《纽约时报》

[1]《宋子文文件》，47-2。
[2] 蒋中正"总统"文物，002-90103-016-191。

发表有关消息，蒋介石得知后，于5月15日致电宋子文，要他向美方通报情况，予以解救。电称：

如此消息果确，应设法与美军部交涉，由中国保证其为（对）联合国家最同情之德人，且与我联合国甚多之协助。因彼等早已在其国内独持异议，作推翻希特勒运动之重要分子也。何如？请酌。[1]

蒋介石的这封电报，意在为法肯豪森、沙赫特、托马斯等提供反纳粹的证明，以供盟军甄别。这说明，蒋介石对于有关情况是十分清楚的。

---

[1]《宋子文文件》，58-5。

宋美龄与丘吉尔

1943年11月22日，开罗会议开幕前夕，英国首相丘吉尔拜会蒋介石夫妇。见面时，丘吉尔和宋美龄之间有下列问答：

"你平时必想，丘某是一个最坏的老头儿吧？"丘问。

"要请问，你自己是否为坏人？"宋反问。

"我非恶人。"丘表白。

"如此就好了。"宋答。[1]

这一场对话很短，但很有意思。丘吉尔的提问说明他内心明白，蒋氏夫妇对他印象很坏。而宋美龄的反问也很机智。因为在蒋氏夫妇心目中，丘吉尔确实很坏，但是，这是外交场合，总不能直白回答："是。你是坏人。"如果回答"不！你是好人"呢？这虽然符合外交礼仪，但又违心，违背宋美龄对丘吉尔的认识与感情。

宋美龄与丘吉尔之间，有过一段短暂但却相当剧烈的观点交锋。

一 反对丘吉尔的"先欧后亚"论，批评其战后排挤中国的图谋

在世界反法西斯战争中，中国与英、美之间是盟友，有着共同的目标，但是，彼此间同时又存在着诸多分歧。在战略上，有"先欧后亚"与"先亚后欧"之争，即同盟国是集中力量，先击败欧洲的德国法西斯呢，还是先击败东方的日本法西斯？丘吉尔是"先欧后亚"的主张者，而蒋介石则是"先亚后欧"的主张者。双方都把美国作为游说对象，争取美国能站到自己一方来。

---

[1] 《蒋介石日记》(手稿本)，1943年11月22日。胡佛档案馆藏。

美国最初赞成"先欧后亚"，对中国的援助不是数量太少，就是迟迟不能落实。1942年6月，美国军方甚至将原已确定加入中国战场的空军调往非洲。同年11月，宋美龄访美，固然是为了治病，但也肩负争取美国政府和人民支援中国抗战的任务。1943年1月，罗斯福、丘吉尔等在北非的卡萨布兰卡召开军事会议，确定以欧洲战场为重点。同年2月12日，蒋介石指示宋在美国国会演讲时，要特别着重说明："今后世界重心将由大西洋移于太平洋，如欲获得太平洋永久和平，必须使侵略成性之日本，不能再为太平洋上之祸患。"[1] 蒋介石的这一通电报，显然是要宋美龄游说美方，将战略重心转移到太平洋方面，首先打击日本侵略势力。在整个访美过程中，宋美龄也一直在为贯彻蒋的这一战略主张而努力。

丘吉尔坚决维护其"先欧后亚"论。1943年3月21日晚，丘吉尔发表广播演说称："吾人可击败希特勒，余作此语，即表示希特勒及其作恶之力量，将被粉碎，了无余存，然后吾人终将前往世界之另一方面，惩处贪婪残暴之日本帝国，拯救中国于长久磨难之中，解放吾人本身及荷兰盟友之海外领土，并使日本对于澳洲、纽西兰及印度海岸之威胁，永远解除。"[2] 丘吉尔这里明确提出，在彻底消灭希特勒的法西斯力量，使之"了无余存"之后，才能前往"世界之另一方面"，向东方的日本法西斯进攻。

丘吉尔提议，美、英、苏三大国立即会商成立战后的世界机构，讨论"有效裁军"，审判战争"罪魁祸首及其党徒"，交还劫掠物资与美术品，防止"未来期间再发生战争"以及"广泛之饥馑"等种种问题。他说："吾人必须希望三大胜利国家之团结，确能无负其最高之职责，且彼等不仅将顾及其本身之福利，亦将顾及一切国家之福利与前途。"[3] 他并提出，在这一机构中成立欧洲委员会与亚洲委员会，而"第一件实际工作"，就是"设立

---

[1]《蒋委员长自重庆致蒋夫人电》，《战时外交》（一），第791页。
[2]《中央日报》，1943年3月23日第2版。
[3]《英相播讲战后问题，盼即会商世界机构，击败德国后惩处暴日》，《重庆大公报》，1943年3月23日第1张第2版。

欧洲委员会与确定欧洲问题之解决办法"。

从1937年起，中国人民抗击日本侵略已达6年。丘吉尔的演说完全无视中国人民长期、英勇的抗战自救历史，以高傲的姿态声称将在击败德国后到东方去"拯救中国"。这种典型的"先欧后亚"论对于渴望得到国际协同作战的中国军民来说，自然不是好消息，对于接受蒋介石委托，负有争取美国援助重任的宋美龄来说，自然也不是好消息；其由美、英、苏协商成立联合国，"总揽一切"，处理战后问题的建议，对于中国政府和中国人民来说，自然也极不公平，反映出其一贯的轻视、排挤、敌视中国的立场。

宋美龄听到丘吉尔的演说后，即深感有加以驳斥的必要。3月22日晚，她在芝加哥发表演说，总结此前的国际联盟的经验教训说："过去每一共同努力之失败，在其固有之弱点，即袭用老套把戏，互相妒忌，各谋私利。"国际联盟成立于第一次世界大战后，标榜"促进国际合作，维持国际和平与安全"，而实际上成为巩固帝国主义列强统治体系的工具。接着，她含蓄而尖锐地批评丘吉尔成立战后世界机构的意见："有若干人士之主张，对于战后各民族更密切之合作，不啻树立栏障，而犹自以为高明。"宋美龄提出："良心告诉吾人，为防止将来之毁灭与屠杀计，不应专着眼于本国之福利，而应兼顾其他民族之福利也。"[1] 这里，宋美龄实际上已经批评到了问题的核心，即丘吉尔的民族利己主义。

宋美龄的观点与蒋介石完全一致。3月24日，蒋介石日记云："丘吉尔前日演词，专以先解决欧战为唯一算盘，而称英、美、俄为三大战胜国家，实无视我国与轻侮亚洲之观念毫无改过，更无觉悟。"[2] 他感慨地在日记中写道："我国一日不能自强，则任何帝国主义亦一日不能消灭，如此人类永无自由解放之日。"[3]

宋美龄演讲前，曾致电美国总统罗斯福，请他收听自己的演讲；演讲

---

[1] 《蒋夫人在芝加哥运动场发表演讲讲词》，《战时外交》（一），第812—815页。
[2] 《蒋介石日记》（手稿本），1943年3月24日。
[3] 《蒋介石日记》（手稿本），1943年3月28日。

1943年，访问美国的宋美龄在罗斯福总统夫人的陪同下，步入美国国会大厦。

后，又主动征询罗斯福的意见。罗斯福表示，与宋有"同一感想"。美国国务卿赫尔告诉宋美龄，罗斯福正设法邀请美国"行政负责人"发表演说，"对付英国"。其后，纽约、芝加哥的报纸纷纷发表文章，肯定宋美龄的主张："以后全世界各国不得专顾一国本身的利益，而应以全人类利益为制，努力益使防止战争之再发，维持永久之和平。"[1]

尽管宋美龄在演说中不点名地驳斥了丘吉尔排挤战后中国国际地位的

---

[1]《蒋夫人自纽约致蒋委员长电》，《战时外交》（一），第841页。按，此电应为1943年3月24日发，该书误系于5月24日。

言论,但是,在美国的公众场合公开批评一个盟国的领导人总不大合适。因此,她巧妙地派人联系美国上下议院的外交委员会主席及各委员,请他们出面表态,就欧亚先后、战后中国务须列入四强及亚洲和平与中国关系等问题发表意见。[1]3月25日,美国国会民主党领袖麦克卡麦克发表演说称:"当此必须击败希特勒纳粹主义之际,远东之重要性亦不容忽视,该处有残酷且居心恶毒之敌人与吾人对峙,吾人之英勇盟友中国,亦在世界战争中之另一战场奋斗。击败希特勒诚为首要问题,然吾人亦不能容许一种印象存在,即击败日本乃吾人考量中之次要问题。余深知容许此一印象存在,则其全亚洲尤其中国人民灰心未有逾于此者,远东方面必须以勇猛不息及日益用力之态度从事作战。中国之自由独立乃美国人民所重视者。"[2]他又说:"中国于胜利之后,参加和平会议与国际会议,其地位非以一获救之儿童之地位参加,而自有其正当之地位。世界之未来和平须由美、中、英、苏四国维持。任何和平会议,如无蒋委员长领导之中国代表与其他联合国家之代表以平等之条件发言,则会议永远不能成为完善。"他明确声明:"我们不能存有击败日本为次要之观念,中国必须出席和平会议,应有他合理之地位,并非为一被救之儿童。中国为四强之一,应决定将来之和平会议。"[3]在麦克卡麦克之外,乔治、白朗等人也纷纷表态。同日,美国国务卿赫尔表示:"东西轴心均应摧败,美国不存轩轾之见。"[4]由于美国政治家们纷纷表示不同意丘吉尔的观点,迫使正在美国访问,商谈美、英、苏三国合作的英国外交部长艾登不得不出面发表演说,纠正丘吉尔的观点。

3月26日,艾登在马里兰州议会演说,强调"整个战争不可分割"。他向中国保证,"英国将协助中国对日本进行作战,直至获得最后胜利而

---

[1] 《蒋夫人自纽约致蒋委员长电》,《战时外交》(一),第841页。
[2] 《世界未来和平,须中美英苏维持》,《中央日报》,1943年3月26日第2版。
[3] 转引自《蒋夫人自纽约致孔祥熙夫人电》,《战时外交》,第842页。
[4] 《赫尔评丘吉尔演说之严正表示》,《中央日报》,1943年3月27日第2版。

后已","且中国在战后之和平期间,将与美、苏、英三国分担完全之责任。""中国不必怀疑吾人,吾人将不至忘记,(中国)多年以来独立抵抗侵略之经过。""各联合国家尤其美国、不列颠联合国、中国与苏联在平时与战时应共同行动。"[1]

艾登访美,本不打算发表演说,其所以改变主意,显然与受到宋美龄策动的美国舆论的攻势有关。在艾登发表演说的当晚,宋美龄立即向宋蔼龄通报说:

> 以前我国对外人总抱请求、客气态度,以致外人认为老实可欺。丘吉尔经妹驳斥后,艾登在美本不打算演说,其所以突然改变方针者,实因妹芝加哥演词使然。丘吉尔前屡言英、美同种血统关系。现艾登则谓自由乃个人之护照;丘吉尔完全不提中国,艾登则谓中国必为四强之一,实已改变论调。凡此种种,均系妹在美工作结果。[2]

艾登既纠正了丘吉尔演说的谬误,宋美龄立即加以肯定。27日,宋美龄在旧金山通过秘书表示:"蒋夫人聆悉英外相艾登在马里兰州发表之演说后,曾谓中国得与彼具有明确思想及诚恳目标之发言人之国家结为盟邦,实引以自豪。"[3] 宋美龄并未直接表态,而是由秘书代言,显然,宋美龄的态度有某种保留。毕竟艾登不是丘吉尔,而且,一次演说也不意味着英国政府决心改变多年来对中国的一贯恶劣态度。当时中国与英国的关系既有联合抗敌的一面,又有维护民族尊严、保卫国家权益的斗争一面,但是,这种斗争应该有节制,有分寸,硬软适宜,冷热适度,宋美龄此次驳斥丘吉尔演说,很聪明,也很策略。

---

[1]《中央日报》,1943年3月28日第2版。
[2]《蒋夫人自纽约致孔祥熙夫人电》,《战时外交》(一),第842页。按,该书将此电系于1943年5月26日,亦误。
[3]《中央日报》,1943年3月29日第2版。

在公开场合，宋美龄以秘书代言方式肯定艾登对丘吉尔错误言论的更正，有其必要，但是，蒋介石并不将此点看得很重要。在他看来，这不过是英国这个老牌殖民帝国的欺骗手段。3月28日，蒋介石日记云："丘吉尔演说遗弃我中国，其对我侮辱可谓极矣，但此为其坦白肺腑之言，实于吾有益。其后艾登虽在美为其修正补充，不过更增英国虚伪欺诈之劣行而已。"对于所谓"四强"之说，蒋介石认为，这只是一种"虚誉"，何况丘吉尔连这一种"虚名"也不肯给予中国，蒋介石强烈感到，丘吉尔无信。他在日记中写道："英国对联合国之信约及其屡次之诺言，尤其对《大西洋宪章》之煌煌宣言，皆因此消失殆尽。前后如此二人，英国拐骗手段暴露无遗，余断此拐子末日必不远矣。"[1]

丘吉尔的"先欧后亚"论将导致对东方反法西斯战场的忽视，影响美国对中国的援助。3月28日，宋美龄于旧金山记者招待会上讲话，声称美国实际上已受日本攻击，而德国对于美国的攻击迄今尚限于言论而已。[2]1941年12月，日本偷袭珍珠港，这是19世纪墨西哥战争以来美国领土第一次遭到攻击，从此，美日进入交战状态。蒋介石很欣赏宋美龄的这一论点，认为它有助于改变二战中美国长期奉行的重欧轻亚政策，在日记中写道："余妻在旧金山答记者问，而德只以口头反美之语，对美民必发生影响也。"[3]

宋美龄的观点迅速得到美国朝野的广泛同情与理解，得到英联邦国家的支持，也迫使丘吉尔修正和调整原来的战略。4月19日，澳大利亚外长伊瓦特在美国宣称，美国已表同意，盟国所受日本威胁最大，解除暴日武装始有安全。[4]27日，美国明尼苏达州众议院议员兼众院海军委员会委员梅文玛斯提出，联合国家必须改变卡萨布兰卡会议确定的战略，须同时认识

---

[1]《蒋介石日记》（手稿本），1943年3月28日。
[2]《中央日报》，1943年3月30日第2版。
[3]《蒋介石日记》（手稿本），1943年3月30日。
[4]《中央日报》，1943年4月21日第2版。

日本之威胁,立即集中美国军力,对付太平洋上的"可怖之危机"。[1]5月11日,丘吉尔率领庞大的代表团访美,与罗斯福及美国军方举行太平洋军事会议。

在此期间,美国形成更强烈的支持中国、重视太平洋战场的舆论。14日,纽约《每日新闻》刊出漫画:宋美龄与罗斯福、丘吉尔共坐,其间有巨大地球仪一具,宋美龄指着地球仪说:"尚有太平洋在。"另有漫画指出,美国对中国的援助"太少""太迟"。17日,美国参议院军事委员会委员陈德勒发表谈话,呼吁参议院和美国人民共同向罗斯福、丘吉尔施加压力,促进对日采取攻势战,而暂缓对德采取行动。陈称:美国如不将军事力量用于太平洋方面,则中国仍将遭遇重大困难之威胁。[2]在此背景下,丘吉尔的态度有所改变,罗丘会谈作出了重视太平洋战场,加强支援中国,和中国联合,共同进攻侵缅日军的一系列决定。[3]19日,丘吉尔在美国两院演讲,保证英国对日本即取发动"无休止、无怜悯性之战争",他说:"吾人一息尚存,吾人血管中一日血流不息,则吾人即将发动此种战争。""现驻印度东部之大批英军与海空军,在对日作战中,必将居于显著之地位。"他并且向中国讨好,保证给予中国以"有效与立时之援助"。[4]

早在4月14日,宋美龄就在纽约接见记者,建议由美、英、苏、中四大国成立战后世界委员会,处理有关问题。[5]因此在5月19日的演说中,丘吉尔没有重提所谓美、英、苏三大"胜利国"组建未来世界机构的问题。

显然,在反对丘吉尔的"先欧后亚"论和排挤中国战后国际地位这两个问题上,宋美龄都是胜利者。她的相关言论和作为不仅表现出她热烈的爱国主义思想,而且也表现出她卓越的外交才能。对此,蒋介石曾肯定

---

[1]《中央日报》,1943年4月30日第2版。
[2]《中央日报》,1943年5月19日第2版。
[3] 关于此次罗丘会谈的积极成果,可参看1943年5月27日宋子文致陈诚电:"此次罗丘华府会议,罗已得丘同意,不能专顾欧洲,同时太平洋各方面须向日敌攻击。对缅事有较前更切实之布置,定期执行。"见《宋子文文件》,46-6,胡佛档案馆藏。
[4]《中央日报》,1943年5月21日第2版。
[5]《中央日报》,1943年5月16日第2版。

1942年元旦，美英苏等26个国家在华盛顿举行会议，签署了《联合国家宣言》，标志着国际反法西斯统一战线最终形成。图为二战期间英国的战争海报——"大不列颠将同日本战斗到底"。

说："华盛顿罗丘会议结果对我中国战区之将来作战比前已有进步"，"此乃吾妻赴美最大之效用，比之任何租借案之获得为有益也。"[1]

二　不访问英国，不和丘吉尔见面

宋美龄飞抵美国后，于1943年2月12日在美国参众两院发表演说，受到热烈欢迎。18日，到华盛顿，罗斯福总统和夫人亲到车站迎接。19日，出席白宫记者招待会，发表谈话，罗斯福当场表示，将尽力援助中国，"上帝所能允许之事无不可办"。[2]

---

[1]《蒋介石日记》(手稿本)，1943年5月31日。
[2]《蒋介石日记》(手稿本)，1943年2月21日。

英国方面见到宋美龄访美成功，不甘落后，英国外相艾登于2月24日在下院宣布，英政府殷望蒋夫人访英。[1]两天后，英国国王与王后通过英国驻美大使哈利法克斯邀请宋美龄访英，并在白金汉宫下榻。蒋介石觉得由英王与王后的名义邀请，礼仪隆重，"却之不恭"。但是，印度独立运动领袖甘地正在狱中绝食，其生命已进入危险状态。几天前，蒋介石刚刚致电宋美龄，声称"决不愿英政府出此无人道之举动，而妨碍英国之荣誉"，要求宋美龄面商罗斯福，设法劝英国政府立即释放甘地。[2]蒋介石认为，宋美龄在这样一个特定时候接受访英邀请不是很合适，决定暂不作复，而将问题留在甘地"绝食满期，无碍或释放"之时。[3]不过，蒋介石考虑到英王与王后的邀请分量，而且考虑到中英的同盟关系，于次日迅速改变主意，致电宋美龄说："英皇英后既正式邀请，如再拒绝将甚失礼，应即应允。"[4]这样，宋美龄的访英之行似乎定案了。

3月21日丘吉尔发表的"先欧后亚"以及排挤中国的演说，使蒋介石很生气。3月26日，蒋介石致宋美龄电云："访英问题，不必肯定，亦不必答复。观丘吉尔廿一日演词，对世界问题仍无觉悟，对中国观念毫无变更，将来政治似无商榷余地。如吾人此时访英，将被视为有求于人，否则，亦只有为其轻侮，或反被其欺诈耳。"[5]蒋介石感到，英国方面邀请宋美龄访问，不过是虚应故事，不会有助于改善中英关系，也不会取得任何积极性的成果。

顾维钧是驻英大使，重视中英关系，主张中、英、美三国形成核心关系，因此赞成宋美龄访英。3月24日，顾专门飞赴旧金山，和宋详细讨论访英的利弊，动员宋"勉为一行"。[6]最初，宋美龄认为丘吉尔的演说"约

---
[1]《中央日报》，1943年2月25日，第2版。
[2]《蒋委员长自重庆致蒋夫人电》，《战时外交》（一），第802页。
[3]《蒋介石日记》（手稿本），1943年2月26日。
[4] 古达程致宋子文电，1943年2月27日。《宋子文文件》，胡佛档案馆藏。古达程是蒋身边的工作人员，经常将蒋的电报密报宋子文。
[5]《蒋委员长自贵阳致蒋夫人电》，《战时外交》（一），第818页。
[6]《驻英大使顾维钧自华盛顿呈蒋委员长电》，《战时外交》（一），第823页。

1943年宋美龄访美带到美国的抗战宣传画。左边为"中国抗战到底",右边为"中国战士是你的朋友,他为自由而战"。

翰牛"的味道太浓,不愿接受邀请。顾维钧则说明取得英国和美国的友谊对于稳定中国作为世界大国国际地位,以及对于战后国内开发和建设计划的重要。他说:"我们既需要美国,同时也需要英国在经济和技术上给与帮助。"他劝宋美龄"要讲求实际,不要意气用事"。并称:"如果拒绝邀请,将使英国丧失体面,感情受挫,以至可能完全放弃其争取中国友谊的希望。"[1] 宋美龄担心到英后的接待规格不如美国,也担心她的访英会伤害印度人民的感情,但她还是表示,只要对国家有利,她还是要去。她答应仔细考虑之后再和顾维钧研究。27日,顾维钧再次会晤宋美龄。宋称,希望先和艾登谈谈再作决定。宋觉得,艾登胸襟开阔,同情进步思想,不久前的演说又纠正了丘吉尔的蔑华言论,因此对艾登颇有好感。29日,顾维钧飞返华盛顿,与艾登商量。艾登表示,已决定于30日离开美国访问加拿

[1]《顾维钧回忆录》(5),第262页,中华书局,1987。

大，三天后即将返回英国报告，行程无法更改。顾询问艾登：有无可能在从加拿大回来之后和蒋夫人见面，艾登答称，这样会晤显得太神秘，国内可能引起各种怀疑和猜测。他保证，蒋夫人访英将受到最崇厚、隆重的接待，甚至说，如果不能令中方满意，"你们可以砍掉我的头"！[1]

艾登既托辞拒绝与宋美龄会面，宋美龄乃发表声明，说明因"体力关系"不能接受邀请。4月2日，宋美龄在旧金山召开记者招待会。会上，有记者询问宋美龄的访英计划，宋答称："深愿有此一行，然此事须由医生决定，其医生最近之一句嘱咐，乃彼在此次旅行之后，应立即返回卧室休养云。"[2]

宋美龄在和顾维钧见面之后，确曾认真考虑英国之行问题。4月4日，宋美龄的随行人员孔令杰通知顾维钧，宋美龄已有七八成准备接受英国邀请，要顾为宋草拟两份演讲稿，上下院各一份。同日下午，孔令侃则通知顾维钧，蒋夫人访英之事可能已成定局。在和宋美龄见面时，宋对顾表示，计划在5月3日左右飞赴伦敦，逗留时间不超过两周。她要顾为她至少准备三篇讲稿。28日，顾维钧会见宋美龄，准备面交拟好的讲稿，但宋告诉顾，自己身体一直不大好，荨麻疹更厉害了，也许根本去不成了。她问顾：现在先回国，今年晚些时候再去英国是否合适？顾答：英国对她的访问盼了那么久，又那么诚心诚意，不趁这个时候去，会影响效果。现在不立即从美国去，英国必然会感到失望。顾从宋美龄处告辞之后，向孔令杰打听情况，孔称："不是有了什么新情况，仅仅是她的健康问题，近几日她感到很不舒服。"[3]

这一时期，宋美龄在是否访英问题上有过犹豫，但蒋介石则仍坚决反对。4月2日，蒋介石日记云："艾登已由美国赴加拿大，而未与吾妻会晤，此乃由丘吉尔演说所造成之结果。吾妻既发表英驻美大使面邀其访英，而以体力关系未能允诺其请之意，则明示拒绝，彼自不便再谋晤面请求，此乃吾

---
[1]《顾维钧回忆录》（5），第266页，中华书局，1987。
[2]《中央日报》，1943年4月4日第2版。
[3]《顾维钧回忆录》（5），第279—281页，中华书局，1987。

妻感情与虚荣之感过甚所致，然丘吉尔既侮辱吾国至此，自无访英之理。"[1]

罗斯福也一直不赞成宋美龄访问英国。其原因：一是认为访问不会有什么成果，一是担心宋美龄的身体和安全。5月5日，宋美龄明确告诉宋子文，她不去英国了。[2]5月7日，宋美龄致电蒋介石，告以罗斯福"不希望妹至欧，盖恐使妹身体更坏，且德人闻妹在英必派机轰炸，亦属问题也。彼告妹赴英之议，现赴似非时候也，妹已定取消赴英之意也。"[3]

宋美龄决定取消访英计划不久，适逢丘吉尔再次访问美国，准备和罗斯福举行第五次会谈，并召开太平洋会议。蒋介石希望宋美龄乘此机会与丘吉尔会晤，他致电宋子文说："三妹既不访英，则乘丘在美之机，最好与之会晤一次，此乃政治上之常道，不能专尚意见与感情，照现在外交形势似有谋晤之必要也。请与三妹详商之。"[4]同日，蒋介石再电宋美龄劝告说："丘吉尔既到华府，如能与其相见面，则于公私皆有益。此正吾人政治家应有之风度，不必计较其个人过去之态度，更不必存意气，但亦必须不失吾人之荣誉与立场。"[5]他建议由顾维钧出面与英使哈立法克斯先行接洽，而后由罗斯福总统介绍。[6]连发两电之后，蒋介石仍不放心，于15日再发第三电，电称："此次丘吉尔在美，终须设法会面方好。"这时候，蒋介石正怀疑美国方面不赞成宋美龄与丘吉尔会晤另有用心，因此特别提醒宋警惕："各方面或有不愿丘与吾爱相晤者，应加注意。"但是，蒋介石也觉得，由中方自动要求与丘吉尔会面抑亦不便，因此提出一种曲折方法，设法让英使哈立法克斯知悉，促成会见。蒋介石特别叮嘱，在与丘吉尔会见时，如丘面约访英，则当面允其请。"以最近经验与国际形势，吾爱能顺道访

---

[1]《蒋介石日记》（手稿本）。
[2]《顾维钧回忆录》（5），第286、288页，中华书局，1987。
[3]《蒋夫人自纽约致蒋委员长电》，《战时外交》（一），《中华民国重要史料初编》，中国国民党中央委员会党史委员会编印，第835—836页，1981。
[4]《蒋委员长自重庆致外交部长宋子文电》，《战时外交》（三），第229页。
[5]《战时外交》（一），第839页。
[6]《战时外交》（一），第839页。

> Washington, D. C.
> May 18, 1943
>
> My dear Sister:
>
> These are fateful days for China and the Chinese people. Therefore I feel Kai-shek is right in urging that you see Churchill during his present trip. Churchill is really physically unable to come to New York, and the President's idea of giving a luncheon for you both is an excellent way out. I saw the President today and he again inquired if you will attend; after all we must remember that we are all in this country as his guests.
>
> The part you have played and are still called upon to play in moulding Chinese relations with the Western world is a matter of historic record. In this critical time in our history it is most important that we keep on friendly relations with the British and you could make a real contribution now.
>
> Affectionately yours,
>
> Madame Chiang Kai-shek
> New York City

宋子文认为，英国的支持对中国的抗战至关重要，因此于1943年5月18日写信给在美国的宋美龄，希望她能与英国首相丘吉尔会面。此为该信函的复印件。

英，实与中国有益也。"[1]

丘吉尔抵达华盛顿后，罗斯福夫人立即到纽约会见宋美龄，告诉宋，丘吉尔愿意有机会见见蒋夫人，她相信重庆也愿意蒋夫人会见丘吉尔。孔令侃要顾维钧去华盛顿会见哈立法克斯，以顾的名义提出约会建议。孔并且提出，蒋夫人是女性，由丘吉尔来拜望比较合适。5月15日，顾维钧到华盛顿会见哈立法克斯，表示宋、丘谈一次，胜过我们谈十次，对两国关系会有好影响。16日，哈立法克斯通知顾维钧，丘吉尔称，罗斯福总统将邀请蒋夫人于23日（星期五）到白宫参加午宴。宋子文得悉后也认为宋美龄应该出席。他说："中英关系不大好，再来一次误会会使局面更糟。"不

---

[1]《蒋"总统"家书》，1943年5月15日，第399号。（台北）"国史馆"藏。

过，宋美龄还是以已与医生约定打针时间而断然拒绝了这次邀请。孔令侃向顾维钧解释道："作为妇女，应该由丘吉尔来拜会；作为政治家，只能双方迁就。她最多可以在（纽约）海德公园接见他。"孔并称："现在中国对日战争不很顺利，蒋夫人不应显得过分迁就。不然的话，他们会爬到她头上的。"[1] 罗斯福明白宋美龄的拒绝理由不过是托词，将午宴改到26日（星期一），但仍然遭到宋美龄的拒绝。顾维钧告诉哈立法克斯说：宋美龄正在进行一系列治疗，疗程不宜中断，坐火车到华盛顿将使疗程停歇过久。5月26日，宋美龄亲自对顾维钧说，丘吉尔目中无人，一定要她去华盛顿见他，她谢绝了。因为在国际关系和个人关系上，礼仪和尊严都至关重要，必不可少。她表示同意顾的观点："在外交上个人仪表和风度至关重要，缺少这些，就会处于不利地位。"[2] 宋美龄告诉顾，肯尼迪曾告诉她，丘吉尔非常想和她见面。当顾表示这样当然可以给丘吉尔脸上增光时，宋美龄立即表示："放心，不会帮他这个忙。"[3]

蒋介石不赞成宋美龄拒绝与丘吉尔会晤的决定。5月18日日记云："正午，接妻电，不愿与丘吉尔会晤，固执己见，而置政策于不顾，幸子文尚能识大体，遵命与英美抗争也。"[4] 据说，当罗斯福听到宋美龄拒绝到华盛顿会见丘吉尔时，曾经惊呼："那个女人疯了！"多年以后，顾维钧在撰写回忆录时也表示："原因可能是妇女往往比较主观，或许蒋夫人在这件事情上又比较感情用事。我不知道她是否曾和委员长充分商量过。无论怎么说，被邀访英和在美国未同丘吉尔会晤这两件事，处理欠妥。我对两事均甚惋惜，我深知英国人也不愉快。"[5] 蒋、顾的看法是见解之一，对于宋美龄不见丘吉尔一事，人们可以有各种各样的见解。可能有人以为不妥，有人以为正确。这里要指出的是，当时英国是强国，丘吉尔是英国的首相，

[1]《顾维钧回忆录》（5），第302页，中华书局，1987。
[2]《顾维钧回忆录》（5），第307-308页，中华书局，1987。
[3]《顾维钧回忆录》（5），第308页，中华书局，1987。
[4]《蒋介石日记》手稿本。
[5]《顾维钧回忆录》（5），第312页，中华书局，1987。

1943年宋美龄访美期间，拒绝与同在美国的丘吉尔会晤，直到几个月后的开罗会议上，二人才正式会面。

事实上是英国的第一把手。在这样一个老大帝国的首相面前，宋美龄投以藐视，力图保持自己的，事实上也是民族的尊严，而毫无趋炎附势的奴颜媚骨，这是难能可贵的。

蒋介石与尼赫鲁

尼赫鲁是印度民族解放运动的重要领袖，曾任印度民族主义政党国民大会党（国大党）总书记、主席，其地位仅次于倡导不合作运动的甘地。中国抗日战争期间，他和蒋介石关系密切，互动频繁。研究他们之间的交往，可以推进近代中印关系史研究的深入，也可以帮助人们了解蒋介石对印度民族解放运动的同情和他为争取世界反法西斯战争胜利而做出的努力。

一　尼赫鲁访华，会见蒋介石，确定中印两党合作原则

从卢沟桥事变起，至1939年6月，中国独力抗击日本侵略已近两年。在这一段时期内，中国国内各派、各地区实现了前所未有的团结，昔日血肉拼杀、不共戴天的国民党与共产党实现和解，并肩对敌。这种情况，对于长期沦为英国殖民地，国内民族分裂、政党对立的印度爱国者来说，自然具有强大的吸引力。

尼赫鲁是印度民族解放运动中的激进左翼。早在中国全面抗战爆发后不久，尼赫鲁就倡议举行"中国日"，届时全印各地集会，谴责日本侵略。次年，尼赫鲁又倡议组织医疗队援华。1939年6月15日，尼赫鲁发表题为《中国》的文章，阐述中国对于世界、亚洲和对于印度的重要性。文章特别歌颂中国的抗战，中称：

她（中国）所以对我们是件重大新闻的，尤其是因为她的英勇抗战，以及其克服种种重大困难的精神。唯有伟大的民族才能完成这种伟业。他们所以伟大，不仅因为他们是伟大的过去的继承者，而且因为他们已经建

立将来占重要地位的基础……在战争残酷与暴乱的背后，具有重要意义的事情正在中国发生。建立于她的文化而抛弃其陈腐弱点的新中国正在兴起，团结健壮、现代化而具有人道的世界观。中国在艰苦岁月中完成的统一，确实是惊人而予我们以鼓励，不仅是在国防上统一，而且在建国的工作上也是统一的。在战线的后面，在尚未开发的广大后方，伟大的建设计划都在进行，在使整个国家改观。[1]

他说："这是在战争烟火和大规模破坏中生长起来的新中国，我们有许多的事情应当向她学习。"

同年8月18日，尼赫鲁再次发表题为《我到中国去》的文章，中称：

我到中国去，因为那个伟大的国家在种种方面引动我。……中国是近日自由斗争中伟大勇敢的象征，是历尽空前苦难而不屈的决心、共御外侮的象征，我要带给她我的敬意和安慰。[2]

他表示："我希望，我能带回来，中国人民于大难当前的时候所表现的勇气与乐观，以及他们精诚团结的情形。"

尼赫鲁访华之前，中国各团体已经组成欢迎印度国民党尼赫鲁先生筹备会。8月23日，《中央日报》发表社论，赞美尼赫鲁"抱定求全印民族自由解放的宏愿，牺牲个人尘世一切享受。在铁窗生活中，度过他生命史中最美丽的一段"。[3]当日，由朱家骅、陈铭枢、刘峙分别代表国民党中央党部及中国各民众团体到机场欢迎，向尼赫鲁呈送中国93个团体的欢迎书。在欢迎大会上，吴稚晖致辞称："我们抗战为了自己的生存，同时更为了东亚的幸福，世界的和平。中国和印度是代表亚洲文化东方精神的大国，我

---

[1] 刘圣斌：《印度与世界大战》，第133页，（重庆）1944年11月版。
[2] 刘圣斌：《印度与世界大战》，第134页。
[3] 《欢迎尼赫鲁氏》，《中央日报》，1939年8月23日第2版。

们这种至大至高的精神是相通的。"尼赫鲁在答词中表示:"中国已向侵略反击了。我代表全印人民的领袖甘地、全印代表大会主席、印度诗圣泰戈尔三先生,带来最崇高的敬意。"他说:"我个人到中国来希望完成两件任务:第一是能够把甘地等先生的意思转达给中国的领袖,第二是希望使全印人民的援华行动更实际而具体。"[1]25日,尼赫鲁在重庆新闻界茶会上公开表示:"印度多数人民在国民党领导下,从事援华制日运动。"[2]

尼赫鲁到达重庆后,即拜会蒋介石。26日中午,蒋介石与宋美龄设宴欢迎尼赫鲁。下午,参加由行政院长孔祥熙主持的茶会。当日,蒋介石在拟定本星期工作纲目时,列入"研究对印度合作计划"一项。[3]28日,蒋介石邀请尼赫鲁到重庆黄山官邸宿夜,畅谈印度革命方略。当夜,日机夜袭重庆三次,蒋介石与尼赫鲁在防空洞中继续秉烛夜谈。尼赫鲁长

贾瓦哈拉尔·尼赫鲁,印度前总理,任期为1947年到1964年。他是印度独立运动的参与人,也是不结盟运动的创始人。

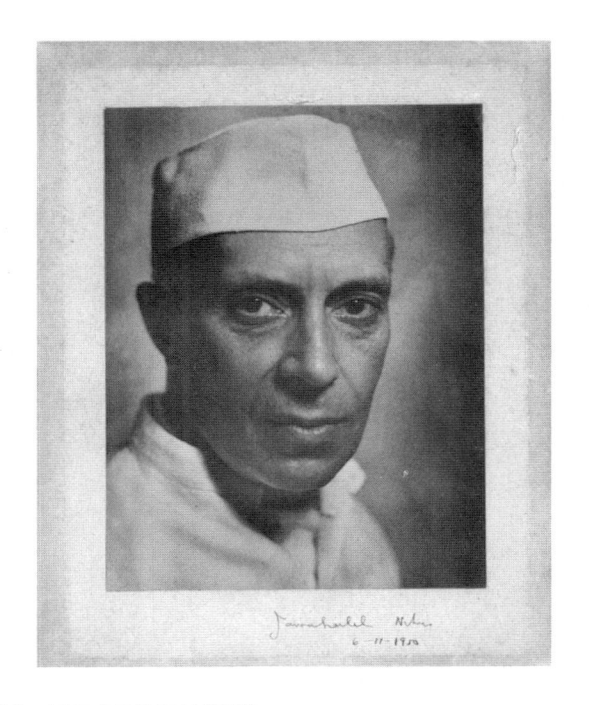

[1]《中印历史的新一章》,《中央日报》,1939年8月24日第2版。
[2]《中央日报》,1939年8月26日第2版。
[3]《蒋介石日记》(手稿本),胡佛档案馆藏。

话不断，蒋介石除询问印度农民的组织情形外，大部分时间都在静听，谈话几乎成了尼赫鲁的个人"独白"。尼赫鲁重点向蒋介石介绍印度国民大会党的情况："国民大会为推进印度民族运动之中心，议员多数为国民党员。各省有省国民会议监督省政府。"他批评"英国政府尽其力量所及阻碍印度独立"，并且告诉蒋，意大利、德国都渴望"与印度缔结友谊"。他同意蒋介石的提议：中印"于促进双方之谅解外，必须密切合作"。[1]蒋介石对这次和尼赫鲁的夜谈很满意，在日记中写道："印度同志来我家住宿，以尼为最也。"[2]

8月29日，尼赫鲁向蒋介石提交《发展中印关系意见书》，中称：

我们过去和中国的接触实在有限得很，我此次到中国的原因也是渴望增加中印的联系，并考察中国发生的各种事情。我到中国以后发现蒋委员长对于促进中印关系的希望也有同感。

中国目前绝大的事便是如何抵抗日本的侵略，以及如何打退日本而建立完全的自由。这是中国第一个主要的问题，其他的事都属次要。我们在印度的第一个问题，也是如何争取我们的自由，其他的事都属次要。

我们所对付的对方也是一个极大的国家，他的军队抓住了我们的国家，在行政、财政、经济各方面都已在我国种下深根。我们的人民还有点惰性，拿一个没有武装而消沉的民族来向一大帝国挑战，可知我们的工作是极为艰巨的……英帝国主义总是想不顾一切地摧毁我们……我深信我们印度对中国这些运动和活动也可以资为学习的资料。同时也深信中国可以在我们的经验中得到利益。

《意见书》提出建议七条：

---

[1]《记录》，1939年8月28日，《蒋中正"总统"档案·特交档》，光盘，08A-01786，以下所引光盘，均同。
[2]《蒋介石日记》（手稿本），1939年8月28日。

1. 应当设立一个交换两国情报的有效而经常的组织。

2. 双方交换专家。

3. 大学间的文化提携。

4. 两国间的民族运动也应当借转递消息等工作取得直接的联络。

5. 将于今年圣诞节至新年一周间举行印度国民党大会年会，中国可派遣代表列席。

6. 中国与印度对于欧洲及世界的巨大变动，仍应及早发展一个共同的政策。目下关于中国方面最重要的问题是阻止英、日作不利中国的妥协，此外，乃是印度独立问题。我以为最近的将来，在印度召集一个小规模的反侵略局部会议，由中国等派遣代表出席，倒是一个很好的办法。借反侵略会谋中印的合作，一定能产生良好的结果。

7. 中、印的各种专门团体也应有直接的联络（工业合作社与全印农村工业协会等）。[1]

蒋介石很重视尼赫鲁的这份《意见书》，立即发交郑彦棻、李维果、叶溯中三人研究。郑等与尼赫鲁讨论，确定中方原则如下：

1. 本党所领导之国民革命与印度国民党所领导之印度独立运动目的相同，休戚与共，对日本抗战之胜利实为印度独立运动成功之先决条件，印度在此时期，宜以全力协助中国，反对日本，并阻止英日合作。

2. 本党与印度革命党应暗中密切联系，先从宣传方面谋取一致，进而发展政治上之实际合作，在表面上则借托种种文化合作事业之方式，一面树立中印合作之根本基础，一面便利中印间政治合作之实际进行。

3. 一切中印合作之种种活动，由本党及印度国民党负实际策动之责，在表面上可利用原有中印学会之组织，由两党指定参加人选，改组充实，对外一切即以该会名义行之。此外再各指定若干现有之宗教学术教育及社

---

[1]《蒋中正"总统"档案·特交档》，（台北）"国史馆"藏光盘，08A-01786。按，此件亦见于（台北）中国国民党党史馆藏，特13，1-14，题为《尼赫鲁先生发展中印关系意见书译文节要》，文字不尽相同。

会等机关团体，与该会密切联络，参加各项文化合作事业之工作。

双方同时商定《中印文化合作办法大纲草案》：1. 交换教授，承担各大学讲座。2. 互相选送留学生。3. 交换图书，分别译成中文或印文。4. 交换情报，设中央通讯社分社于加尔各答，支社于孟买。5. 互相派遣考察团、访问团，或派遣专家调查考察或联络。6. 本党派代表参与印度国民党本届年会盛典。7. 令中国、交通两行在加尔各答、孟买两地设立分行。8. 改组并充实中印学会，我方并指定25个机关及团体参加合作。[1]

尼赫鲁于8月31日飞成都访问。9月2日，飞返重庆。尼赫鲁预定访问中国的时间为半个月。本来还准备飞赴桂林，并曾接受毛泽东邀请，拟赴延安访问，但因为欧战于9月1日爆发，国民大会党电催尼赫鲁回国，尼

1939年8月，来华访问的印度国大党领袖尼赫鲁（右二）在重庆八路军办事处与叶剑英（右一）、王炳南（右四）、王安娜（右三）合影。

---

[1]《陈立夫、朱家骅报告》，1939年10月6日。（台北）中国国民党党史馆档案，特13，1-2。

不得不提前返印。当日，蒋介石与尼赫鲁话别，二人商定"中印合作与组织办法"。蒋介石赠尼赫鲁照片一张，以为纪念。蒋对尼赫鲁很欣赏，日记云："其人思想与言行，皆甚有条理也。"[1] 9月5日，尼赫鲁返印。他在华共13天。行前，尼赫鲁表示："贵国人民之迎我，实即系欢迎印度民族也。中印合作，有其必然性。"[2]

抗战中的中国给尼赫鲁留下了极好的印象。据中国驻加尔各答总领事黄朝琴9月10日致国内电云："渠昨回印，对我亲印热诚，万分感激，相信中印外交从此益臻亲密，对委员长领导全国抗战建国努力，尤表钦佩。"[3] 其后，尼赫鲁出版《中国、西班牙与战争》(China, Spain and the War) 一书，内收其访华日记，在序言中，他说：

我发现中国人民不仅是一个智慧精致而深受其伟大历史熏陶的民族，同时也是富于活力的民族，充满了生气和精力，是能适应现代环境的。即使一个普通老百姓，脸上也表现出数千年文化的迹象，这倒是我所预料到的。但是，予我印象最深的，乃是新中国的伟大活力，我固然不配判断军事的局势，但是，我绝不相信，具有活力与决心，而又有数千年文化历史作后盾的民族，会被外力所摧毁。[4]

尼赫鲁此次访华，开启了中印关系的新篇章。泰戈尔为此写信，祝贺他在两大民族间"促成了新的情谊"。[5]

---

[1]《蒋介石日记》(手稿本)，1939年9月2日。
[2]《中央日报》，1939年9月2日第3版。
[3]《黄朝琴电》，特交档，(台北)"国史馆"藏光盘，01790。
[4] 刘圣斌:《印度与世界大战》，第134—135页。
[5]《新华日报》，1939年9月12日。

二　蒋介石亲自策划戴传贤访印

1939年10月，印度国民大会党举行年会。根据双方商定的《中印文化合作办法大纲草案》，国民党应派代表参加。为避免英国政府误会，不给日本政府提供离间中英邦交的机会，国民党决定仅派"中央研究院"历史语言研究所所长、当时没有国民党党籍的学者傅斯年前往参加，但因故未能成行。[1]同年11月10日，时任考试院院长的戴传贤（季陶）受命作为中国国民党代表访问印度。戴传贤访印是在蒋介石亲自策划和指导下进行的。行前，蒋介石作了详尽的书面指示，其前三点称：

1. 必须十分至诚。

2. 对一切种族、宗教、阶级，绝对平等。

3. 希望印度迅速完成精神上物质上之统一。惟此统一之印度，为中印两国能作切实真正结合之基础（宜微言婉词，以间接方法动之）。[2]

印度是个民族关系、宗教、阶级关系极为复杂的国家。国民一部分信仰印度教，一部分信仰伊斯兰教，另有一部分则为地位低下的"贱民"，各派长期对立。因此，蒋介石以上三点指示，具有强烈的针对性。在接下来的第八点中，蒋介石特别指示："立论时处处宜顾到彼等之种族自尊心"，"最好就吾国数十年成功失败种种经验，用巧妙方法说明之，使其自起感动。如说明革命团体如何由小而大，由分而合，各种宗教如何在国家至上之伟大目的下，共同努力，庶几能引起彼等若干觉悟也。"

10月15日，蒋介石手书致泰戈尔、甘地、尼赫鲁三人各一函，托戴转呈。致泰戈尔函称：

---

[1] 中国国民党党史馆藏，特13，1-5。
[2] 《戴院长访印前手函摘录》，(台北)"国史馆"藏光盘，08A，01786。

近闻尊体违和，无任系念。兹戴季陶先生南来访问贵国，并候起居，以示仰慕想念之意。戴先生与中正均对先生所主持之国际大学与中国学员深致关切，以系中印两民族文化之交换与合作，甚望有所指示。忆自1938年互通书翰以来，又将两载，强暴未戢，世变方殷，亚洲文明之保卫，实为我中印两大民族之责任。先生一代哲人，高瞻远瞩，知必有以见教也。[1]

致甘地函称：

春间接诵手翰，如亲睹觌，感慰之至。先生领导全印人民，坚毅奋斗，如此摩顶放踵之伟大精神，足令世界人民一致感奋。遐念高贤，弥切钦佩！兹由中国国民党代表戴季陶先生访问贵国，特致拳拳敬慕之忱。现在日本野心日炽，印度洋之变患方殷，我中印两大民族对于抑制戎首，保卫亚洲文明具有重大之责任，想先生洞瞩全局，必有善为转旋之道也。未尽之意，均请戴先生面达，敬祝康健。

蒋介石致泰戈尔、甘地函，均称"先生"，以示尊崇，而致尼赫鲁函则特称"同志"，以示亲密。函称：

去年台驾惠临敝国，屡获晤谈，饫闻高论，佩慰至今。别后怀想丰仪，盖未尝一日去怀也。敝国抗御暴日，全国军民，意志弥坚。深维世界反乱为治之枢机，实赖我亚洲民族共同之奋斗。现在日本野心日张，世界演变益烈，为保卫吾人整个之自由，必先除扰乱亚洲之戎首。知贵国诸领袖盱衡世局，必能熟权缓急先后之宜，与我中国为同声之应也。兹由中国国民党代表来访贵国，报聘专候起居，并致拳拳之意，诸惟亮察。

---

[1]《函稿一》，(台北)"国史馆"藏光盘，08A，01786。

印度长期处于英国的殖民统治之下，甘地、尼赫鲁的国民大会党以反英为主要斗争目标，而当时的英国又是国际反法西斯战线的成员之一，因此，蒋介石此函着重说明日本的侵略野心，要求国民大会党"先除扰乱亚洲之戎首"，将反对日本侵略作为首要斗争目标。

英国将印度看成是自己的禁脔，也知道中国亲近尼赫鲁的国民大会党。10月25日，英国政府印度部长在接见中国驻英大使郭泰祺时特别关照，不可偏向国民大会党，而要同时联络伊斯兰教及各省各王公，"最好能发展两国间之商务经济关系"，不谈政治。[1]30日，蒋介石复电郭泰祺，说明戴传贤访印，"完全为报聘与联络性质，切劝印度各党派能与英合作为主旨，而中印进行经济之工作，则非此次任务"。[2]

英国参战并未与印度商量。1939年9月14日，国民大会党通过由尼赫鲁起草的决议，谴责英国越权为印度人民决定和战问题，表示对战争采取中立。10月13日，甘地提出开展非暴力的抵抗运动。11月10日，尼赫鲁因准备进行反战宣传被捕。戴传贤抵达印度之际，尼赫鲁正在狱中，因此，戴传贤亲到尼家表示慰问，向尼赫鲁的妹妹潘第提夫人转达蒋介石的意见，建议印度国民大会党"应该利用世界大战的机会"有所作为。[3]尼赫鲁曾特派国大党外国部主任德士加博士到加尔各答中国领事馆表示欢迎之意。[4]又以《一位贵宾》为题发表文章，称赞戴传贤是"正在为争取自由而英勇斗争的伟大人民和国家的伟大代表"，其来访是"中印两国友谊日益密切的象征"。文章表示，中印两国"在将来都占重要地位"，"我们便当亲密起来，而互相学习与切磋"。[5]12月9日，戴传贤访问泰戈尔创办的国际大学。泰戈尔因病未能出席欢迎会，他在亲撰的欢迎词中，认为戴传贤等访

---

[1]《郭泰祺致重庆外交部电》，1940年10月26日。（台北）"国史馆"藏光盘。08A-01786。
[2]《蒋介石复郭泰祺电》，1940年10月30日。同上。
[3]《战时外交》（三），第407页。
[4] 黄朝琴《致季陶院座函》，"戴前院长访问印度、缅甸"，"外交部"档案，012.21/0005，（台北）"中研院"档案馆11-EAP02660。
[5] 刘圣斌：《印度与世界大战》，第135-136页。

戴季陶（1891—1949），名传贤，字季陶，中国国民党元老，早年留学日本，加入同盟会。辛亥革命后追随孙中山。曾先后担任黄埔军校政治部主任、国立中山大学校长、国民党中央宣传部长、考试院院长等职，是蒋介石的忠实"智囊"。

印是"中印两国之悠久文化重新发生密切关系的另一新阶段"，"此两种文化的重生联系，乃当代重大事件之一"。戴传贤则充分肯定多年前泰戈尔访问中国的贡献，认为这一访问激起了中国的文艺复兴运动，"改变了对科学的盲目崇拜心理"。[1]

当年12月中旬，戴传贤回国。他带回了印度人民的友谊，也带回了甘地、泰戈尔给蒋介石的回信。甘地11月26日函称："蒙殷勤垂念，不遗在远，感何可言。戴季陶先生转达尊意，并已领悉。""甘深信访问团已使贵我两国愈接近矣。甘所祷求者，贵国之解放能更早实现。"泰戈尔函称："我更相信，中国在现时代中，还有一个应该完成的使命，中国必须把科学与科学组织的合理方法及东方固有的智慧与人道结合起来，才能取得亚洲与全世界的领导地位。"[2]泰戈尔批判欧洲"正在为了无情的'效率'牺牲

---

[1] 刘圣斌：《印度与世界大战》，第135-136页。
[2] 《甘地先生来函》，(台北)"国史馆"藏光盘，08A-01786。

了它的文化与人道",赞美中国"替东方与西方同样地树立了一个光荣的榜样,证验了近代的效率如何能和一个不朽的文化配合起来"。泰戈尔表示相信:"中国经过进一步的应用这种调和科学与人道的天才,将来定能辅助印度完成它建国之大业。"[1]

尼赫鲁一直到戴传贤离开印度之后才读到蒋介石的来信。当时,形势更加严酷,国民大会党的各级负责人都已被捕。尼赫鲁于12月17日回函蒋介石说:

无论已成之环境如何,无论将来发生何种变迁,皆不能摇动尼对于贵国胜利之坚强信念,正如尼深信印度必有光明之前途。尼深觉亚洲与欧洲之一切问题,皆彼此联系而不可分,吾人乃不能不密切注意世界大局之发展。戴博士之来游,必使敝国人民更真实了解贵国之奋斗,因而使彼等更接近贵国,尼固可以想象及之。[2]

直到1941年12月3日,战争形势更加紧迫,尼赫鲁才被英印政府释放。

三 蒋介石夫妇访印,渴望会见甘地与尼赫鲁,英印政府多方设限

1941年年末,美国总统罗斯福征得英国及荷兰政府同意,提议成立中国战区最高统帅部,请蒋介石负责指挥在中国、安南、泰国境内活动的联合国部队,同时由中、英、美三国政府代表组织联合计划作战参谋部。这样,蒋介石就不仅需要考虑中国抗战问题,而且要进一步考虑如何在亚洲地区遏阻日本侵略。1942年1月2日,蒋介石复电罗斯福,同意担任中泰地区统帅。他要罗转告丘吉尔,研究在大战期间,如何使印度及南洋各殖

---

[1]《泰戈尔来函》,(台北)"国史馆"藏光盘,08A-01786。
[2]《尼赫鲁来函》,(台北)"国史馆"藏光盘,08A-01786。

民地民族贡献人力、物力，而不为敌国所煽惑。[1]同日，蒋介石指令驻美大使胡适在中美英苏四国宣言上签字，罗斯福特别当面向宋子文表示："欢迎中国为四强之一。"蒋介石得知消息，既兴奋，又惶恐，日记云："甚恐名不符实，故更戒惧不胜也。"[2]

1月23日，蒋介石研究访问缅甸和印度的计划，日记云："此时访问缅甸、印度，最为相宜，可为战后对英植一重要政策之根基也。"[3]2月1日，蒋介石确定访印目的五点：1. 劝英印互让合作；2. 劝印多出兵出力；3. 劝英允印自治；4. 为将来中印合作打下基础；5. 宣传三民主义。[4]印度是亚洲仅次于中国的第二大国，蒋介石考虑亚洲战局，第一位的当然是印度。然而，一想到印度，蒋介石就十分揪心。一方面，中国和英国已是反对德、意、日法西斯的同盟国；另一方面，以甘地、尼赫鲁为代表的国民大会党长期反对英国对印度的殖民统治，拒绝支持英国作战。在这种情况下，德、意、日三国政府觉得有机可乘，便设法拉拢国民大会党，企图让印度站到轴心国方面来；同时，在国民大会党内部，也出现了联络轴心国，企图借势摆脱英国统治的危险倾向。基于上述情况，蒋介石决定其访印的首要目的是劝说双方各作让步，合作抗日。行前，戴传贤、陈布雷均劝阻，希望蒋在战争好转后再去。蒋称："汝等只知其一，不知其二，世界上苟能四亿五千万民族与三亿五千万民族联合一致，岂非大佳事！"[5]

2月4日，蒋介石夫妇到达缅甸腊戍。5日，到加尔各答，开始对印度的访问。他审阅尼赫鲁前年来华时所提《发展中印关系意见书》，再一次感叹尼赫鲁"见解与学问非凡"。[6]次日，他嘱咐宋美龄致函尼赫鲁，邀其来见。[7]9日，抵达新德里，得悉尼赫鲁将于次晨来见，蒋介石很高兴，立即

---

[1]《蒋介石日记》，1942年1月2日，《团勉记》稿本（卷70），（台北）"国史馆"藏。
[2]《上星期反省录》，《蒋介石日记》（手稿本），1942年1月3日。
[3]《蒋介石日记》，1942年1月23日，《团勉记》稿本（卷70）。
[4]《蒋介石日记》，1942年2月1日，《团勉记》稿本（卷70）。
[5] 唐纵：《在蒋介石身边八年》，第255页。
[6]《蒋介石日记》（手稿本），1942年2月5日。
[7]《蒋介石日记》（手稿本），1942年2月6日。

与宋美龄商量接待与叙谈时间。

蒋介石渴望见到甘地与尼赫鲁，但是，英国方面对此却不很高兴。10日一早，英国驻华大使卡尔赶来，向蒋介石转达印度总督林里资哥的意见，要求蒋不必亲到甘地的居住地华达（或译华尔达、瓦达）会见甘地，以免抬高其地位和声望，损害英国体面。同时卡尔也向蒋提出，应该首先拜访印度总督详谈，然后才能会见尼赫鲁。蒋介石很失望，不得已，嘱咐宋美龄先见尼赫鲁。[1]当日，蒋介石往访印度总督林里资哥，提出英国应立即宣布印度为自治领，印度人则暂时放弃完全独立的调和方案。谈话中，印度总督向宋美龄提出，勿先见尼赫鲁，宋拒绝。傍晚，尼赫鲁来见，会谈一小时，未有结论。[2]

2月11日，蒋介石接见印度国民大会主席阿柴德和执行委员尼赫鲁。阿柴德向蒋介石表示，印度国民对于中国抵抗日本侵略恒表同情，但是，手足为英国所桎梏，只有在英国人给印度独立的情况下，印度才可能协助战争。蒋介石表示，在获得完全自由之前，必须经过若干阶段，建议用"间接方法"和"政治策略"达到自由的目的。阿柴德立即否定蒋的意见，认为获得独立，中间并无经过的阶段。他说：自由就是我们的最后阶段，也就是我们所企求的唯一阶段。蒋介石询问，印度可否先取得自治领的地位，然后独立？尼赫鲁回答：倘若是真正交付实权，国民大会必加考虑。他向蒋介石表示："阁下的劝告将永为我们的南针，将来说不定会有采用的机会。"[3]会谈后，卡尔再次来见，转达总督意见：不可往孟买见甘地，只能召甘地来见，否则将使甘地与总督地位平等，使总督失去体面，总督将受伦敦政府的处分。蒋介石觉得非常奇怪，加以反驳，愤怒地表示将直接回国。当夜11点，卡尔来函，同意蒋介石赴孟买会见甘地。[4]12日，丘吉

---

[1]《蒋介石日记》，1942年2月10日，《困勉记》稿本（卷70）。
[2]《蒋介石日记》，1942年2月10日，《困勉记》稿本（卷70）。
[3]《战时外交》（三），第364—365页。
[4]《蒋介石日记》，1942年2月11日，《困勉记》稿本（卷70）。

尔来电，重申不可赴华达亲访甘地。蒋介石很不高兴，于次日回电称，请不必"悬虑"，早已放弃此想矣。[1]

2月14日，蒋介石反省几天来的访问，深觉未能尽如己愿，自我安慰说："余惟以至诚忠告，尽我心力而已。"[2]当晚，蒋介石收到甘地函电各一件，为"吾人所不能控制之环境"而不能相见深感惋惜，函称："任何国家一旦失去自由，乃千百年长久之损失。"[3]蒋介石读后悲伤不已，深觉亡国者失去自由的痛苦，决心与甘地见面。15日，蒋介石召见卡尔，表示在离开印度之前，必须会见甘地。蒋称：见面后或可转移甘地对英国的态度，大有益于同盟国的共同作战。他决定选择泰戈尔的国际大学为会晤地点。午后，蒋介石召见尼赫鲁，告以必须与甘地见面，才能够慰藉平生，不虚此行。蒋并详谈印度现下应取的革命策略，"渐进而不宜极端"。尼赫鲁答应致电甘地，商量会晤地点。[4]当晚，尼赫鲁告诉蒋介石，甘地因有友人之丧，建议在加尔各答相会。

四 蒋介石与尼赫鲁的三次谈话

蒋介石在印期间，与印度孟加拉省长赫白脱、印度总督林里资哥、英国印度军总司令哈特莱、印度政府各行政委员、尼泊尔王子、印度国民大会主席阿柴德、不合作运动领导人甘地、印度回教同盟会会长真纳以及土邦王公等人多次谈话，但其中见面最多，谈话最多的则是尼赫鲁。

2月12日，蒋介石在新德里与尼赫鲁单独会晤。蒋向尼询问11日谈话后阿柴德对印度首先取得自治领这一建议的态度。尼赫鲁声称：必须予印度民众以实权，让我们自己决定建设哪一种方式的政府。[5]16日，蒋介石自

[1] 《蒋介石日记》(手稿本)，1942年2月13日。
[2] 《上星期反省录》，《蒋介石日记》(手稿本)，1942年2月14日。
[3] 《战时外交》(三)，第365页。
[4] 《蒋介石日记》(手稿本)，1942年2月15日。
[5] 《战时外交》(三)，第376-377页。

新德里返回加尔各答，得悉甘地复英人函称：轴心国如能驱逐在印英人，"彼于消极的可表满意"。又见到尼赫鲁对报界的谈话，激烈攻击英印政府。蒋介石觉得甘地的言论太"过分"，而尼赫鲁"作极端之态势"，不为中国的调停"留一丝余地"，颇觉意外。[1]

2月17日晚，蒋介石在加尔各答接见尼赫鲁，进行第二次谈话，长达三小时之久。蒋介石分析印度革命的不利与有利条件，力劝国民大会党"乘世界大战的机会，积极参战，与同盟国发生密切的关系，取得世界同情；对内则乘英人无暇阻挠的时候，发展教育，培养军政两方面的人才，作积极的准备"。他要求国民大会党改变对英国的态度："如果印度抱残守缺，永远以不合作主义的办法去做，实是印度革命的损失。此次若不积极参战，积极合作，不但不能增加同盟国对印度的同情，且将失去过去已有的同情。"蒋介石特别强调，自己所说的"合作"，"不是对英国而是对民主阵线的合作"。"英国对印的政策是必定会变更的。如果印度革命党也能改变态度，参加民主阵线作战，助成民主阵线的胜利，客观说来，对印度必然有利。"

尼赫鲁向蒋介石控诉了英国对印度民众和印度革命的摧残与镇压。他说："英人统治印度者迄今约有一百六十年，在这个时期之内，种种行为与现在日、德的侵略行动相比较，并没有什么差别。八十年前印度国民曾作武力的革命，英国人对付我们的手段，其残酷同今日希特勒所用者并没有什么两样。"他说：第一次世界大战时，印度曾经得到战后恢复自由的诺言，但是，大战以后，印度反而比以前更不自由。1919年，国民大会在判查布某城市举行民众大会，英印政府派兵包围，居然枪杀民众二千余人。甘地曾经想过用合作的办法，通过合法途径解决印度国民被虐待的问题，但事实教训了甘地，不得不改取"非暴力不合作的政策"，用以对抗英印政府。他表示："英政府对于暴力革命很有应付的办法，但对于非暴力不合作

---

[1]《蒋介石日记》（手稿本），1942年2月16日。

运动则感到非常棘手。""二十年来，这种运动已经发生了很大的力量，使英政府十分惧惮我们，承认我们巨大的实力。"

"你们能否考虑暂时对英国的印度政府不加攻击？"蒋介石问。

"这一点恐怕做不到，因为这是我们唯一的武器。"尼赫鲁答。[1]

由于蒋介石的一再坚持，2月18日，终于在加尔各答白拉尔公园与甘地会见，尼赫鲁在座。这次会见自始至终为蒋、甘二人对谈，尼赫鲁未插一语。当蒋介石提到中印共同奋斗，为两国合作求得共同基础时，甘地竟置而不答，摇动纺机，纺起棉花来。对此，蒋介石在日记里云："彼惟知爱印度，有印度，而不知有世界及其他之人类也。"[2] 对这次会见，蒋介石、宋美龄都很失望。

2月20日晚，蒋介石与尼赫鲁在加尔各答会晤，进行第三次谈话。尼

蒋介石、宋美龄在加尔各答会见印度圣雄甘地

[1]《战时外交》（三），第405—411页。
[2]《蒋介石日记》（手稿本），1942年2月19日。

赫鲁首先向蒋介石介绍国民大会党对中日战争的态度，说明其中有一部分人主张不过问中日问题。尼称：前国民大会党主席鲍斯（Bose）认为，日、德两国对于印度并没有什么害处，印度不应该反对日本与德国。鲍斯曾派人常年驻日，活动日、德两国承认印度独立。现在国民大会党如果积极参战，同情鲍斯的人就会反对国民大会党。他要求蒋介石代为向英国人干干脆脆地表明："欲印度国民出全力抗战，必须要使印度国民知道，战争是印度人民自己的战争。要做到这点，必须成立一个国民政府。"他声明：这不是一个国民大会党独占的国民政府，而是各党各派都有代表参加的国民政府；这个政府不能由印度总督随便派人组织。其后，二人谈到中印两党关系，对话说：

蒋："国民大会党对中国既如此的关切，到现在还没有明确的决策，与我们并肩作战，这不免使我觉得惊讶。"

尼："国民大会党一向有它的政策，我们一向同情于中国抗战。"

蒋："但是同情还是不够，同情是态度而不是行动。"

尼："我们因为还是一个被压迫的国家，一切不能自主，所以只能表示同情而已。"

在谈话中，尼赫鲁一再强调，假使我们能够成立国民政府，自然可以进一步合作，照现在情形，也只能有精神上的同情而已。

尼赫鲁既然不同意从"同情"上继续往前走，于是，蒋介石就转移话题，力图说明中印两国联合的重要。他说："中印两国人口甚多，土地广大，同受别人侵略，两个民族假使真能联合起来，就是全世界的白人团结一致，也没有法子再来压迫我们。反过来说，假使两国不能联络，而四周都是虎视眈眈的帝国主义者，两国就永远没有独立自由的希望。"蒋批评甘地的办法速度太慢，需要再等二十年、三十年，声称现在有了好机会，要求国民大会党采取一种和甘地宗旨不相违背的方法，来推进印度的革命。尼赫鲁对于扬弃甘地的办法这一点不表态，但他表示，对于中印两大民族联络这一点"绝对赞成"。蒋介石要求尼赫鲁将自己的意见详告甘地。他说：

> 我希望再有机会同甘地先生谈谈，使他更能认识我。我总理说，革命须有热诚，所以我常常以这种精神来做事。我觉得我中印两大民族都有这种精神。我们从事革命的人，只要能帮助别人，就是自己牺牲也不要紧的。[1]

2月20日，尼赫鲁陪同蒋介石夫妇参观泰戈尔国际大学，蒋介石捐赠国际大学5万卢比，中国学院3万卢比。车中，蒋介石向尼赫鲁提出，希望国民大会党重视外交，特别是对中国的外交，再次表示，此次来印，"甚望联合中印两大民族共同向世界奋斗"。尼赫鲁仅以"内容复杂"答之，蒋介石不满意，在日记中批评说："彼仍不重视外交也。"[2]

2月21日，蒋介石修改早就拟好的《告别印度人民书》，向印度各党派和英印政府进行最后一次喊话，他说："中印两国不仅利害攸关，实亦命运相同。"他呼吁印度人民"积极的参加此次反侵略战线，联合中、英、美、苏等各同盟国，一致奋斗，携手同登此争取自由世界之战场，获得最后之胜利。"同时，他也向英国政府呼吁："深信我盟邦之英国，不待人民有任何之要求，而能从速赋予印度国民政治上之实权，使更能发挥其精神与物资无限之伟力。"其中"从速"二字，原稿为"立时"，蒋介石觉得语气太硬，近于命令，做了改动。当日，尼赫鲁来与蒋介石夫妇共进午餐，蒋出示《告别书》，尼建议删除一二语，蒋立即同意，"以示精诚而毫无自私与成见"。他猜想，英国政府可能不谅解，甘地也可能不满意，但此《告别书》"完全协助印度之解放"，"表示余对印度之政见"，"深信于英实有益也"。[3]

午餐后，蒋介石与尼赫鲁继续谈话。尼批评《大西洋宪章》"自相矛

---

[1] 《战时外交》（三），第430页。
[2] 《蒋介石日记》，1942年2月20日，《困勉记》稿本（卷70）。
[3] 《蒋介石日记》（手稿本），1942年2月21日。

1942年2月21日，宋美龄在印度加尔各答电台用英文播讲蒋介石拟定的《告别印度人民书》，呼吁印度人民参加反法西斯战争。

盾糊涂之点甚多"，蒋介石答以"政治有关之事无不糊涂"，"凡政治皆言现实，只要现时于我有益之武器，虽敌之政策凡于我可利用者，皆应利用。"蒋劝尼："对内苦心求团结，对外注重政策之运用，并应特别注重时间，以革命良机难得而易失。此时为印度革命唯一之良机，失此再不能遭逢矣！"当蒋介石滔滔雄辩之际，尼赫鲁始终沉默不语。4时，蒋介石将《告别书》录音广播之后，与尼赫鲁道别，尼仍然沉默。蒋介石认为尼赫鲁富于感情，此际的沉默是由于"忧虑前途多难，依依惜别"。[1]

同日，蒋介石离印返国。3月3日，蒋介石派沈士华为中国驻印专员，中国和尼赫鲁等印度志士的关系得到进一步加强。同月17日，中国举行"印度日"。1943年末，国民大会党左翼领导人之一的苏·鲍斯公然投靠日本，在东南亚成立主要由被俘印籍士兵组成的国民军，宣称要随日军解放印度。其后，又在新加坡成立印度临时政府，自任总理。但是，尼赫鲁等

---

[1]《蒋介石日记》（手稿本），1942年2月21日。

人却始终不为所动，坚持援华反日立场。

五　蒋介石向英方进言，英印谈判失败

蒋介石说服甘地和尼赫鲁等人的努力未能立刻见效，便转而企图说服英国。

12月22日，蒋介石自昆明致电驻英大使顾维钧，要求他当面将自己的访印感受告诉丘吉尔："对于印度政治问题，此时若不急速解决，则危机必日甚一日。日军如果了解印度内情，发起进攻，则必将如入无人之境。"[1]23日，再电顾维钧，要他先行会见英国战时内阁成员克利浦斯爵士。蒋称："以中观察，英政府对印度自动赋予政治上之实权，并勿使其各派纠纷，则印人对英必能转移心理，祛除恶感，效忠大英帝国。"[2]25日，蒋介石再电顾维钧，认为英、印关系的症结在于英国能否"积极转变"其对印政策，要求顾设法使丘吉尔理解自己的苦心："余为盟邦及在东方共同作战之关系，不得已而申我耿耿之衷诚，以为印度万一动摇，不惟大英危殆，而东方战局则全盘失败矣。"[3]27日，顾维钧访问克利浦斯爵士，告以蒋介石访印印象，认为为抗战前途计，英国政府应大刀阔斧，采取能转移印人心理的办法，挽救危局。克利浦斯同意顾的看法，声称英国内阁正在研究方案，并称已于26日将蒋介石及美方意见转告丘吉尔。[4]丘吉尔原拟采纳蒋介石意见，宣示对印新政策，但左右劝以谨慎，因而搁置。[5]

正当英国政府内部意见分歧，议而不决之际，日军加紧了对东南亚的进攻。3月7日，占领缅甸仰光。11日，丘吉尔派克利浦斯爵士使印，提出成立具有自治领地位的印度联邦，战后制定宪法等主张。克利浦斯与甘

---

[1]《战时外交》(三)，第434页。
[2]《战时外交》(三)，第434页。
[3]《战时外交》(三)，第437—438页。
[4]《蒋介石访印前后与各方往来函电一组》，《民国档案》。
[5]《战时外交》(三)，第445页。

地等各党派领袖会谈，本已接近成功，但因印度总督请求丘吉尔出面阻挠而失败。4月12日，尼赫鲁致函蒋介石，报告双方分歧在于：国民大会党坚持必须成立具有"责任内阁"性质的国民政府，英国所派印度总督只是宪政上的元首，不得干涉政府决策；而英方只同意在总督行政委员会中增加印度人民代表若干名，在维持现行制度下略加改良。函末，尼赫鲁向蒋介石表示："克氏印度之行虽告失败，仍拟努力组织民众，反抗侵略。无论如何吾人决不屈服。"[1]3月31日，蒋介石在致尼赫鲁函中询问，对于印度问题"可作何种帮忙"。4月13日，尼赫鲁致函宋美龄，声称对于蒋所提问题，"深觉难于奉答"。他认为，英国政府已经生活于自造之樊笼中而无法摆脱，委婉地提出："同盟国承认印度为独立地位之国家，乃当前最适当之处置。"[2]20日，尼赫鲁分别致函蒋介石夫妇，陈述克利浦斯谈判失败后，印度出现两种倾向：一种是更加怨恨英国政府；一种是希望尽"无武装"人民之可能，抗拒日本侵略。

　　蒋氏夫妇仍然竭力劝说甘地、尼赫鲁，缓和其反英情绪。5月，尼赫鲁通过中国驻印专员沈士华转告蒋介石："最近甘地有发动大规模反英运动之可能，其反英情绪之高，为前所未有。该运动将包括工厂、交通工人罢工及其他不服从运动。"[3]在中国方面影响下，尼赫鲁与甘地于同月28日见面，决定暂不发动"不服从运动"，甘地并接受中国建议，发表声明，对华绝对同情。[4]6月14日，甘地致函蒋介石，宣称将要求"英帝国立即退出印度"，但保证将以各种方法防止日本侵袭，同意同盟国军队留驻印度，将印度作为抵抗日人进袭的基地。函件表示，正强制每一神经，避免与英国当局发生冲突。[5]此函由尼赫鲁秘书交沈士华，它显示，由于抗击日本法西斯的国际共同利益的需要，甘地的立场已经有了部分改变。

[1]《战时外交》（三），第449页。
[2]《战时外交》（三），第452页。
[3]《沈士华致蒋介石电》，1942年5月26日。特交档，（台北）"国史馆"，00482。
[4]《沈士华致重庆外交部电》，1942年5月30日。特交档，（台北）"国史馆"，00482。
[5]《战时外交》（三），第458—460页。参见《沈士华致重庆军委会电》，特交档，00482。

同月6日，顾维钧电陈，丘吉尔约其谈话。顾乘机说明蒋介石访印，目的在于"为谋同盟集团共同防守，增进全部作战力量，鼓励印人合作"。顾称："印方态度与动作，于中国抗敌前途关系亦甚巨。"但丘吉尔顾左右而言他，不愿涉及印度问题。[1]

在印度国民大会党和英国政府的矛盾中间，蒋介石明显地站在国民大会党方面。7月14日，印度国民大会党工作委员会通过决议，要求"英人退出印度"，如不获圆满答复，将开展"不服从运动"。但工作委员会同时声明，是否实行该项决议，须待8月7日国民大会党全国委员会决定。7月27日，蒋介石召开国防最高委员会与国民党中常会联席会议。王世杰提出，国民党对印度问题应有主张，蒋介石同意，强调应警告英国，勿用高压手段。28日，《中央日报》发表王世杰执笔的社论《论印度问题》，要求国民大会党全国委员会不批准7月14日决议，不将"不服从运动"付诸实施，而对英国则并未提出任何要求。蒋介石阅后大怒，批评王世杰奉承英国，"根本不知革命为何物，而故弄其小智以市惠于外人"，立即指令陈布雷重新拟稿:《再论印度问题》，指出解决英印紧张关系的关键在于英国。29日，蒋介石日记云："英国宣传与阴谋并进，其魔力之大，实无孔不入，无微不至，王宣传部长中其毒之深而尤不自知，诚险恶极矣！"[2]

六 蒋介石要求罗斯福出面调停，罗斯福劝蒋不采取行动

除通过顾维钧劝说英国政府外，蒋介石又通过宋子文游说美国政府。

2月24日，蒋介石甫离印度，立即致电宋子文，告以在印度观察所得："现在政情，除自欺欺民之宣传，文饰太平以外毫无战时之气象，更无战时之精神。"他认为，英国政府如不彻底改变对印政策，"无异以印与敌，

---

[1]《顾维钧致蒋介石电》，特交档，00483，0085。
[2]《困勉记》稿本，1942年7月28日；参见《蒋介石日记》(手稿本)，1942年7月28、29日。

而且诱敌加速占印"，重蹈南洋失败覆辙。[1]26日，蒋介石再电宋子文，要他向罗斯福说明印度形势与东方战局的重大关系，建议中美联合，劝说英国。电称："印度问题之能否合理与应时之解决，乃为太平洋与地中海胜负惟一之关键也。"[2]4月23日，宋美龄也致电美国总统代表居里，报告克利浦斯谈判破裂后，印度"反英情况益烈"，对解决印度问题深表忧虑。[3]6月14日，甘地发表致罗斯福书，恳求美国对印度问题发表意见。6月17日，宋美龄再次致电居里，转告尼赫鲁致蒋介石电内容，说明"甘地极愿与英国联盟，但不愿处英国属国地位，故认为英国应立时承认印度之独立"。宋电称："除使印度独立外，想无法可以利用印度资源以期世界自由。"[4]22日，蒋介石第三次致电宋子文，要宋将甘地函件的内容转告罗斯福，请罗转告丘吉尔，或由宋间接转告丘吉尔。同日，蒋介石继发一电，要宋提醒美国人重视此事，相机处理，求得一公平合理之解决。否则，"其结果必比缅甸与马来之悲惨为尤甚也"。[5]蒋介石担心宋子文力量有限，在此之后，又与宋美龄联名致电居里，请他转告罗斯福，说明"本人非常忧虑印度问题。因印度之安定与否，有关同盟国前途，而对亚洲更甚，务希总统注意并主持公道，出任调停为盼"。[6]

同月，英、美援军到达印度，英国政府没有发现甘地思想的变化，担心甘地会发动"新运动"，要求英、美人退出印度，准备加以镇压。6月25日，英国驻华大使薛穆奉命拜会蒋介石，声称英国政府将对甘地加以"限制"。蒋介石表示，甘地拥有群众甚多，禁止其活动可能使形势恶化。26日，蒋介石致函甘地，声称正在对印度局势作深长研究，期望能有所贡献。他再次提醒甘地，日本侵略为吾人迫切之祸患，亚洲国家应与反侵略

---

[1] 特交档，（台北）"国史馆"藏光盘，00482。
[2] 《战时外交》（三），第439—440页。
[3] 《宋美龄致居里电》，特交档，（台北）"国史馆"，00482。
[4] 《宋美龄致居里电》，特交档，（台北）"国史馆"，00483，0172。
[5] 《战时外交》（三），第461页。
[6] 《蒋介石、宋美龄致居里电》，特交档，（台北）"国史馆"，00482。

盟国共同一致，首谋除此大患。27日，蒋介石急电宋子文，告以与薛穆谈话及英国政府准备镇压情况。28日，又致电顾维钧，表示希望英印之间能够求得合作途径。7月4日，再电宋子文，询问是否已将甘地信件转交罗斯福并迅告罗对此态度。

在世界反法西斯战争吃紧之际，罗斯福不愿意印度和英国发生激烈冲突。他觉得，甘地其人，"缺乏实际，难与共事"，要求蒋介石代表他共同劝告甘地，"勿走极端，以免为敌利用，危害中印数万万人民"。7月6日，蒋介石致电沈士华，要他密告尼赫鲁，转告甘地，国民大会党"应极端忍耐"，"不宜有所举动"。不过，甘地却丝毫没有让步的意思。他致函蒋介石表示，"冲突似不能避免"。当时，国民大会党正在华达举行会议，主要人物希望联合国出面调停，倘能保证印度战后独立，国民大会党将接受克利浦斯方案。不过，这时候，英国政府却已对甘地和国民大会党极为不满，认为其领袖"野心勃勃，欲以印度主人独居，不愿与回教派领袖合作"。7月24日，蒋介石致电罗斯福，阐述印度局势已达"极紧张迫切之阶段"，"若印度竟发生反英乃至反同盟国运动，则轴心国必坐收其利"。他力图说明，印度国民的一贯目的在于争取国家之自由，难免只有感情而缺少理智，如果用舆论或军警的压力使之服从，效果必然相反。电称："目前唯一的启其反省之方法，惟在我盟邦，尤其为彼等夙所仰望如美国者，以第三者之资格，向之表示同情，予以安慰，以冀挽回其理智。"8月5日，蒋介石与罗斯福派到重庆的私人代表居里谈话，表示愿推罗斯福为"同盟国对印度问题之总代表"，中国愿在美国领导下，从旁协助。[1] 8月9日，罗斯福复电蒋介石，认为在当前局势下，以不采取劝导一类举动为宜。

---

[1]《战时外交》（一），第705-706页。

七　蒋介石为甘地、尼赫鲁的被捕呼吁，不理睬丘吉尔的访华示意

尼赫鲁估计，如果英国对印度的政策不变，印度人将越来越仇恨英国人。他的估计逐渐应验。1942年8月，国民大会党全印代表大会通过决议，要求英国撤离印度。9日，甘地、尼赫鲁和国民大会党工作委员会全体成员等共16人被捕，孟买等地旋即掀起强烈的反英风暴，俗称"八月革命"。

国民大会党全国代表大会召开的第二天，尼赫鲁委托中央社记者发表《告中国人民书》，向蒋氏夫妇致敬，表示对中国抗战五年来的艰苦斗争向往不已，声称目前所为，唯一目标在获得独立，俾能全力与印度及中国的侵略者奋斗。文称："自由之印度可克尽此职，实非全身皆受束缚之印度所能也。"[1] 尼赫鲁选择这一时机发表此文，显然是为了取得中国政府和人民对该党新要求的理解和支持。

蒋介石担心印度局势恶化。8月8日所撰《上星期反省录》称："印度问题持续僵化，不知如何演进矣？" 10日，蒋介石得知甘地、尼赫鲁等被捕，对陈布雷说："苏必旁观，美亦未必同情，若中国不仗义执言，则世界无公道也。"[2] 随即紧急召开会议，讨论应对方案，决定对英国横暴加以反对斥责，动员全国舆论对印度深切同情。[3] 会后，蒋介石紧急致电罗斯福，认为英国此举严重损伤同盟国，将为轴心国张大声势。电称："世人将谓我盟邦不能实践我解放人类，争取自由之作战宗旨，而相反的乃有压迫自由之事实也。" 他呼吁罗斯福出面主持正义，缓和印度局势，使之安定。他起草了安慰甘地和尼赫鲁等人的电报，电称："闻先生等入狱，无任系念，尚祈为国

---

[1]《中央日报》，1942年8月15日第2版。
[2]《陈布雷日记》，1942年8月10日。（台北）"国史馆"藏。
[3]《蒋介石日记》（手稿本），1942年8月10日。

珍重，特电慰问。"[1]该电请英印总督林里资哥转，遭到拒绝。[2]当日，他愤而在日记中指责"英国昏暴异甚"。[3]11日，蒋介石致电驻印专员沈士华，指示沈在获准会见尼赫鲁时，将慰问电交其一阅，或口头转达，让其了解，中国对印度朋友的态度始终一贯。同日，《中央日报》发表社论，表达对于英印关系终陷僵局的忧虑，认为当前轴心国凶焰未戢，日本对印度窥伺已久，印度问题恶化，将牵动整个战局。社论希望英印政府"仍然一本忍耐精神"，实行"政治和解"。[4]蒋介石读后，认为社论写得"尚合度也"。[5]

为了使英国政府了解中国政府的态度，蒋介石在这一天接见英使薛穆时坦率承认，自己对"印度人民求取自由之期望，实表十分之同情"。但他也表示，不赞成国民大会党要求英国"立即撤退"的要求，希望英、印之间成立某种谅解。当薛穆声称国民大会的领袖有意无意之间已经成为日本的工具时，蒋介石即举尼赫鲁为例，断言"日本绝无使彼动摇之可能"。当薛穆指责国民大会党领袖发动罢工风潮，扰乱治安，为英国的镇压行动辩护时，蒋介石指出，这是"拘禁国民大会领袖的自然之反响"，是"纯粹的民族运动，绝未受日本之影响"。他要求英国政府以恢宏大度的姿态允许印度独立，将自由还给印度人民。他表示，如时间许可，将亲赴伦敦向英国当局陈述意见。[6]谈话中，蒋介石得知丘吉尔有访问重庆意向，决定不理睬。日记云："彼或以此光临表示其对华提携之意，余实不敢接受此尊荣，故不之问。"[7]12日，蒋介石致电顾维钧，告以与薛穆谈话要点，认为英国

---

[1] 《访问印度》，(台北)"国史馆"藏，00482。据陈布雷1942年8月29日致蒋介石电，慰问电起草后，蒋指示"中止"，但已有外报记者三人得到电稿，被宣传部副部长董显光截回。29日，蒋介石指示："可予放行。"陈布雷建议："拟中外一概缓发，再待指示。"而王宠惠则提出："1. 罗总统来电切望钧电与彼均不作任何公开表示。2. 目前英舆论正在酝酿由蒋夫人及华莱士副总统等出面调停。此时发表慰问电，易起猜测。拟请稍待至必要时再予考虑中外一律发表。"
[2] 唐纵：《在蒋介石身边八年》，第298页。
[3] 《蒋介石日记》(手稿本)，1942年8月10日。
[4] 《我们对于印度问题的观察》，《中央日报》，1942年8月11日第2版。
[5] 《蒋介石日记》(手稿本)，1942年8月11日。
[6] 《战时外交》，第477—481页。
[7] 《蒋介石日记》(手稿本)，1942年8月11日。参见《爱记》，(台北)"国史馆"藏。

政府的做法，"无异为渊驱鱼，将使亚洲十万万以上人口皆受倭寇之驱使，如此非特中个人对东方无法挽救此既倒之狂澜，而世界人类亦必遭无穷之惨剧"。末称："思之惶惑，不知所怀。"为印度局势和反法西斯战争前途焦虑不安的心情流露无遗。

蒋介石为甘地、尼赫鲁被捕和印度局势恶化焦虑，罗斯福却十分镇定。他在太平洋会议上对中国代表宋子文表示，英国是同盟好友，中美两国只有在受到斡旋邀请的情况下，才可以出面尽其友谊责任。同日，他复电蒋介石，重申此意。

英国政府顽固地拒绝听取中国方面的意见。8月20日，英国政府印度部长约见顾维钧，要求中国"勿加干涉"。[1]31日，丘吉尔致电蒋介石，声明三点：1. 印度人种、民族、宗教多种多样，国民大会党为信仰印度教人的组织，完全不能代表印度。2. 同盟国相处之道是互不干涉其内政。英国历来尊重中国主权，对国共分歧从来不做任何轻微的评判。3. 阁下建议，英政府应接受美国总统调停。当余为英国领袖或内阁成员时，绝不接受此项影响英皇陛下主权的调停。

丘吉尔此电态度强硬，完全封死了由美、中两国出面调停的通道。至此，蒋介石已无计可施，除了设法给予羁囚中的甘地和尼赫鲁以同情外，已经不能做什么事了。

在蒋介石和尼赫鲁的关系中，还有一件长期不为人知，但却十分重要的事：1942年，纳粹德国为了实现其与日本会师的计划，曾计划进攻印度。当年，戈林三次通过其亲信洋克（Jahnke）与中方人员桂永清联系，要求蒋介石"背盟突攻印度，与德合作"。蒋介石忠于和尼赫鲁的信义，也忠于对印度人民的友谊，忠于共同反法西斯的同盟国，坚决拒绝了德国的拉拢。[2]

---

[1]《顾大使马电》，（台北）"国史馆"，特交档，0000485，0232。
[2]《羽（谭伯羽）上宋子文呈》，1942年7月10日。《宋子文文件》，46-6。参见《蒋介石日记》（手稿本），1942年6月18日。

八　为印度独立尽力，叮嘱尼赫鲁不可继承英国的西藏政策

蒋介石长期关心、同情、支持印度的民族独立运动，执行"扶印反英"政策。1941年8月，他和宋美龄在重庆会见印度革命女志士克麦拉特地，听述印度沦为英国殖民地的悲惨情景，思想发生强烈震撼。日记云："心理上凄怆极矣。余见此，更觉御侮之不可或忽。否则，世代子孙亦将受印度亡国之悲剧矣。因此吾夫妻同叹不自由，无宁死云。"当月29、30两日，蒋介石日记的核心内容都是印度问题。其一云："中国与印度两国之人口，合为九万万员名，占全世界人口十分之六以上，必使此两国能完全独立与平等，然后世界与人类方得真正之和平，中国革命必须以此为目的。"其二云："中国得到独立、解放以后，第一要务为协助印度之解放与独立……否则不足谈中国之国民革命矣。"[1]访印期间，他虽然主张印度国民大会党停止反英运动，但其主要目的是希望印度首先参加国际反法西斯战线，共同对轴心国作战，战后再谋独立。在英国殖民者和印度民族独立运动之间，蒋介石憎恶英国殖民者，他的同情明显地倾注在尼赫鲁和印度方面。尽管此行没有能在调解英印矛盾方面获得成功，但阻遏了印度国民大会党倒向轴心国的倾向，加强了中印两国民族志士之间的联系和友谊，顺应了世界反法西斯战争的发展需要，是其解放亚洲被压迫民族思想的重要表现。

1942年11月26日，宋美龄访美。行前，蒋介石交给她一份与罗斯福的《谈话要点》，其中第5条为："印度如果一日不能独立，则世界和平与人类平等仍不能实现。"他主张无论如何，战后必须使印度独立，但为照顾英国体面，可以有过渡时期与过渡办法。[2]次年11月，罗斯福、丘吉尔、蒋介石等在开罗集会，研讨对日作战及战后诸问题。蒋介石曾与罗斯福讨

---

[1]《蒋介石日记》（手稿本），1941年8月24日，29日，30日。
[2]《蒋介石日记》（手稿本），1943年《杂录》。

论韩国、越南等殖民地国家的前途，主张均应使其独立。他也和罗斯福商量，准备提出印度独立问题。罗斯福表示："现在不要提，等战后再来提。因为现在的丘吉尔是一个守旧的人，同他商量，不会有结果的。到了战后，英国换过一个新的政府，一定可以解决的。"因此，蒋就没有同丘吉尔商谈此事。尽管如此，宋美龄还是就此和丘吉尔作过仔细讨论。丘吉尔称，印度仅算是一个州，根本不能独立。宋美龄反驳说：这话不对。现在的美国，从前还不是一个州，何以后来能独立？所以印度不能独立是一个笑话。[1] 1943年4月15日，宋美龄在纽约发表谈话称："印度自由问题，何

1943年12月，蒋介石夫妇在埃及开罗参加中美英首脑会议后，回国途中，来到印度比哈尔邦的蓝伽军营，视察中国驻印军。

---

[1]《委员长报告开罗会议情形》，《国防最高委员会第126次常务会议记录》，1943年12月20日。（台北）中国国民党党史馆藏。按，此报告曾收入影印本《国防最高委员会常务会议记录》第5册，第825页，但删节已多。

时可以实现，及至何程度等，为今日世界之问题。"她盛赞尼赫鲁"具有世界眼光"，要求英印政府早日将其"释放，使尼能共同努力于建设联合国的事业"。谈话中，宋美龄并称："凡尔赛条约规定之一国统制之办法，应予取消，弱小民族与国家应予自由。"[1]

1945年中国抗日战争胜利，尼赫鲁致电蒋介石表示祝贺，蒋介石回电致谢。1946年9月，印度临时政府成立，中国政府立即承认。11月12日，蒋介石命中央政府驻藏办事处处长沈宗濂赴印，当面向尼赫鲁传达下列意见：

1. 关于中印邦交者。中印均为爱好和平民族，联合足以奠世界和平之基础，抵抗任何威胁（尤其北来之威胁）。但二国均不强，目前需要最少十年之内部和平统一。希望中印协力促成统一，互助建设。

2. 关于西藏者。西藏在地理上、历史上、民族上、宗教上与中国不可分离，如同印度境内之土邦不可与印度分离。希望印度不行继续旧时英人之离间政策，致阻碍中印之友谊。

3. 关于不丹、锡金及尼泊尔等高原国家，希勿任令英国帝国主义遗留于不丹、锡金及尼泊尔，以威胁印度及中国边省。[2]

1947年2月28日，中国政府任命罗家伦为首任驻印大使。同年8月，印度自治领成立，尼赫鲁正式出任总理。不幸的是，尼赫鲁在西藏问题上继承英国衣钵，力图继承并扩大英国在西藏原来取得的特权。1949年7月，蒋介石在日记中感慨地表示：印度才得独立，就觊觎中国的西藏，"幼稚骄狂，实所不能想象"。[3]此后，蒋介石多次在日记中谴责尼赫鲁和印度政府的西藏政策。[4]1951年3月，西藏当局组成代表团，就和平解放西藏问

---

[1] 路透电，转引自《保君健来电》第433号，1943年4月16日。《蒋中正委员长访问印度》，外交部档案，012.21/0004，（台北）"中研院"近代史研究所档案馆，11-EAP-02659。
[2] 中印问题，外交部档案，012/0001，（台北）"中研院"近代史研究所档案馆，11-EAP-02652。
[3] 《上星期反省录》，《蒋介石日记》（手稿本），1949年7月10日。
[4] 《大事表》，《蒋介石日记》（手稿本），1950年卷首。

题赴北京进行谈判。首席谈判代表阿沛·阿旺晋美,代表有藏军总司令凯墨·索南旺堆、政府秘书官仲译钦布等人,翻译为达赖的姐夫彭措扎西。29日,阿沛·阿旺晋美等自昌都动身,4月22日到达北京。远在台湾的蒋介石一度为此高兴,在日记中写道:"此次达赖遣代表毅然赴平,不受英、印之阻挡。如此乃印奸阴谋不逞,尼赫鲁失败之开始乎。"[1]这则日记表明,蒋介石和尼赫鲁之间的友谊彻底终结了。

[附记]关于蒋介石的西藏政策,本书仅就其涉英、涉印部分作了阐述。其他方面比较复杂,应另文论述。

---

[1]《上星期反省录》,《蒋介石日记》(手稿本),1951年4月27日。

第四辑　迁台前后

二二八事件与蒋介石的对策

世界是复杂的，历史也是复杂的。许多历史事件常常具有双重性或多重性。如果人们只看到其中一个方面，就很难掌握全貌；而当人们为了某一目的，有意突出、夸张、强调其中的一个方面时，事件的面貌往往就更难于认识。在政治斗争中，人们为了所属政派、集团或阶级、阶层的利益需要，常常掩盖事件的部分特性，夸张、扭曲另一部分特性，这种情况，在历史上常见，有时还会很严重。

二二八事件发生于上一世纪的台湾。多年来，人们对它的态度与感情大异，因之叙述与评价亦大异。今天，当我们重新审视这一曾经给台湾人民带来巨大伤痛的事件时，必须采取冷静、超脱的客观立场和严谨的科学态度，远离一切狭隘的功利需要，而只留下一个需要和目的，即还原历史本相，最大限度地追求历史的真实，建立对这一事件的真实可靠的论述。

一 事件的两重性：抗暴与骚乱

二二八事件是一个具有两重性或多重性的事件。

众所周知，二二八事件起源于缉私员暴力执法与军警单位处理失当。台湾光复后，行政长官公署成立烟酒专卖局，统制烟酒产销，禁止私制及进口。1947年2月27日下午，专卖局缉私人员叶德根等六人到台北南京西路太平町巡搜，查获小贩、寡妇林江迈贩卖私烟，林妇跪地苦苦哀乞，围观民众帮同求情，缉私人员不予理会，叶德根并用枪管打破林妇头颅，以致鲜血直流，激起群众不满。[1] 缉私人员傅学通见势逃走，被人追拉，挣脱后即将子弹上膛，后又被人抱住，叶开枪，击中看闲路人陈文溪（当晚身亡）。[2] 群众愤而烧车，包围警察局、宪兵队，要求立即处决凶犯。28日上午，《中外日报》记者周青、吴克泰所撰现场报道见报，发向全省。同日，台湾省政治协会等发起抗议。陈文溪系大流氓陈木荣之弟，因此，抗议活动一开始即有部分流氓参加。群众鸣锣罢市，包围并捣毁位于本町的专卖局台北分局，殴毙外省籍缉私员两人，殴伤四人，将物资搬出焚烧。下午，群众四五百人游行，以"严惩杀人凶手"的横幅标语及"狮鼓"为前导，向行政长官公署请愿，冲击公署大门。其间，出现抢夺警卫枪支及开枪射击卫兵情况，卫兵还击，当场打死三人、打伤三人，逮捕六人。[3] 群众情绪更为激昂，在各处殴打外省人，同时进占位于台北公园内的广播电台，向全省广播，批判政府的贪污腐败，号召各地民众驱逐贪官污吏以求自存。3月1日，全台各地纷纷响应，从要求惩凶发展为政治抗争。警备总部于是下令戒严。武装军警巡逻台北市区。当日，群众包围铁路委员会，企图夺取驻警武器，驻警开枪，"致有死伤"。[4]

自1945年光复以来，群众对台湾国民党当局的施政本多不满，例如，在政治上，台湾与内地各省不同，实行行政长官公署制，行政长官集行

---

[1] 参见《高等法院记录》，《台湾光复和光复后五年省情》（下），第580-585页，南京出版社，1989。

[2] 台湾省文献研究会：《二二八事件文献辑录》，第226页，1992。《缉烟血案被告傅学通等判决书》，陈芳明编：《台湾战后史资料选》，第229-232页，二二八和平日促进会，1991。

[3] 台湾省文献研究会：《二二八事件文献辑录》，第228页。《续录》，第376页。关于卫兵开枪的原因、所用枪支及死伤人数，诸说不一。参见戚嘉林：《台湾真历史》，中国友谊出版公司2001年版，第184页；蓝博洲：《沉尸、流亡、二二八》一书称，受伤三人后来也都死了，第213页，见时报文化出版公司2002年版。另据目击者、《中外日报》记者周青回忆："隐伏在公署顶楼的轻机枪向人群开火扫射"，"死伤者有七八人"，"后来，政府当局竟谎称群众欲抢卫兵枪支。"又，二二八惨案台胞慰问团于3月14日呈送于右任的《处理台湾事变意见书》称："当场杀死数千人。"显然过于夸大。见《台湾光复和光复后五年省情》（下），第592页。

[4] 《陈仪报告电文》，《二二八事件文献续录》，第376页。吴克泰称："翌日，在北门铁路局附近，宪兵又开枪打死百姓，有二三卡车之多。我亲眼目睹运尸车。"见《周青、吴克泰先生口述记录》，《二二八事件文献补录》，第75页。郑剑：《台湾秘史》称：当场打死18人，伤40多人，第212页，见该书1998年版。

政、军事、财政以至立法、司法诸权于一身，类似于日据时代的总督。在行政长官公署的官员中，外省人过多，台湾人过少，副处长以上官员仅有台民1人。[1]全省简任官214人，本省人仅12人。[2]在经济上，实行严格的统制，烟、酒、火柴等日用品均实行专卖，官办的专卖局、贸易局几乎垄断台湾的进出口贸易与工业的方方面面，企业家以至小本商人均遭束缚。[3]这一时期，通货膨胀，物价腾飞；粮价过高，失业严重，大批复员返乡的原台籍日本士兵就业无门；此外，官员贪污腐化，军队纪律不良。行政长官陈仪继承的是一个烂摊子，虽有心求治，也采取了开放舆论等开明措施，但刚愎自用，不明省情、民情。凡此种种，都使台湾民众长期愤郁、压抑。当时，台湾民间有"五天五地"之说："惊天动地（盟军轰炸）、欢天喜地（台湾光复）、花天酒地（接收官员）、黑天暗地（暴政统治）、呼天唤地（物价飞涨）"。其中后三个短语正反映出台湾人民的强烈不满。现在，由于缉私中的处理不当，这种愤懑终于找到突破口，群众的情绪就像长期运行于地下的岩浆，一朝喷发了。

可以看出，专卖局缉私人员的行为属于恃强凌弱的暴力执法，而台湾民众的行为则属于抗暴自卫和反对恶劣政治，有其正义性与合理性。但是，一旦群体性事件爆发，由于参加者人数多，成员复杂，自发性强，冲动性强，就很难要求每一个人、每一个步骤都中规中矩，合理合法。无可否认，二二八事件中，有情绪性的打、砸、抢、烧等非理智行为，也有方向性的谬误。例如，将台湾民众和国民党台湾当局的矛盾当作本省人和外省人的矛盾，从而激起对外省人的普遍仇视。27日下午，就有人张贴"打死中国人"的标语，高喊："阿山（外省人）不讲理"[4]、"猪仔太可恶""台湾

---

[1]《二二八惨案台胞慰问团呈于右任关于处理台湾事变意见书》，《台湾光复和光复后五年省情》（下），第590页。
[2]《杨亮功、何汉文关于台湾二二八事件调查报告及善后办法》，《台湾光复和光复后五年省情》（下），第647页。
[3]《台湾二二八惨案联合后援会为挽救台湾危局致于右任电》，《台湾光复和光复后五年省情》（下），第594页。
[4] 阿山，意为山猪，台湾本省人对外省人的轻蔑称呼。

1945年10月25日，台湾正式光复。图为台湾日伪总督安藤利吉向国民政府台湾省主席陈仪递交降书。

人赶快出来报仇"，等等。28日，更出现"打阿山"的号召，于是，在这种狭隘的地域主义、乡里主义情绪的支配下，对"外省人"的暴力行为不断发生。太平町的正华旅行社、虎标永安堂，荣町的新台百货公司相继被捣毁，十余辆汽车、卡车被烧毁，本町、台北车站、台北公园、荣町、永乐町、太平町、万华等地，都有不少外省人无故被棒打或棍击，或被打成瘫痪，或被打死。这种仇视、攻击外省人，抢劫外省人财物的现象迅速向板桥、桃园、新竹、台中、嘉义、台南、台东、高雄等地蔓延。至3月6日，澎湖以外的十六个县市都遭波及。台中的火柴工厂、烟叶工厂、洋丝工厂、被服厂均遭破坏。新竹县的工厂、商店损失达236万余元。[1]高雄市未及逃避的外省人被拘禁于第一中学。[2]新竹县的外省人则集中于桃源农业学校，不给食粮。[3]宜兰提出："外省人应集中受本省青年监视"。[4]有的地方甚

---

[1]《二二八事件台中各机关损失调查表》，武之璋:《二二八真相解密》，第245页，(台北)风云时代出版公司，2007。
[2]（台北）"中研院"近代史研究所编：《二二八事件资料选辑》(一)，第62页，1992。
[3]《安全局之报告》，武之璋:《二二八真相解密》，第237、246页。
[4]《二二八事件资料选辑》(一)，第103页。

至成立"外省人管护所"。

关于事件中外省人被害的情况向无精确统计。3月5日，台北宪兵第四团团长张慕陶报告称：外省人之被袭击而伤亡者，总数在800人以上。[1]3月6日，陈仪向蒋介石报告称："遇外省人，不问何人，即肆殴打，不只对公教人员而已。商人亦遭波及，外省人开设之商店亦被捣毁。外省人（台北市）受伤人数约在200人左右，且有致死者。"[2]据事后各单位向台湾警备司令部的汇报，在南京国民政府的军队抵台之前，外省人死亡或失踪470人（公务员72人，军警130人，民众268人），受伤2131人（公务员1351人，军警397人，民众383人），合计为2601人。公家财产损失1.4亿台币，私人财产损失4.7亿台币。[3]除殴击外省人，抢夺公私财产之外，外省妇女也成为侮辱对象。李益中记载：暴徒"见妇女则恣情凌辱，或令裸行以取笑乐"。[4]赖泽涵等人的《研究报告》则称，强奸事件也"偶有所闻"。

关于当时外省人被惨杀、侮辱的状况，唐贤龙的《台湾事变内幕记》等书有几则触目惊心的记载，摘录如下：

1. 在台中市，烟酒专卖局科员刘青山从办公室走出，即被推倒、围殴。后入台中医院治疗，第二天晚上，十余人冲入医院，割去刘的耳朵、鼻子，挖出两眼，再加殴击，直至毙命。

2. 在台北新公园附近，除打死十几个外省人，殴伤二十几个公务员外，更有一个外省女教师被轮奸。另外，一个少妇搀小孩回家，被人拦住，先调戏，剥光衣服，横加殴打，后用刀割开嘴巴，再绑起双脚，抛到水沟中。少妇惨叫身死，小孩哭喊妈妈，流氓抓住小孩头，用力向背后扭转，使小孩气绝毙命。在太平町，有一孕妇被剥光衣服，游街示众，该孕妇坚不答允，被一刀从头部劈为两段，当场身死。

---

[1]《二二八事件资料选辑》（二），第67页。
[2]《二二八事件资料选辑》（二），第72—73页。
[3] 朱浤源：《二二八事件真相还原》。http://www.wrech.cc/blog/rainbow2/5435457.
[4]《二二八事件资料选辑》（二），第375页。

3. 在台北桥附近，外省小孩在路上被流氓抓住，一个人抓左腿，一个人抓右腿，将小孩撕开，尸体被丢到水沟里。另有两个小学生，路遇暴民，暴民一手执一学生，将两人的头猛力互撞，直至脑血横流，旁观者拍手叫好。在万华附近，一小孩被捆绑双脚，暴徒将小孩头倒置地上，用力猛击，使脑浆流出，抛于路旁。

4. 在台湾银行门前，有一职员从办公室走出，即被暴民当头一棍，打出脑浆殒命。适逢一对青年夫妇路过，又被暴民围住，吆喝喊打，拳脚交加，棍棒齐飞，二人均被打得血肉模糊而死。

5. 在桃园，外省人被羁囚于大庙、警察官舍与忠烈祠后山三地，内有五个女眷，被流氓奸污后愤极自缢。该县大溪国小女教员林兆煦被流氓吕春松等轮奸后裸体彻夜，被高山族女参议员李月娇救出脱险。[1]

上述暴行，令人发指，应视之为骚乱。它们不具有任何正义性与合理性。

既是抗暴，反对腐败政治，又是骚乱；既有正义性与合理性的成分，又有非正义与非理性的成分。这就是二二八事件的双重性。只有同时看到这两个方面，才能正确地掌握事件的性质，也才有可能正确地分析并评价它的善后处理。

二 三驾马车，三种政治诉求

28日以后，事件分别向不同方向发展。一是要求政治、经济改革；一是夺械暴动，推翻国民党政权；一是要求台湾"独立"或联合国托管。

3月1日，台北市参议会邀请国民参政员、制宪国大代表及省参议员在台北市中山堂紧急集会，成立"缉私血案调查委员会"。推派省参议会

---

[1] 转引自《一个外省人亲历二二八的回忆》，转据武之璋：《二二八真相解密》，第113-114页，第121-125页。

议长黄朝琴等七人为代表谒见陈仪，要求撤销戒严令，释放被拘民众。下午5时，陈仪向全省广播，应允黄朝琴等人提出的要求，派民政处长周一鹗、交通处长任显群等五人代表政府与台北市参议员、省参议员、国民参政员、国大代表等组成二二八事件处理委员会。2日，台湾大学、延平学院、法商学院、师范学院及中等学校学生千余人集会，谴责陈仪政府。当日，处理委员会增加警备司令部参谋长柯远芬及民间代表林献堂、《自由报》社长王添灯等人，举行首次会议。陈仪第二次向全省广播，宣布宽大措施四条：参加事件的人民一律不加追究，被拘捕者准予释放，伤者给付治疗，死者优予抚恤。3日，处理委员会推派代表与柯远芬商定，命战斗部队集中营房，成立宪警民维持治安联合办事处，同时成立"忠义服务队"，维持治安。随后，全省各县市纷纷成立处理委员会分会。6日下午，王添灯向处理委员会提出《处理纲要》32条，其第一条要求政府下令各地

陈仪，浙江绍兴人，中华民国陆军二级上将。第二次世界大战结束后，曾任台湾省行政长官兼台湾省警备总司令部总司令，任内发生台湾历史悲剧二二八事件，为事件中最受争议政治人物之一。1950年5月，蒋介石以"匪谍罪"指示台湾军事法庭判处陈仪死刑。6月18日，陈仪于台北市马场町刑场被枪决。

武装部队"暂时解除武装",政治方面提出"制定省自治法",县市长、参议会于6月以前"实施民选",省各处长2/3以上须由在本省居住十年以上者担任,言论、出版、罢工"绝对自由",一切公营事业主管人由本省人担任,撤销专卖局、贸易局,宣传委员会、地方法院院长、首席检察官,全部以本省人充任等。该《纲要》事前曾送请中共地下党负责人审阅,负责人表示,时间紧迫,来不及开会讨论了,就这样提出去。[1]同日,处理委员会发表告全国同胞书,宣称:"我们的目标在肃清贪官污吏,争取本省的政治改革,不是要排挤外省同胞。""我们同是黄帝的子孙,大汉民族国家政治的好坏,每个国民都有责任。"书告特别表示,今后绝对不得发生殴打外省同胞一类事件。[2]当晚,陈仪接受部分建议,在第三次广播中宣告改革政治意见,表示拟将省级行政机关改为省政府,委员及各厅、处长尽量任用本省人士,7月1日举行县市长民选。7日,处理委员会讨论《处理纲要》,追加"本省陆海空军,应尽量采用本省人"以及撤销警备司令部等10条,加上前面所提共为42条。其主体部分反映当时台湾人民的政治和经济改革要求,但其中有些条件明显过高,如军队暂时"解除武装";有些条件明显错误,如"本省人之战犯及汉奸嫌疑被拘禁者,要求无条件及时释放"等。[3]陈仪读到《纲要》时勃然大怒,断然拒绝。

事件的另一发展趋向是袭击警察局,夺械暴动,组成武装,进攻军队、军营,接管政府:

基隆:2月28日夜,基隆部分群众袭击该市第一警察分局,夺取枪支。

桃园:3月1日晨,自台北来到桃园县的学生结合本县群众占领县政府。

嘉义:在中共台湾省工作委员会委员、武工部部长张志忠领导下,民

---

[1] 《〈自由报〉总编辑蔡子民的脚踪》,蓝博洲:《沉尸、流亡、二二八》,第158页。
[2] 《二二八事件资料选辑》(二),381-382页。
[3] 蓝博洲:《沉尸、流亡、二二八》一书称,此条由国民党台湾铁道特别党部书记长黄国信提出,其他的特务分子叫喊赞成威胁通过的。见该书第225页。

众于3月2日包围警察局，接收枪支。次日召开市民大会，接管电台，募集志愿军，成立台湾民主联军，攻击宪兵营、军械库及水上飞机场、军营。3日晚，接管市政府。[1]

台中：在二二八事件前，建国工艺职校校长、老台共成员、中共台湾省工作委员会秘密党员谢雪红即收集废钢铁，准备制造枪械，实行起义。3月2日，谢雪红等召开市民大会，举行游行示威。4日，接管警察局、宪兵队、团管区司令部、军械库、广播电台、电信局、专卖局等机构。6日，根据张志忠意见，成立"二七部队"，开展武装斗争。[2]

高雄地区：民众于3月3日下午8时开始抢夺警察局武器。3月5日，接收或占领市内大部分军政机关。

群体性事件的参加者大都是复杂的。除对台湾当局不良政治与经济状况不满的普通群众与青年学生以及少数共产党人外，也确有大量游民、流氓、残留日本浪人、日据时代的御用绅士、台籍退伍日本军人、原皇民奉公会会员等在内。据统计，日据时代被监禁于火烧岛、送往中国大陆或派往南洋的流氓、盗贼，战后返回台湾者约在5万人左右。[3]台籍日本军人战后遣返回乡者约在10万人以上。[4]此外，留台日人及其家属有3843人，至于匿居民间，改冒台籍者则更无法统计。[5]事件发生后，台北处委会负责人在新公园台湾广播电台广播，召集台籍日本退伍军人、军属、技工，到指定地点集合，自3月5日起集中训练。登记者计有原在日本陆海军服役的人员1900余人，其组织名称则有"海南岛归台者同盟""若樱敢死队""暗

---

[1] 参阅《周青、吴克泰先生口述记录》，《二二八事件文献补录》，第78页；《台大学生领袖吴克泰的脚踪》，蓝博洲：《沉尸、流亡、二二八》，第57页。按，张志忠原为中共中央华东局干部。1946年4月首批奉派入台。
[2] 参阅《古瑞云先生口述记录》，《二二八事件文献补录》，第50页。
[3]《二二八事件资料选辑》（一），第12页。彭孟缉称，仅从火烧岛释放回台者即达1万多人。见《二二八事件资料选辑》（一），第55页。
[4]《杨亮功、何汉文关于台湾二二八事件调查报告及善后办法》，《台湾光复和光复后五年省情》（下），第643页。
[5]《杨亮功、何汉文关于台湾二二八事件调查报告及善后办法建议案》，《台湾光复和光复后五年省情》（下），第645页。

杀团"等。这些人中的许多人或具有强烈的反社会情结，或亲日仇中，具有严重的"皇民"情结。他们在事变中殴打外省人，捣毁或抢劫外省人财物最为积极。花莲的暴徒除持日本军刀外，甚至穿戴日本军服。[1]高雄大港埔、前镇、盐埕埔一带都出现用日本军刀屠杀外省行人，甚至逐屋搜寻外省人加以辱杀的现象。许多地方，不会讲台语、日语者往往惨死刀下，有的地区并由台籍日本海军少佐担任指挥。

事件中的政治诉求则比较复杂：

处理委员会的改革要求是一种，已如上述。其他如台湾民主同盟、台湾省自治青年同盟、台湾省建设会提出的要求也可归入此类。台湾民主同盟提出，"政治上的彻底的改革，实现民主政治"。该组织在《告台湾同胞书》中提出"开放官民粮食"，"废除长官制度，在台先实行宪政"，"取消专卖公营制度"，"健全司法独立性，取消军警暴政，尊重民权"等五项要求，在《告台湾同胞书之二》中提出，"打倒独裁的长官公署"，"撤销贸易局及专卖局"，"实施县市长选举，登用本省人才"等七项要求。该组织随后又发布《台湾省政改革纲要》，提出"改称省政府"，"重行普选"，"准予人民有思想、言论、宗教、集会、结社、居住、出版之自由"等九条意见。台湾省自治青年同盟则提出"建设高度自治，完成新中国的模范省"，"实施县市长民选，确立建国的基础"等六项纲领。台湾省建设会提出的改革纲要共九条，其核心要求是成立台湾省改革委员会。[2]

激进派和共产党的台湾地下组织的革命要求是一种。二二八事件的发生与共产党人无关，但是，事件发生后，共产党人迅速介入。原台共产党员谢雪红等提出，"结束国民党一党专政，立即实行台湾人民的民主自治"。嘉义"报道部"提出："打倒国民党的一党专制政府，组织民主联合政府。"台南市3月4日贴出标语："赶走国民党政治，实行真正的新民主主义政府"，

---

[1] 《二二八事件资料选辑》（一），第26页。
[2] 以上政治改革要求均见邓孔昭编：《二二八事件资料集》，第281-291页，（台北）稻乡出版社，1991。

1947年3月1日，陈仪派民政处长周一鹗、交通处长任显群等五人代表政府与台北市参议员、省参议员、国民参政员、国大代表等组成了二二八事件处理委员会。图为二二八事件处理委员会委员所挂的臂章。

"设立各界人民代表会议为台湾最高权力机关"等，这些主张，显然都反映出激进派和台湾共产党地下组织的观点。[1]台共在日据时代虽然已经被镇压，但台湾光复后，谢雪红等被释，恢复活动；中共又迅速自大陆派出干部，建立中共台湾省工作委员会等机构。这些组织虽然新建不久，人数很少，仅约70人左右，但是作用相当大，并且和延安有电台联系。[2]台湾政治建设协会通常被认为是二二八事件的催生者和组织者，在其27席"民事"（理事？）中，台共占5人，13席监事中，台共占2人。[3]事件发生后，中共台湾省工作委员会立即组成全岛性的武装斗争委员会。[4]据二二八事件时的台湾延平大学学生古瑞云回忆，当时中共地下党廖瑞发（台北市工委书记）曾经找他，说准备武装起义，要他联络乌来高山族参加。[5]另一学生叶纪东回忆，地下党李中志找他和另一个学生领袖陈炳基说："光是靠处理委员会的文斗还不够，学生必须另外组织起来，搞武装起义。"叶、陈二人问他："要武斗可以，但是，武器在哪里？"李回答说："武器没问题，军火部已经搞定了。"此后，在李中志的策划下，台北组成"学生军"，由李任总指挥。同时，中共台湾省工作委员会也成立总指挥部，书记蔡孝乾和廖瑞发、林梁材（老台共）等也都到现场附近观察、指导。其计划是首先攻打

---

[1] 邓孔昭：《二二八事件资料集》，第296-298页。
[2] 《古瑞云先生口述记录》，台湾省文献研究会：《二二八事件文献补录》，第50页；参见《老台共忆二二八真相》，原载《亚洲周刊》，转引自《参考消息》，2003年3月11日。
[3] 刘胜骥：《共党分子在二二八事件前后的活动》，《二二八事件文献辑录》，第224页。
[4] 《老台共忆二二八真相》，原载《亚洲周刊》，转引自《参考消息》，2003年3月11日。
[5] 《古瑞云先生口述记录》，《二二八事件文献补录》，第49页。

景尾军火库，然后三路会攻，占领长官公署，成立"人民政权"。由于其中一路遭到军队扫射，未能成功，其他两路也因此均未发动。[1]

激进派和台共当时提出的口号并不都正确。光复后，日人留下的房产为部分台民捷足先得，长官公署决定"标售日产房屋"，台共成员、台湾政治建设协会常务理事兼社会组组长王万得等人即表示反对。他在会上公开提出："驱逐阿山，实行自治，为台湾人的出路。"[2] 事件中，"忧乡青年团台北支部"提出："昔日的军官们，现在是拔出指挥刀的时候了。"[3] 高雄学生组织提出：打倒比"日狗"还残忍、野蛮的"山猪"。[4] 这些，都是不正确或者完全错误的口号。

无可否认，事件中也确有"台湾独立"的诉求。他们的口号有"打倒外省人""台人治台""联合国托管"等。据司徒雷登3月5日致美国国务卿的报告，驻台领事当日接受了一封台湾人给马歇尔的请愿书，请愿代表807人，签名者141人。该请愿书的结论是："改革台湾省政府最快的方法是由联合国参加台湾的行政，在台湾还没有独立之前，先切断台湾和中国本部间的政治和经济关系。"[5] 3月6日，司徒雷登再致国务卿电云："台湾人强调，由于开罗宣言，美国对台湾负有责任。他们通过印刷品，要求美国帮助他们，在主权还没有转移的期间，获得联合国的干涉。"这一部分人曾七次向美、英领事馆要求"托治"。[6] 当时在台湾活跃的外国人，除日谍田市川等人外，[7] 美国海外战略局成员、驻台湾副领事葛超智（George H. Kerr）和驻台湾新闻处处长卡度（Coto）等都在积极鼓吹"台湾独立"。葛超

---

[1] 《延平大学学生领袖叶纪东的脚踪》，蓝博洲：《沉尸、流亡、二二八》，第28-30页；《叶纪东先生口述记录》，《二二八事件文献补录》，第60页。
[2] 《二二八事件文献辑录》，第225页。
[3] 邓孔昭：《二二八事件资料集》，第297页。
[4] 《高雄二二八事件》，http://blog.yam.com/oaish/article/16174738.
[5] FRUS, 1947, Vol. 7, 第429-430页。中文译本见《美国档案中的二二八事件》，《台独》第38期。
[6] 《陈仪报告二二八事件情形致吴鼎昌等电》，《台湾光复和光复后五年省情》（下），第597页。
[7] 《二二八事件资料选辑》（二），第345页。

智并四处活动，表示可以在六小时之内用快艇从菲律宾的马尼拉运送武器到淡水。[1]关于此人，当时在台湾工作的陈仪外甥、后来成为历史学家的丁名楠评论说："美国驻台副领事乔治·柯尔（即葛超智。作者注）在此期间，非常露骨的散播各种不实谣言，制造各种纠纷，混淆国际视听，致使事件不断的蔓延、恶化。"[2]据陈仪事后汇报，当时曾有人准备成立"新华国"，其"国旗"系在日本的"太阳旗"上加一黄星，年号用"台湾自治邦纪元元年"，施政方针"一如日本政府"等。[3]

三　蒋介石的"怀柔"决策与措施

蒋介石很快就得到了台湾发生事变的消息，但其2月28日的日记并无记载。稍后，蒋在《上月反省录》中写道："台湾暴民乘国军离台，政府武力空虚之机，发动全省暴动，此实不测之祸乱，是亦人事不臧，公侠疏忽无智所致也。"[4]蒋写《上月反省录》的时间，不一定在月底，而常在下月的某一天，故此条写作时间不可确考。蒋日记中对二二八事件比较确切的记载始于3月1日的《上星期反省录》："台湾群众为反对纸烟专卖等起而仇杀内地各省同胞，其暴动地区已渐扩大，以军队调离台湾，是亦一重要原因也。"[5]

台湾光复后，南京国民政府驻台本有第六十二、第七十两个师的兵力，但均因内战需要调离。日记中所称"国军离台"指此。当时，蒋介石需要处理和中共以及和美国、苏联的许多复杂问题，但是，他还是将二二八事件作为最重要的问题处理。其3月6日"注意"栏中首列"台湾暴动事件之研究"，同日日记云："对战局，对台事，忧戚无已。"他在和陈仪通话中指示："政治上可以退让，尽可能的采纳民意，但军事上则权属中央，一切要求均不得接

---

[1] 《台大学生领袖吴克泰的脚踪》，蓝博洲：《沉尸、流亡、二二八》，第61页。
[2] 《丁名楠先生口述记录》，《二二八事件文献补录》，第87页，2005年修订版。
[3] 《台湾光复和光复后五年省情》（下），第597页。
[4] 《蒋介石日记》（手稿本）。
[5] 《蒋介石日记》（手稿本）。

受。"[1]这是蒋介石就二二八事件对陈仪作出的最早指示。当晚,美国驻华大使司徒雷登会见蒋介石,声称接到美国驻台领事急电,表示台湾局势严重,要求派飞机接其眷属离台。蒋介石对此甚为反感,在日记中写道:"美国人员浮躁轻薄,好为反动派利用,使中国增加困难与耻辱,悲痛之极。"3月7日,蒋介石确定处理二二八事件的方针,日记云:

> 自上月28日起,由台北延至全台各县市,对中央及外省人员与商民一律殴击,死伤已知者达数百人之多,陈公侠不事先预防,又不实报,及事至燎原,乃始求援,可叹!特派海陆军赴台,增强兵力。此时"共匪"组织尚未深入,或易为力,惟无精兵可派,甚为顾虑。善后方策,尚未决定。现时惟有怀柔。此种台民初附,久受日寇奴化,遗忘祖国,故皆畏威而不怀德也。[2]

蒋介石以军事起家,他当然懂得军队在处理事变中的作用;台湾刚刚脱离日本统治,日本影响深厚,这也使蒋介石感到,弭平事变,要靠"威慑"。但是,蒋介石当时的最大困难是,主要兵力都已投入和中共的作战。这样,蒋介石虽想派出"精兵",但无兵可派。想来想去,蒋介石觉得,"现时惟有怀柔"。这是蒋介石处理二二八事件的基本对策。当日,蒋介石除决定"派海陆军增援台湾"外,紧急召见自台湾飞来的国民党台湾省党部主任委员李翼中,听取详细汇报,研究善后办法。

李翼中在事件发生后受陈仪委托,参加二二八事件处理委员会。他主

---

[1] 柯远芬:《事变十日记》。1992年的《柯远芬先生访问记录》称:"2月28日,蒋介石曾派专机赴台投送手谕,指示处理办法。其要点为:1.查缉案应交由司法机关公平讯办,不得宽纵。2.台北市可即日起实施局部戒严,希迅速平定暴乱。3.政治上可尽量退让,以商谈解决纠纷。4.军事不能介入此次事件,但暴徒亦不得干涉军事。如军遭受攻击,得以军力平息暴乱。"当时电报、电话都很发达,蒋完全没有必要采取这种派飞机投送手谕的笨办法,故不取。黄彰健院士以此为蒋3月5日的电话指示,而在次日才通知柯,系猜测,故亦不取。参见黄彰健:《二二八事件真相考证稿》,第219—230页,(台北)联经2007年版。
[2] 《蒋介石日记》(手稿本)。

张向中央呼吁"临之以威，绥之以德"，自请赴南京汇报。3月6日，他在向台湾人民广播中承认："二二八不幸事件之发生，实由于官民情感隔阂之所致"，呼吁"政府以宽大为怀，人民以地方为重"，使事件早日平息。李翼中在会见蒋介石时，历述台湾人民在政治和经济方面的种种要求，主张尽量满足台湾人民的要求，"多与之"。蒋介石表示：李的意见大体可行，陈仪在广播中对台湾人民的允诺也可以答应，要李与陈立夫拟具"处理办法"。3月8日，李翼中提出要点八条，其主要者为：1. 改台湾省长官公署制度为省政府制度；2. 台湾省政府委员及各厅处长尽量任用本省人士；3. 各县市长提前民选；4. 在政府或事业机关任职者，不论本省或外省籍，其职务、官阶相同者待遇一律平等；5. 民生工业中的公营范围应尽量缩小。同日，蒋介石接见李翼中及行政院长张群、文官长吴鼎昌，表示李所拟要点"略加修改即可"。

同日，国防最高委员会开会，与会委员张继、贺耀祖、朱家骅、于右任等普遍认为，台湾的政治经济制度都需要改革。会议作成决议三项：1. 政府应派大员前往该省宣慰；2. 台湾省行政长官公署应依照省政府组织法改组为台湾省政府；3. 改组时应尽量容纳当地优秀人士。[1]

对李翼中等所拟办法和国防最高委员会的决议，蒋介石都表示赞同，对李的办法，蒋批示说："交行政院照此原则研究具体实施办法可也，并报告国防会议。"[2]对国防最高委员会的决议，蒋批示说："已照决议三项原则进行，待派定宣慰人员出发时再发表此消息可也。"[3]3月9日，蒋介石决定派国防部长白崇禧宣慰台湾，并连续两个晚上和白崇禧讨论"台湾方针"。[4]

3月10日，蒋介石于国民政府国父纪念周发表演讲，说明已派军队赴台维持当地治安，不久当可恢复常态，同时将派大员赴台协助陈仪处理事

---

[1] 《二二八事件资料选辑》(二)，第100-104页。
[2] 《二二八事件资料选辑》(二)，第129页。
[3] 《二二八事件资料选辑》(二)，第100页。
[4] 《蒋介石日记》(手稿本)，1947年3月9日、10日。

件。他宣称:"已严令留台军政人员静候中央派员处理,不得采取报复行动,以期全台同胞亲爱团结,互助合作。"他要求台湾人民"深明大义,严守纪律","明顺逆,辨利害,彻底觉悟,自动的取消非法组织,恢复地方秩序,俾全台省同胞皆得早日安居乐业,以完成新台湾之建设"。[1]

3月17日,白崇禧奉蒋介石之命飞台宣抚,蒋经国、李翼中等偕行。当日,首由蒋介石向台湾民众广播,"期于确保国家立场及采纳台胞真正民意的原则下,谋合理之解决"。广播中,蒋介石宣布了将台湾行政长官公署改为省政府、县市长民选等决定,[2]次由白崇禧向全省广播并发布国防部布告,宣称将"采取宽大为怀的精神来处理","参与此次事变或与此次事变有关之人员除煽动暴动之共产党外,一律从宽免究"。白并称,中央对台胞关心的"自身权利及利益","在可能的范围内一定加以最大的注意与扶助"。[3]当时,柯远芬曾主张,地方上的暴民和土匪成群结党,一定要惩处。宁可枉杀九十九个,只要杀死一个真的就可以。柯并引列宁的话,

柯远芬,二二八事件时担任警务参谋长,曾在"清乡"中扮演重要角色。他说:"宁可枉杀九十九个,只要杀死一个真正的就可以。"

---

[1]《二二八事件资料选辑》(二),第388—389页。
[2]《二二八事件资料选辑》(二),第181—184页。
[3]《二二八事件资料选辑》(二),第185—189页。

对敌人宽大，就是对同志残酷。白崇禧纠正他：有罪者杀一儆百为适当，但古人说，行一不义，杀一不辜而得天下不为。[1]27日，白崇禧向台北中等以上学生训示，宣称对"盲从胁迫"参加事件的青年学生不咎既往，"迅速复课读书"，保证各宪兵不再逮捕学生，等等。[2]28日，白崇禧与台湾地方父老及省参议员座谈，宣示今后治台措施，除尽量登用台省人才外，重点阐述经济政策：轻工业尽量由台胞接办，不许少数资本家操纵；将占全省土地总面积的约1/5的可耕土地分配给有耕种能力的台胞耕种，增加自耕农利益，减少地主剥削，等等。[3]4月1日，白崇禧举行记者招待会，声称逮捕人犯须依合法手续，审理务求公允迅速，重申对青年学生一律从宽免究，即使对"逃窜潜伏"的共产党，只要缴械投诚，也从宽处理。[4]

白崇禧在台湾停留半个月，于4月2日返京。他在台湾宣示的政策大体符合蒋介石的"怀柔"主张。17日，他在国父纪念周报告，进一步提议缩小专卖范围，撤销专卖局等建议。这些主张，对于弭平事变，抚熨伤痕有一定作用；对于台湾后来的政治、经济改革也有一定影响。

二二八事件发生后，蒋介石在日记中对陈仪多有批评。还在3月12日，他就在日记中说："公侠不自知其短缺，使余处理为难。"[5]16日晚，蒋介石决定命陈仪辞职。17日，陈仪致电蒋介石请辞。18日，蒋介石复电同意，但要陈在省政府成立之前主持善后，勉为其难。22日，蒋介石召见陈仪。4月22日，蒋介石主持行政院会议，决议撤销台湾行政长官公署，成立台湾省政府，任命法学家、外交家出身的文官魏道明为台湾省主席。当日，蒋介石并立即与魏商议台湾省政府的组织与人选。[6]魏道明到任后，即

---

[1]《白崇禧先生访问记录》(下册)，第568页。
[2]《白崇禧对台北中等以上学校学生训词》，中国第二历史档案馆编：《台湾二二八事件档案资料》(下)，第682页，档案出版社。
[3]《白崇禧对台湾省参议员等训词》，《二二八官方机密史料》，第185-199页，(台北)自立晚报社出版公司出版部，1991。
[4]《二二八事件资料选辑》(二)，第392页。
[5]《蒋介石日记》(手稿本)。
[6]《蒋介石日记》(手稿本)，1947年4月22日。

要求台湾本省人与外省人"互相敬让，彼此扶持"、"和协共处"，宣布解除戒严，结束清乡，停止对新闻、图书、邮电的检查。[1]同时，采取一系列措施化解矛盾，如启用台籍精英，提倡"经济自由"政策，重申中央"宽大意旨"，禁止乱杀滥捕等。蒋渭川、林日高等一批与事件有关的台籍精英被准予"自新"，大量在押人员被释放。根据台湾省警备总司令部的统计，至当年10月15日为止，二二八事件中被捕人犯约1800人，其中，以内乱罪论处或起诉者46人，被处死刑者5人，而核准自新者为3905人。所有这些，都是蒋介石"怀柔"政策的继续。

"怀柔"一词始见于《诗经·周颂·时迈》，它是一种政治策略，也是一种政治手段。它意味着不用暴力，而用柔软的方法笼络和感化，解决两种对抗力量之间的激烈冲突，从而避免大规模的流血或恶性的破坏。面对复杂的二二八事件，面对长期受日本的殖民统治光复不久的台湾，蒋介石决定以"怀柔"作为主要的处理方针是正确的。

四　派兵始末及其评议

3月5日，南京方面收到的宪兵四团团长张慕陶的报告，内称："暴民要求不准军队调动，不准军队带枪"、"在各处劫夺仓库枪械及缴收军警武器，总数在四千支以上"；"台中宪兵被缴械，官兵被囚禁"，"其性质已演变为叛国夺取政权之阶段"。[2]当日，陈诚报请蒋介石同意，派刘雨卿率21师师部及146团开赴基隆，归陈仪指挥；命宪兵第四团之第三营自福州开赴台湾归制。同日，蒋介石电告陈仪，"已派步兵一团，宪兵一营，限于本月7日由沪启运"。[3]3月6日，陈仪致函蒋介石，声称事变"决非普通民

---

[1] 魏道明：《在台湾各界庆祝省政府成立大会致词》，薛月顺编：《台湾省政府档案史料汇编：台湾省行政长官公署时期（三）》，第492-495页，（台北）"国史馆"，1999。
[2] 《二二八事件资料选辑》（二），第67页。
[3] 《二二八事件资料选辑》（二），第70页。

众运动可比，显系有计划有组织的叛乱行为"，要求迅速派遣纪律严明、武器精良的得力军队两师来台，派大员主持。函称："关于政治，可让台胞参加；关于军事，既有实力，可以对付奸党及希望独立等叛国运动。"函件强调事件原因复杂：一是1946年从海南岛回台的侨民中有少数"奸党分子"，他们的目的在于"找寻机会，夺取武器，破坏秩序，造成恐怖局面"。二是留用日人中，有人企图"乘机扰乱"。三是日据时代的御用绅士及流氓怀抱"台湾独立，国际共管"的谬想，传单中竟有"台湾独立，打死中国人"的词句。四是一般民众，缺乏国家意识。函件最后称："为保持台湾，使其为中华民国的台湾计，必须派得力军队来台。如派大员，亦须俟军队到台以后，否则亦恐难生效力。"[1] 3月7日，陈仪得悉蒋仅派一团兵力，认为"不敷戡乱之用"。他在致蒋电中声称："奸匪到处搜缴武装及交通工具，少数日本御用绅士，利用机会煽动，并集合退伍军人反对政府，公然发表叛乱言辞。"他要求除21师全部开台外，再加开一师，至少一旅，并派汤恩伯指挥。[2] 同日，蒋介石决定增派军舰一艘赴基隆，归陈仪指挥。[3] 8日，蒋介石致电陈仪，告以"已派海军两艘来基隆"，"廿一师第二团约定明九日由沪出发"。[4] 在事件中，南京国民政府合计共出动21师全部5个团、宪兵营5个、特务营1个。[5]

蒋介石是派出军队的决定者。二二八事件发生后，曾有人反对派兵，例如台湾省参议会议长黄朝琴曾于3月5日上书蒋介石，认为，事件发生在于"省署施政有失民心，积怨所致"，"各地秩序已渐恢复"，"外传托治及独立，并非事实"。因此，他只要求蒋介石督促陈仪迅速、果断地颁布"治本"办法，同时要求速决治台方针，简派大员来台处理，避免事态

---

[1]《二二八事件资料选辑》（二），第71-80页。
[2]《二二八事件资料选辑》（二），第32页。
[3]《二二八事件资料选辑》（二），第98-99页。
[4]《二二八事件资料选辑》（二），第105-106页。
[5]《二二八事件资料选辑》（二），第140页。

扩大。[1]台湾政治建设促进会也曾通过驻台外国领事馆致电蒋介石，要求勿派兵来台，否则情势必更加严重。蒋介石认为，这是"反动分子在外国领馆制造恐怖所演成"，可置之不理。[2]尽管如此，蒋介石对于军队到台之后，如何行动，并无明确意见。他要陈仪拿主意。3月7日，蒋电告陈仪，由上海开出的军队在3月10日晨可以到达基隆，听说铁路与电力厂皆已为台民占据，部队到基隆后如何行动，"应有切实之准备"。他询问陈仪："近情究竟如何？应有最妥、最后之方案，希立即详报。"[3]同日，再次致电陈仪，询问："台湾近情究竟如何？铁路与电力厂是否已为反动暴民把持？善后办法如何？"他指示陈仪等人"详商后速报"，并且要求在台的俞飞鹏（樵峰）乘飞机回京报告。8日，他致电陈仪称："今日情势如何？无时不念，望每日详报。"[4]同日，蒋介石再电陈仪，询问各处仓库所存械弹数量及情况，指示陈，与其为暴民夺取，不如从速烧毁。他要求陈仪"先作控制台北、基隆二地之交通、通信与固守待援之准备"，同时固守台湾南部的高雄与左营两个要塞。他指示陈仪，"日内即有运输登陆舰二艘驶台，可派其作沿海各口岸联络及运输之用"，要陈对基隆与台北状况每日朝午夕三次报告。[5]10日，蒋介石听说21师的第一个团已经到达台北，立即致电陈仪，询问形势及部队到达之后的"处理办法"。[6]据21师师长刘雨卿回忆，蒋介石对该师的指示是："宽大处理，整饬军纪，收揽人心。"[7]另据该师参谋长江崇林口述，蒋对该师的指示是："宽大为怀，迅速处理。"[8]二者一致。

从以上函电和资料考察，蒋介石并未下达过严厉镇压、诛戮的命令，

---

[1]《二二八事件资料选辑》（二），第89页。
[2]《二二八事件资料选辑》（二），第93—95页。
[3]《二二八事件资料选辑》（二），第92页。
[4]《二二八事件资料选辑》（二），第105页。
[5]《二二八事件资料选辑》（二），第107—108页。
[6]《二二八事件资料选辑》（二），第134页。
[7] 张炎宪、李筱峰编：《二二八事件回忆录》，第171页，（台北）稻乡出版社，1989年。
[8]《二二八事件文献辑录》，第234页。

255

陈仪也完全知道,"中枢"以"宽大"为旨,[1]但他对处理事变早已成竹在胸。3月7日,陈仪回电蒋介石说:"铁路与电力公司,均系台民,一有事决不为我用。部队到基隆之行动,已在准备中。目前我因限于武力,十分容忍,廿一师全部到达后,当收斧乱之效。"[2]陈仪此电很含蓄,但"斧乱之效"四字,说明他严厉镇压之心已下。同日,蒋介石得悉美国驻台领事馆致电大使馆,要求派飞机撤出在台美侨,蒋介石再次电询陈仪,要他立即报告"近情"。陈仪在回电中声称,目前反动分子的最大诡计是使台湾兵力愈单薄愈好,而"反动分子正在利用政府武力单薄之时机,加紧准备实力,一有机会随时爆发,造成恐怖局面。如无强大武力镇压制裁,事变之演成,未可逆料。"[3]他重申"除廿一师外,至少加派一旅来台"。此电再次暴露出陈仪"镇压制裁"之心。3月8日,陈仪复电蒋介石,声称"一俟刘师长廿一师之一团开到台北,即拟着手清除奸匪叛徒,决不容其迁延坐大"。[4]

3月9日,第二十一师师长刘雨卿到达台北,向陈仪报到。同日下午,其所属438团到达基隆。3月10日,发布戒严令,开始搜捕、清乡。陈仪电令基隆要塞司令史宏熹:"凡属主谋及暴徒首领,一律逮捕讯办。限三日内完成具报。"[5]11日,陈仪电告蒋介石,"肃奸工作即应逐步推进"。12日,电令高雄要塞司令彭孟缉:"肃清奸伪分子,以绝后患。"13日凌晨,陈仪决定"开始行动","与二二八事件有关的嫌疑人士,不问姓名,当场枪决"。[6]刀锋所向,首先指向对政府当局多有批评的新闻界。《人民导报》社长宋斐如,《民报》社长林茂生,《自由报》社长王添灯,《新生报》总经理阮朝日、日文版总编辑吴金练、嘉义分社主任苏宪章,《大明报》社长艾璐

---

[1] 3月24日,陈仪致吴鼎昌电云:"不究胁从,力戒株连,期符中枢宽大之旨。"见《台湾光复和光复后五年省情》(下),第597页。
[2] 《二二八事件资料选辑》(二),第92页。
[3] 《二二八事件资料选辑》(二),第96页。
[4] 《二二八事件资料选辑》(二),第110页。
[5] 戚嘉林:《台湾史》第5册,转引自黄彰健:《二二八事件真相考证稿》,第552页。
[6] 戚嘉林:《台湾史》第5册,转引自黄彰健:《二二八事件真相考证稿》。

1947年3月14日在南京出版的《建设日报》，对陈仪多有指责之辞。

生（外省人）以及律师林瑞端、医学博士施江南等陆续被捕杀。有记载说："斯时，每夜均有满叠尸体的卡车数辆，来往于台北—淡水或基隆间。3月底，基隆几乎每天都能看到从海中漂上岸来的尸体。有的尸亲围坐而哭，有的则无人认殓，任其腐烂。"[1] 与此同时，台湾各地开始清乡。至5月16日，清乡结束，解除戒严。其间，又发生过许多不幸事件。李翼中说：

> 国军廿一师陆续抵基隆，分向各县市进发，陈仪明令解散二二八事件处理委员会，又广播宣布戒严要旨，于是警察大队别动队于各地严密搜集参与事变之徒，即名流硕望、青年学生亦不能幸免，系狱或逃匿者不胜算。中等以上学生，以曾参与维持治安，皆畏罪逃窜遍山谷，家人问生死，觅尸首，奔走骇汗，啜泣间巷。陈仪又大举清乡，更不免株连诬告或涉嫌而遭鞫

[1]　戚嘉林：《台湾真历史》，第191页。

讯，被其祸者前后无虑数万人，台人均慑气吞声，唯恐祸之将至。[1]

关于二二八事件中台湾本省人的死伤人数也向无精确统计。李翼中所说"被其祸者前后无虑数万人"应该包括死伤、被捕、被杀、逃匿、流亡、恐慌等各种情况在内，是一种笼统的说法。至于死亡人数，有夸张至10万人，甚至20万人者，但根据"行政院"成立的财团法人二二八基金会的补偿记录（2004年1月2日）：计本省人死亡673人，失踪174人，其他羁押、徒刑、伤残、健康名誉、财务损失，共1237人，合计为2084人，这应是比较可靠的数字。[2]其中，除任意殴杀外省人、抢劫外省人财物的暴徒应予依法惩治外，自然会有不少冤捕、冤杀、滥捕、滥杀的情况。

二二八事件后出现的冤捕、冤杀、滥捕、滥杀的情况显然并不符合蒋介石的"怀柔"方针。3月12日，蒋介石得悉军队到台后，"警察及警备部军士即施行报复手段，殴打及拘捕暴徒，台民恐慌异常"等情况后，立即批示同意侍从室所拟意见："饬陈总司令切实制止报复行为。"13日，又得悉刘雨卿所部到台后，使用仅在内地流通的法币，引起商民恶感，蒋介石也立即批示同意侍从室意见，"饬刘师长纠正，通令所属严守纪律，以争取民众"。[3]同日，蒋介石并亲笔手书，以极为严厉的口吻指示陈仪："请兄负责严禁军政人员施行报复，否则以抗令论罪。"[4]陈仪曾将蒋的命令转达各有关方面。这以后，事变迅速平定。据统计，清乡过程中，击毙43人，俘虏585人，自新3022人。[5]可见，并未出现大肆杀戮的状况。

14日，蒋介石得知台中、嘉义、台东等地的县市长均已复职办公，这

---

[1]《二二八事件资料选辑》（二），第389页。
[2] 朱浤源：《二二八事件真相还原》。据朱教授称，死亡的673人这一统计，仍然是灌了水的。在此之前，基金会统计的死亡人数为680人，统计截止时间为2003年12月15日。见习贤德：《统独启示录》附表3，第460页，（台北）亚太图书出版社，2004。
[3]《二二八事件资料选辑》（二），第146页。
[4]《二二八事件资料选辑》（二），第163页。
[5]《二二八事件毙俘自新暴徒统计表》，《台湾省文献会二二八文献实录》，第437页。

使他感到，"新复之地与边省，全靠兵力维持"。[1]但是，他仍然担心军队扰民。3月19日，蒋介石又致电白崇禧，要他转命刘雨卿，在追击"残匪"的过程中，"应特别注重军纪，万不可拾取民间一草一木。故军队补给必须充分周到，勿使官兵藉口败坏纪律"。[2]自然，愿望是善良的，然而，国民党的军队并非是一支令行禁止、奉命惟谨的有良好素质的军队，蒋介石的这些指示和命令不可能得到认真的贯彻。

前文已述，二二八事件既是台湾人民的抗暴运动，同时又是无理智的骚乱，其中还有在外国势力影响和操纵下少数人的"独立"和"托管"活动，三者交错混杂。在台湾各地普遍发生殴杀外省人，并且夺械暴动的情况下，为了恢复社会正常秩序，南京国民政府出动少量武装力量有其必要。但是，由于蒋介石既坚决反共，又坚决反对台湾独立——早在事件发生前，蒋介石就指示陈仪："据报，共党分子已潜入台湾，渐起作用。此事应严加防制，勿令有一个细胞遗祸将来。台省不比内地，军政长官自可权宜处置也。"[3]自然，陈仪等人以"反共"和"反台独"名义而采取的各项举措都易于得到蒋介石的支持。所以在事件发生后，蒋介石虽然迅速确定"现时惟有怀柔"，并且先后派白崇禧、魏道明到台湾贯彻这一政策，以"宽大"为要旨，但是，他对陈仪函电中所一再流露出来的强力镇压、制裁的意见并未驳正，事实上采取默认态度，而且对赴台军队的行动方针、任务、纪律缺乏严格而明确的规定，及至军队抵台，出现陈仪滥施捕杀、"台民恐慌"等问题后，蒋介石才下令制止，但猛虎出笼，错误已经铸成，纠正无及了。

---

[1]《上星期反省录》，《蒋介石日记》（手稿本），1947年3月15日。
[2]《二二八事件资料选辑》（二），第210—211页。
[3]《二二八事件资料选辑》（二），第57—58页。

蒋介石反对用原子弹袭击中国大陆

蒋介石败退台湾以后，一直念念不忘反攻大陆。其间，美国人曾考虑用原子弹袭击中国大陆，但蒋介石反对。1955年，美国试验威力较小的"战术核武器"成功，蒋介石一度考虑过是否使用此种武器，但最终仍持反对态度。

一　中国人民志愿军入朝作战，杜鲁门考虑使用原子弹

蒋介石1950年12月1日日记云："杜鲁门与美国朝野主张对中共使用原子弹，应设法打破之。"

1950年6月25日，朝鲜战争爆发。由于朝鲜人民军的军事实力大大超过韩国部队，因此三天后即攻入韩国首都汉城，并且节节胜利，进抵朝鲜半岛南部的釜山附近。但是，9月15日，美军出奇制胜，在半岛中部的仁川登陆，战局顿时改观。10月19日，美军占领朝鲜首都平壤。

同日夜，中国人民志愿军25万人受命入朝。25日，志愿军一面在东线阻击敌军，一面集中兵力于西线，与敌作战，至11月6日，将美军和韩国军队赶到清川江以南。美军司令麦克阿瑟原想在感恩节前占领全朝鲜，至此落空。11月25日、27日，志愿军先后在西线和东线发起攻击，美军受到沉重打击。麦克阿瑟惊呼："投入北朝鲜的中国军队是大量的，其数量还在不断增加"，"我们所面临的是一场全新的战争"。[1]30日，美国总统杜鲁门在记者招待会上宣称，"联合国的部队不打算放弃他们在朝鲜的使命"，"将采取任何必要的步骤以应付军事局势"。记者问他，"任何必要的步骤"

---

[1]　FRUS, 1950, Vol7, pp. 1237—1238.

1950年7月31日,麦克阿瑟赴台湾与蒋介石会面,蒋介石亲往松山机场迎候。二人合影后互相签名留念。

是否包括使用原子弹,杜鲁门回答说:"我们一直在积极地考虑使用它。"[1]

显然,蒋介石12月1日的日记针对前一天杜鲁门在记者招待会上的讲话而发。"应设法打破之",表明蒋介石不仅反对美国对中共使用原子弹,而且要采取某种行动。

蒋介石完全支持当时位于朝鲜半岛南部的韩国政府。6月26日,即朝鲜战争爆发的第二天,蒋介石就立即召集会议,讨论出兵援韩问题。

29日,他决定出兵三师,并派顾维钧向美国政府交涉。后来,又曾多次向美国表示,坚决支持"韩战"。12月1日,他曾托人转告美军统帅麦克阿瑟:"韩战挫折甚念,如需中国尽力之处,无不竭诚效劳,愿共成败。"[2]但是,他一听到杜鲁门有用原子弹对付中共的"考虑",还是坚决反对。其原因,据蒋日记自述,是因为觉得此法"不能生效,因其总祸根乃在俄国也"。

---

[1]《杜鲁门回忆录》,第2卷,第464、472—473页。
[2]《"总统"蒋公大事长编初稿》卷9,总第4416页。

二　蒋介石计划反攻大陆，美国空军方面向蒋介石表示，可以出借原子弹

1954年10月20日，蒋介石日记云：

召见叔明，详询其美空军部计划处长提议，可向美国借给原子武器之申请事，此或为其空军部之授意，而其政府尚无此意乎？对反攻在国内战场，如非万不得已，亦不能使用此物。对于民心将有不利之影响，应特别注意研究。

叔明，指王叔铭（1905 — 1998），山东诸城人，中国空军创始人之一。1924年毕业于黄埔军校，转入广东军事航空学校学习飞行。1936年任中央航空学校洛阳分校主任。1941年任"中美混合航空联队（即飞虎队）"参谋长，参加多次空战。1944年获美国嘉禾勋章。1946年任空军副总司令兼空军参谋长。1950年4月任台湾防空司令部司令。1952年升任空军总司令部总司令。由于他和美国空军之间长期而深厚的关系，因此美国有关方面选择他作为与蒋介石之间的传言人。

蒋介石败退台湾后，一直念念不忘反攻大陆。他原是京剧（原称平剧）的热烈爱好者，但却在1950年1月10日发誓云：如不收复北平，此生不再观赏平剧。蒋深知，自己初退台湾，立足未稳，完全不具备反攻大陆的条件。因此，他在1951年《大事预定表》中强调，准备未完，切勿反攻；无充分把握，决不反攻；时机未成熟，亦不反攻。同年7月2日，他与胡宗南谈话，要胡到浙江进行游击战争，企图从海上对大陆进行骚扰。直到1952年5月28日，他才和时任参谋总长的周至柔讨论"登陆反攻"事项，认为要反攻大陆，必须首先选择"滩头据点"，蒋介石当时选择的据点是福

州。同年6月，美国第七舰队司令克拉克告诉周至柔，依照美国现行政策，美台双方只能各自制订作战计划，而不能共同制订"联合计划"。7月9日，蒋介石决定"第一期反攻战略"，其内容为：甲、蒋军单独反攻，则先占福州、厦门，再向浙赣路与粤北、浙南分途前进。乙、与美军共同反攻，则以主力占领广州、韶关，以一部占领厦门，再向闽北、赣南前进。丙、主力由韩国进入中国东北，占领平津。他计划于1953年反攻大陆，开辟"韩战第二战场"。[1]

1953年初，蒋介石预定当年大事，其第17条即为"反攻兵力与军费之准备"，蒋计划在当时台湾现有的30个师之外，新编20师至30个师，2个至3个伞兵师。5月31日，蒋指定周至柔制订反攻大陆方案，这一计划后来被称为《光字计划》。蒋原来计划以五年时间"完成复国"，至此，他将计划延长至10年至15年。

同年，蒋介石提出"雷州半岛"方案。蒋的如意算盘是，由韩国经台湾以至越南，形成半月形的战线，12月13日，蒋介石得悉美国参谋长联席会议主席雷德福即将访问台湾，准备的谈话要点之一即是——"越南反攻与中国反攻大陆同时进行之重要"。[2] 当时，蒋介石想象美苏必战，其时间不会超过1955年。因此，他将反攻准备定到1955年为止。

蒋介石要反攻大陆，首先必须解除美国的所谓"台湾中立化"的束缚。朝鲜战争爆发后，杜鲁门曾宣布，命令第七舰队开进台湾海峡，以阻止从中国大陆对台湾和从台湾对中国大陆的一切海空活动，将台湾海峡"中立化"。美国的这一决定既反对大陆解放军跨海进军台湾，也反对台湾蒋军跨海进攻大陆，对海峡两岸都有限制。1953年2月2日，新任美国总统艾森豪威尔下令第七舰队不再干涉蒋军袭击中国大陆，"放蒋出笼"，蒋介石很高兴，认为"正合吾意"。[3]

---

[1]《蒋介石日记》（手稿本），1952年11月13日。
[2]《蒋介石日记》（手稿本），1953年12月19日。
[3]《上星期反省录》，《蒋介石日记》（手稿本），1953年2月6日。

1953年美国副总统尼克松访问台湾。图为蒋介石、宋美龄与尼克松合影。

蒋介石要反攻大陆,还必须争取美国的军事、经济援助。1954年初,他制订"开计划"(K计划),争取美国援助的武器有:

海军驱逐舰6艘;

喷射式F86式战机2大队,F84式战机2大队;

新式雷达。

该计划同时要求:1.以苏联接济中国的武器数量为准;2.币制基金现款5亿美元;3.每年作战经费3亿美元;4.经济援助1.2亿美元。

美国人在很长时期内对蒋介石的反攻大陆计划不感兴趣,认为这只是蒋的梦想,"除非有一个瓶子的神仙发现,否则绝无可能"[1]。因此,对蒋军

---

[1]《蒋介石日记》(手稿本),1954年1月4日。

事援助也不很积极。蒋介石曾在1951年10月20日的日记中抱怨，美国应允的1951年军援计划7000万美元，至今"一物未到"。12月31日日记称，美国运到台湾的军援武器只占其应允总数的不到32%。

对于蒋介石所要求的新式喷气战机，美国人担心会给自己带来麻烦，要求蒋介石保证，不得采取对大陆的攻击性行动，以免将美国拖入战争，在此之前，停止或暂缓向台湾交付飞机。1953年7月12日，蒋介石甚至咬牙切齿地在日记中表示："再不要幻想美国援助我反攻复国。该国之政策与诺言绝不能信赖，其幼稚、冲动、反复无常之教训，如果自无主张与实力，若与之合作，只有被其陷害与牺牲而已。"[1]

到了1954年，美国人对蒋介石反攻大陆计划的冷漠逐渐出现转变迹象。当年2月，台湾与美方召开"共同防卫台湾作战会议"，4月，蒋军与美军在台湾南部共同举行"联合大演习"，14日，蒋介石邀请美国军方高级将领普尔少将等人聚餐，参加者一致表示，愿随蒋介石"并肩反攻大陆"。同年5月7日，越南人民军解放奠边府，全歼法军1.6万多人，俘虏法国守军司令德卡特莱少将，法国和美国政府都大为震动。

9月3日，海峡两岸发生炮战，中国人民解放军自厦门向金门发炮6000余发，击毙美军在金门的顾问2人。7日，台湾蒋军出动海空军攻击解放军炮兵阵地。10月11日，蒋介石致函艾森豪威尔，认为如果苏联首先使用氢弹，先发制人，则"氢弹一落，全世界人心震惊，其必同时萎缩、昏迷，不知所至，更不知如何能图报复"。因此，他建议美国，"不如助我反攻大陆，使敌人专致力于此，而无暇顾及其他，是为长期消耗敌力，陷入泥淖，不能自拔之一法"。[2]美国空军部计划处向蒋介石提议，只要蒋申请，即可出借原子弹供反攻大陆之用，显然与这一背景有关。

蒋介石当然知道原子弹的厉害，也知道此物对他反攻大陆会很有用，

---

[1]《蒋介石日记》(手稿本)，1953年7月12日。
[2]《"总统"蒋公大事长编初稿》卷13，总第187页。

但他更清楚，此物"使用"不得，一旦使用，"对于民心将有不利之影响"。

古语云：得民心者得天下，失民心者失天下。蒋介石虽然是个反共的政治家，但是，他懂得争取"民心"的重要。一旦他向美国人借用原子弹，那么，不仅反攻大陆不会成功，而且，他将永远成为民族的罪人了。

三　使用"战术核武器"？

1955年5月，美国在内华达州试验战术核武器成功。这种核武器当量小，可以用280毫米口径的大炮发射，因此，威力较低，用于小规模战争或局部战争，目的在于摧毁敌方指挥所、集结的部队、作战工事和机场、港口等。1958年8月，解放军福建部队猛烈炮击金门。同年10月20日，美国国务卿杜勒斯应邀访问台湾，企图说服蒋介石承诺不以武力打回大陆。22日，杜勒斯声称，要摧毁金门对岸的中共数百门大炮，只有使用

1963年，蒋介石视察金门。

核武器。他问蒋：是否要求美国动用核武器？蒋介石答称：或许可以考虑使用"战术核武器"。杜勒斯立即吓唬蒋介石说，其落尘会杀死20万中国人和金门岛上所有的人，苏联并有可能参战。蒋当即表示：如果这将引起世界大战，他不会要求使用核武器。[1]23日，蒋杜再次会谈，蒋介石要求美国二者择一："予我以原子重炮，毁灭其炮兵阵地，否则由我空军轰炸其运输线也。"[2]蒋的用意在以进为退，逼使美国同意他的后一方案。1964年4月，美国国务卿鲁斯克（Rusk）访问台湾，对蒋介石称："今后再不会有韩战作战方式，将以原子弹解决战争。"蒋介石日记云："不知其用意何指，其谁欺乎？可笑！"[3]据有关资料报道，当时，鲁斯克询问蒋介石，在反攻大陆时，使用原子弹如何？蒋称：美国有多种先进武器，没有必要使用原子弹。如果使用原子弹，受损失的将不只是中共及其军队，对环境污染太大，"光复大陆"成功后不易处理。[4]1968年12月，鲁斯克再次到台湾访问，蒋介石和他商谈反攻大陆问题，希望得到美国支持。鲁斯克表示：美国人不想在一场反对中国的常规战争中流血。蒋介石立即愤怒地表示："你们永远不应设想以核武器对付中国。"[5]

---

[1] Jay, Taylor, The Generalissimo, Harvard University Press, 2009, p. 500.
[2] 《蒋介石日记》（手稿本），1958年10月23日。
[3] 《蒋介石日记》（手稿本），1964年4月17日。
[4] 汪幸福：《蒋介石曾劝说美军将领扩大越战，进攻大陆》，《环球时报》，2006年1月16日。
[5] Dean Rusk, As I Saw It, New York, W. W. Norton, 1990, p. 288.

国民党迁台与蒋介石的反省

1949年，蒋介石决定将国民党及政府机构迁移台湾，自此，台湾历史开启了一个新的阶段。蒋介石做出这一决定，有一个逐渐酝酿并成熟的过程。

一 蒋介石与台湾的因缘

1894年，清政府在与日本的战争中失败。次年，订立《马关条约》，将台湾割让给日本。当年，蒋介石9岁。1918年8月18日，蒋介石自香港赴上海，船经基隆，想起昔日清政府割台的历史，感慨不已。他虽想上岸游览，但台湾已是日本属地，自然不能如愿。所见所闻，无非日人日语，更加感叹不置。[1]

蒋介石踏上台湾土地，时在抗战胜利，中国收回台湾之后。1946年10月25日，台湾光复一周年。此时，国共两党正处于艰难的战后谈判中。21日上午，蒋介石匆匆忙忙地接见周恩来、张君劢、胡政之等人，下午即与宋美龄相偕飞抵台北，乘车直驶草山温泉。22日，在圆山忠烈祠祭祀革命先烈及抗战死难军民。23日，飞台中，经雾峰、草屯子、埔里等地，抵达日月潭，沿途受到台湾民众热烈欢迎，蒋介石也觉得能在抗战胜利后见到"台胞"，感到高兴和安慰。他和宋美龄住宿涵碧楼。湖水之绿、山色之秀，都使蒋介石叹为"佳绝"，认为是平生理想的休养胜地。24日，蒋介石离开台中，市民与学生列队欢送，长达十余里。25日，适逢台湾光复一周年纪念，台湾各界在台北举行纪念光复及欢迎蒋氏夫妇大会。自中

---

[1]《蒋介石日记》（手稿本），1918年8月18日、19日，参见1946年10月26日日记。

山桥至中山堂广场,十余里长的马路两侧,也排满了"狂呼欢跃"的人群,使蒋介石的内心受到巨大的冲击,自觉40年的革命奋斗,8年与日本的恶战,终于得到报偿。会上,蒋介石致辞称:"国父倡导国民革命,即以光复台湾为革命主要目标之一。""到了民国三十二年,我亲赴开罗与英美领袖举行三国会议,决定日本'由中国所夺取之土地,如台湾、澎湖群岛及东北四省等归还中国',至此我们失去了五十年的台湾,已经确定为我们中华民国的一部分。去年八月十五日,日本宣告无条件投降,我国即按照预定计划,进行接受失土的工作。去年今日,就是台湾省正式归隶我国版图的一日。"他宣称:"中央爱护台湾,远胜于全国其他任何一省",号召台湾人民,"今后更应刻苦努力,团结合作,扩展先烈爱国革命的精神与毅力,同心一德地来建设新台湾,建设三民主义的新中国。"[1]词毕,台湾省参议会议长黄朝琴代表全省同胞宣读致敬词,向蒋及宋美龄分别赠送"功昭寰宇"和"德溥蓬莱"的锦旗。10月27日,蒋介石、宋美龄飞返上海。

蒋介石此次台湾之行,除了对台湾民众给予他的热烈欢迎印象深刻之外,突出地感到:一、台湾的日本风习很深,可见日本人"经营久远之心计",但这均已成过去;二、台湾尚无中共细胞,可算一片"干净土",应该珍重建设,使之成为"全国模范省"。[2]

1947年2月底,台湾发生二二八事件。3月5日,蒋介石派陆军第21师赴台震慑,指示其师长:"宽大处理,整饬军纪,收揽人心。"6日,指示陈仪"政治上可以退让,尽可能采纳民意"。7日,确定以"怀柔"为总的处理原则。[3]3月17日,蒋介石派国防部长白崇禧赴台宣抚,同时在对台湾民众的广播演讲词中宣称:将在"确保国家立场及采纳台胞真正民意之下谋合理解决"。他宣布恢复地方政治常态办法六条:1.台湾行政长官公署改为省政府,省府委员及厅、处、局长人选尽量容纳地方人士参加。2.台湾省各县市长提

---

[1] 《"总统"蒋公大事长编初稿》,第3040页。
[2] 《上星期反省录》,《蒋介石日记》(手稿本),1946年10月26日。
[3] 参见本书《二二八事件与蒋介石的对策》。

第二次世界大战结束，日本战败投降后，1945年10月25日，中华民国国民政府在台北中山堂举行"台湾对日本的受降典礼"。翌年8月，台湾省行政长官公署颁布命令，明订10月25日为"台湾光复节"，"台湾光复"一词自此被各界大量运用。图为位于重庆南山抗战遗址博物馆内的台湾光复纪念碑。

前民选。3. 县市长选举前由省政府委员会依法任用，并尽量登用本省人士。4. 政府或事业机关中同一职务或官阶者，无论本省或外省人员，待遇一律平等。5. 民营工业之公营范围尽量缩小。6. 采纳地方意见，修正或废止台湾行政长官公署现行的政治经济政策。蒋介石并同时宣布，参与此次事变的有关人员"除共党煽惑暴动者外"，一律从宽免究。[1]5月，蒋介石任命外交家、文

---

[1] 《蒋主席对台湾民众广播词》，"中研院"近代史研究所编：《二二八事件资料选辑》（二），1992年版，第181—183页。

官魏道明为首任台湾省主席，继续贯彻其"怀柔"政策。经过一年多的努力，台湾社会逐渐安定。蒋介石迁台后，为了化解二二八事件在台湾人民记忆中留下的伤痕，专门于1950年1月28日约见黄朝琴等人，要他们对台湾本地人民"宽容谦爱，消弭芥蒂"。[1]此是后话。

二　蒋介石在内战中频频失败，目光转向台湾

进入1948年，蒋介石的目光更多地转向台湾。

1月3日，新年伊始，蒋介石就召见台湾省主席魏道明，商讨台湾的经济与财政问题。3月8日，蒋介石下令将台湾的保安旅改为警备旅。

6月14日，蒋介石思考与中共作战的形势，认为抗战时期，以中国的西北与西南作为根据地，而现在是"剿匪"与"国际战争"时代，其核心堡垒应该是"江、浙、闽、台"。他在日记中表示，应该为此制订一项整个的通盘计划，"有以急图之"。蒋介石这一天的日记表明，他在东北、华北、华中连遭军事失败之后，不得不将反共根据地建立于东南沿海了。11月24日，他与蒋经国谈时局，深感党、政、军干部自私、无能、散漫、腐败，已经不可救药，如欲复兴民族，重振旗鼓，必须舍弃现有基础，"缩小范围"，另外选择一个"单纯环境"，进行根本改造，另起炉灶。蒋介石与蒋经国的这次谈话表明，他对当时国民党的组织、政权、军队都已经完全失望，所谓"缩小范围"，"单纯环境"，云云，显然指的就是台湾。

在此期间，蒋介石开始悄悄地向台湾转移实力。11月24日，蒋介石将原驻湖南衡阳的葛先才部调驻台湾。30日，决定将海、空、联勤各部迁粤，将陆军大学和机械化部队迁台。12月4日，决定将原驻广东的第154师调台。12月9日，决定修建金门、马祖要塞。这一切，都是为了加强台湾的军事实力。

---

[1]《蒋介石日记》，(手稿本)，1950年1月28日。

1948年冬天东北惨败后的蒋介石，与副总统李宗仁、美国驻华大使司徒雷登（左一）及远东共同安全署特别代表艾伦·格里芬（右一）。

同时，蒋介石也在考虑更动台湾的党政人选。12月25日，蒋介石考虑调翁文灏为台湾省主席，以蒋经国为国民党台湾省党部主委。但是，二人都是文职官员，似乎不很理想。所以没过几天，蒋介石又决定以正在台湾养病的陈诚作为台湾省主席。12月29日，蒋介石托魏道明向陈诚转达这一决定，要陈尽速准备。30日，蒋介石邀请黄埔军校毕业生聚餐，征求意见，使蒋想不到的是，第一期的关麟征、胡宗南等都反对此议。蒋很感伤，觉得到了这种时候，自己的这些嫡系子弟还只考虑个人恩怨，绝无悔悟团结之心。黄埔不幸至此，"诚死无葬身之地"了。

兵马未动，粮草先行。以台湾作为反共堡垒，不可没有经济准备。1948年11月底，蒋介石制订下月《大事预定表》，其第15条即为"中央存款"之处理。同年12月1日午夜，第一批黄金260万两、银元400万块自上海运往台湾。此后，又密令联勤总部预算财务署长吴嵩庆与财政部及中央银行订立"草约"，以"预支军费"的名义，将原来作为金圆券准备金的国库资金全部转运到财务署，分两批运台。1949年5月18日，又由汤恩伯经手，将第四批黄金19.5万两运离大陆。前后四批，总值共约黄金700万两。[1]

多年来，吴稚晖一直是蒋介石的坚定支持者，也是蒋的智囊。12月10日，蒋介石给吴写了一封信，建议他到台湾休养。次年5月7日，又派蒋经国访问在上海的北洋外交元老颜惠庆，动员他迁台，表示将为他准备机票与在台住房。不料颜不仅毫不动心，却反过来为中共宣传，劝蒋经国不必惧共、反共。蒋介石得知后，觉得中共"迷惑人心"，技术真是高明之至！[2]

三　蒋介石进驻台湾，成立总裁办公室

自1948年9月12日起，林彪指挥下的东北野战军连续向辽宁西部和沈阳、长春地区的国民党军发动进攻，历时52天，歼灭国民党军47万余人。辽沈战役于11月2日结束，东北野战军一反常态，立即挥师入关，将守卫华北的傅作义各部分别包围于张家口、新保安、北平、天津、塘沽等地。一切征象都表明，大局已定，大陆的迅速转手已经确定无疑。12月24日，桂系大将白崇禧自汉口致电在南京的张群和张治中，要他们转告蒋介石，人心、士气、物力，均已不能再战，要求与中共停战言和。30日，白崇禧再发一电，声称"时间迫促，稍纵即逝"，要求蒋"趁早英断"，同日，河南省主席张轸通电，恳请蒋"下野"。

内外交迫，1949年1月1日，蒋介石发表元旦文告，表示愿意和中共"商讨停止战事，恢复和平的具体办法"。团拜后，他约李宗仁谈话，表示

---

[1] 参见吴兴镛：《黄金档案》，（台北）时英出版社，2007；江苏人民出版社，2009。
[2] 《蒋介石日记》（手稿本），1949年5月7日。

自己"当然不能再干下去了"。6日,中共领导的华东野战军向早被包围的杜聿明集团发起进攻,仅4天,就全歼邱清泉、李弥两个兵团,俘获杜聿明。至此,历时65天的淮海战役结束,国民党军共被歼灭55.5万余人,南京完全暴露在中共部队的攻击矛头之下。同月15日,华北野战军全歼天津守敌13万余人,堵住了傅作义部由海路南撤的通道。19日,傅作义与中共达成《关于和平解决北平问题的协议》。21日,蒋介石发表"引退"文告,宣布由李宗仁"代行总统职权"。

这时候,蒋介石不能不更多地考虑迁台与建设台湾问题。年初,他规划全年大事,预定了于5月下旬到台湾、福州、厦门等地所做的工作,有督导台湾币制改革、确定预算、台湾施政方针与社会经济政策之实施、树立复兴基地之基础、台湾军政人员之调处与台海空军额之决定等多项,预定6月在台湾或定海督导军事与基本工作进行,7月完成台湾的防务与准备。这一份计划表明,蒋介石的工作重点已经转向台湾了。[1]

陈诚是蒋介石多年亲手培养的爱将。1月3日,蒋介石致电陈诚,询问他为何仍不就台湾省主席之职。电称:"若再延滞,则夜长梦多,全盘计划,完全失败。"[2]5日,陈诚仅携带一名随员就职。就职后,陈诚决定继承白崇禧1947年奉命宣慰台湾时的政策,同时以"人民至上,民生第一"相号召,首先推行"三七五"减租,使佃农生活得到改善,农业生产得到增加。同年12月21日,蒋介石考虑到对美的联络需要,再以吴国桢换下陈诚。

在蒋介石的计划中,不仅国民党中央党部迁台,而且政府机构也要迁台。3月18日,他开始研究政府机构的迁台手续,并且在日记中写下了"三年生聚,三年教训之方法"等字,说明他已在考虑如何效法同乡的老祖宗勾践卧薪尝胆的故事了。4月8日,他预定本星期工作课目,其第九条为台湾与广东币制改革之准备。第十条为台湾设立政府之方式。5月7日,他在

---

[1]《民国三十八年大事预定表》,《蒋介石日记》(手稿本),1949年卷首。
[2]《陈诚先生回忆录·建设台湾》(上),第7页,(台北)"国史馆",2005。

陈诚与蒋介石同为浙江老乡，深得蒋介石信任，因与蒋介石行事风格相近，故有"小蒋介石""蒋介石的影子"之说。国民党败退台湾后，陈诚曾任"中华民国副总统"，国民党副总裁。图为蒋介石与陈诚合影。

日记中表示，极想将台湾建设为"三民主义实现之省区"。但是，六天之后，他又将范围略为扩大，决定以台湾和浙江定海（舟山岛）作为"着手开始之点"，并且召见有关人员，研究定海防务和将其建设为"民生主义实验区"的要旨。[1]18日，蒋介石着手研究台湾未来的财政与军费预算，希望能够制订出一份包括具体方案在内的三年计划。

5月25日，蒋介石由位于澎湖列岛的马公飞抵台湾高雄。6月2日决定："今后应以台湾防务为第一"，应立即召集台湾军事会议，解决兵额编组与部署巡防通信及交通等问题。[2]此时，李宗仁是代总统，蒋介石在行政上已无职务，但是他仍以国民党总裁的名义控制和指挥一切。

6月4日，他考虑建立东南军政督理委员会或监理团，自任主任，同时考虑以陈诚为闽台绥靖主任，由自己代理，并且致电胡适，劝他就任外交部长。此际，原空军总司令周至柔致函蒋经国，对"总裁"越权指挥空

---

[1]《蒋介石日记》（手稿本），1949年5月13日。
[2]《"总统"蒋公大事长编初稿》，第3655页。

军干部有所不满。蒋介石见函后表示：自己是"革命领袖"，其地位与"总统"名义的存在无关，没有"总统"名义，可以摆脱法律限制，对"革命军队"拥有"绝对无上之权力"，就更应起而积极负责，监理台湾军政，决不从此消极，任其所为，使革命"断种"。12日，他更进一步强烈表示，决不放弃革命领袖的责任与权力，无论对军队，对政府，一定尽监督与指导之责，任何人不得违抗。[1]

《开罗宣言》早已明确承认，台湾将在对日战争胜利后归还中国，但是，由于中共在大陆的巨大而迅速的军事胜利，美国部分政客担心台湾不保，将堕入俄国势力范围，使南太平洋的海岛防线发生缺口，因此，力谋直接出面管理台湾。英国则在背后怂恿，以加强其在香港的统治声势。6月15日，蒋介石在高雄接到宋美龄发自美国的两封信，担心美国有可能强占台湾，承认中共，这使蒋介石突然紧张起来。17日，他与王世杰商谈台湾地位及对美态度，当日未有决定。18日，他决定对美应有坚决表示："余必死守台湾，确保领土，尽我国民天职，决不能交还盟国。"[2] 20日，蒋介石得到驻日本东京代表团电陈，盟军总部拟将台湾交盟军总部或联合国暂管。蒋介石立即电示代表团团长朱世明，命他与麦克阿瑟元帅详谈，说明此议"绝对无法接受"，既"违反中国国民心理"，也与"中正本人自开罗会议争回台、澎之一贯努力与立场，根本相反"。[3]

台湾光复后，在陈仪主持下，台湾一直独自发行台币。1948年11月，大陆通货膨胀，台湾受到影响，金融波动，物价腾贵。次年6月15日，陈诚主持的台湾省政府在原中央银行总裁俞鸿钧协助下，宣布发行新台币，总额两亿元。新台币5元折合美元1元，旧币4万元折合新台币1元。由于当年6月2日，蒋介石即决定拨付5000万美元作为币制改革基金，有充足的发行准备，因此效果良好，军民生活安定，并为日后的经济繁荣奠定了

---

[1]《蒋介石日记》（手稿本），1949年6月6日、11日、12日。
[2]《蒋介石日记》（手稿本），1949年6月18日。
[3]《"总统"蒋公大事长编初稿》，第3662页。

基础。

7月1日，蒋介石在台北设置总裁办公室。下设设计委员会，由蒋任主席，或指定委员一人代表主席，委员为王世杰、俞大维、张道藩、俞鸿钧、吴国桢、雷震等。其下再设党务、政治、经济财政、军事、外交、文化宣传等六组。蒋经国担任党务组副组长，并且另外参加政治、军事两组。蒋介石对该办公室的成立极为重视，后来曾将它与成立革命实践研究院、台湾币制改革并列为"从头做起之初基"。[1]

四　西南梦碎，国民党完全撤出大陆

尽管蒋介石将台湾作为第一防务据点，但是，他仍然想尽力保有大陆的西南地区。5月14日，他确定大陆基地以重庆为主。6月3日，李宗仁在广州召开会议，决定以广州为政府所在地，但为加强战时体制，发挥战时功能，在重庆设立办事处，分地办公。6月11日，国民党中央常务委员会推荐12人组成非常委员会，蒋介石、李宗仁分任正副主席。

22日，蒋介石决定于7月初赴广州成立非常委员会，并巡视重庆等地。10月12日，李宗仁的广州政府宣布自广州迁往重庆办公。14日，李宗仁飞抵重庆。他感到没有蒋介石，什么事也做不成，于23日致电蒋介石，要求蒋立即飞渝，解决今后军事部署、财政措施以及外交运用等各项问题。26日，李宗仁向刚刚到达重庆的中央非常委员会秘书长洪兰友表示，当前诸多问题均难以决定，四川、西康间人事纠纷、地方问题棘手，希望蒋早日来渝，商量解决办法。27日，李宗仁再次约洪晤谈，表示大局艰危至此，难以肆应，希望总裁早日莅渝。但是，李不愿与蒋共事，又担心蒋到重庆后，自己会被迫劝蒋"复位"，便于11月3日飞往昆明、南宁"巡视"。到昆明后，李宗仁会见云南实力派首领卢汉。卢汉建议，联名向蒋介石发

---

[1]《民国三十八年反省录》，《蒋介石日记》（手稿本），1949年年末。

电，建议将政府迁到昆明，待蒋到后，将他扣起来，"一块一块割掉他，以泄心头之愤"。[1]李宗仁发觉卢汉不稳，担心卢可能也会将自己扣起来，向中共献礼，便匆匆离开昆明。14日，飞到广西南宁。其后，胃病复发，便血不止。他便致电阎锡山，声称须在南宁休息数日。

这时，白崇禧认为只有蒋、李合作，才能挽救西南危局，决定促进二人妥协。[2]10月29日，白崇禧自重庆致电蒋介石，要蒋来渝主持大计。11月2日，蒋复电白崇禧表示，目前须部署保卫台湾各种事务，当可于月中到渝。12月4日，白崇禧约蒋的亲信吴忠信面谈，声言情势已达最严重阶段，希望蒋早日来渝领导。他并亲笔写了一封信，请吴专程赴台敦请。白甚至表示，他个人主张李宗仁仍为"代总统"，请蒋复出为"总统"，声明实出自诚意。白还请邱昌渭赴昆明，将谈话经过报告李宗仁。

这一段时期，陈立夫、阎锡山等函电交驰，纷纷表示，"中枢几成无政府状态，上下惶惑，不可终日"。11日，蒋介石征询吴稚晖的意见，吴赞成蒋赴渝，但提出万不可让李宗仁脱卸政治责任。对吴的策划，蒋介石非常赞同。11日，蒋介石决定"顺从众意"，飞渝以尽人事，以"无名义"负责主导，日记云："明知其不可为，而在我不能不为也。"[3]11月14日，蒋介石飞抵重庆，致电李宗仁，要李即日返渝，共商一切。18日，蒋介石召集党政干部会商时局，他心知与桂系已无法合作，但仍致电白崇禧，嘱其陪同李宗仁返渝。

11月20日，李宗仁自南宁飞赴香港，声称因病将赴美检查，从速施行手术，"决以最经济之时间，致力于体力的恢复，俾今后得以全部精力与我军民共同战斗"。[4]他宣称，治疗期间，"中枢军政"，由阎锡山负责；"总统府"日常公务，由秘书长邱昌渭等负责。同日，白崇禧自南宁返回重

---

[1] 《李宗仁回忆录》(下)，第1021页，政协广西文史资料委员会，1980。
[2] 程思远：《李宗仁先生晚年》，第134页。
[3] 《"总统"蒋公大事长编初稿》，第3767页。
[4] 程思远：《李宗仁先生晚年》，第137页。

庆，向蒋介石报告有关情况。蒋介石反对李宗仁飞港赴美，认为此行有三不妥：第一，这是"临危弃职"；第二，香港当时是英国属地，此行"将置国格于何地！"第三，李对于飞美后的职权并无交代，仍将以"国家元首"的名义赴美，名为养病，实为求援。蒋介石在日记中严厉批评说："廉耻、国格为其扫地殆尽。"[1]22日，蒋介石约国民党中央常委讨论，决定派居正、朱家骅、洪兰友、郑彦棻为代表，持蒋亲笔函赴港，探访李病，劝其回国。蒋在函中保证，将以"充分权力"交给李宗仁。[2]同日，蒋介石与白崇禧谈话，表示本人此时绝不复职，李宗仁赴海外"有辱国家"，必须克日回渝，在商定对内、对外大计后，未尝不可赞同其出国。[3]

蒋介石原以为中共部队会从陕南进攻川北，因此，在当地布置重兵，但是，他没有想到，毛泽东却命令刘伯承和邓小平率第二野战军采取"大迂回之动作"，首先进攻贵州和四川东南部。11月15日，占领贵阳。次日，占领川东门户彭水，宋希濂所部十万人迅速溃败，二野从南面、东面两个方向进逼重庆。蒋介石不得不急调第十五兵团罗广文兵团到长江南岸的綦江布防，同时命胡宗南部撤守川北，千里转移，将兵力集结于成都地区，又命胡部第一、第三两军火速来渝，并希望胡亲来指挥，与中共进行重庆会战。27日，二野占领綦江，罗广文弃军逃跑。

重庆岌岌可危，蒋介石曾多次想到自杀。11月28日，他在林园的莲亭写下一段感想：

党与国由总理一手创造，由中正一手完成，余爱此党此国，甚于爱子，岂仅视如至宝而已。时至今日，由余养育完成之党国，而由余毁灭之，此境此情，将何以堪！

如果党国果真绝望，则尚有此残躯立足之余地，其将有何面目见

---

[1]《蒋介石日记》（手稿本），1949年11月20日。
[2] 程思远：《李宗仁先生晚年》，第138页。
[3]《"总统"蒋公大事长编初稿》，第3772页。

世乎！

因此，他想到自杀，蒋介石称之为"殉国"，但是，他转念一想，觉得尚非"绝望"之时，大陆尚有残破之西南，台湾和澎湖仍然完整，只要此身尚在，"党国"可以由此身再造。这样一想，他就决定不"殉国"了。11月29日，阎锡山率"行政院"匆匆忙忙迁至成都办公。同日，二野部队逼近重庆，蒋介石决定在机场住宿。午夜，蒋介石赶赴机场，途中堵塞不堪，蒋介石急不可耐，下车步行，等汽车赶来后再乘车继续前进。当夜，蒋介石就住在"中美"号飞机上。30日晨6时，飞往成都。

在成都，蒋介石临时住在中央陆军军官学校，12月1日，阎锡山见蒋，商谈政府驻地及疏散方案。胡宗南也于同日见蒋，述说汽油供应困难，运兵迟缓。蒋介石则鼓励他进驻遂宁，防守内江。蒋介石计划，必要时撤退到西昌。

当时，西南地区国民党尚存兵力五十余师，胡宗南部有三十二师，40万人。这一点兵力当然抵挡不住解放军的庞大兵力。但是，对于"迁台"问题，蒋介石周围也有许多人主张"慎重"，有人担心，美国可能武力占领台湾。蒋介石认为，英美绝不敢有异议。日记称："如其果用武力干涉，或来侵台，则余必以武力抵抗，宁为玉碎，不为瓦全。"[1]

7日，蒋介石任命顾祝同为西南军政长官，胡宗南为副长官兼参谋长，贺国光为西昌警备总司令，企图固守西南。但是，他也断定西昌不能久守，于7日决定将政府机构迁台，在西昌设大本营，在成都设防卫司令部。同日，蒋介石接见阎锡山，要求他于一日之内完成迁台准备，当晚即由成都飞台。

四川地方实力派头领刘文辉、邓锡侯长期和蒋介石有矛盾，和国民党内的反蒋派李济深、冯玉祥有联系。这时，刘邓二人正在筹划起事，准备

---

[1]《上月反省录》，《蒋介石日记》（手稿本），1949年12月30日。

脱离国民党阵营。7日，蒋介石派张群到昆明，安抚云南省主席卢汉，要求将政府迁到昆明。同日，蒋介石召刘文辉、邓锡侯谈话，二人托词不来，随即从成都出走。9日，刘、邓与云南的卢汉相继通电起义。卢汉在扣留张群等人后，又致电刘文辉，要刘会同四川将领，扣留蒋介石。在此情况下，胡宗南等纷纷劝蒋迅速回台。下午2时，蒋介石偕蒋经国等步出陆军军官学校，在凤凰山机场登机，返回台北。

胡宗南是蒋介石最信赖的学生，也是他多年精心培植的将领。蒋相信他可以撑持残局，在西南地区"建立起坚强不拔的基础，作为我们大陆反攻的根据地"。[1]不料胡宗南却于12月22日只身飞往海南岛。28日，胡宗南在蒋介石的催迫下飞返西昌，部署作战。1950年1月25日，蒋介石派蒋经国飞赴西昌，勉励胡宗南死守当地。他并告诉胡宗南："如台湾失陷，我必死于台湾，以尽我职责。"[2]3月27日，第二野战军攻占西昌，胡宗南再次飞往海南岛逃身。4月13日，西昌地区的国民党军队全部被歼。

至此，蒋介石西南梦碎，在大陆再无可守之地了。

五　蒋介石的反省

蒋介石是一个爱反省的人。他的日记在某种程度上也可以说就是他的反省记录。一周过了，有《本周反省录》；一月过了，有《本月反省录》；一年过了，也常有《本年反省录》一类的记载。自然，丢掉大陆，对于蒋介石说来，可谓创痛巨深。他有很多反省，也有许多自责，日记中常见"愧悔无地自容""几无面目见世人"等字样。他甚至有过"遁迹绝世，了此一生"的念头。但是，蒋性格顽强，《反省录》自称，所造罪孽，不能怨天尤人，只能待（戴）罪补过，以求自赎。[3]与此同时，他在台北开办革命

---

[1]《先"总统"蒋公思想言论总集》卷23，第79页。
[2]《"总统"蒋公大事长编初稿》，第4136页。
[3]《民国三十八年反省录》。《蒋介石日记》（手稿本）。

实践研究院，调集干部学习，总结经验，蒋介石多次发表演讲，其中也有大量反省、检讨的内容。

1949年3月底，蒋介石在《上月反省录》中表示，要彻底检讨失败原因，拟成条目，以便反省与改革。其条目，自甲至寅，共13条之多（以下简称《反省十三条》），但是，写得很简略，大多数条文只有一句话。1951、1952、1953年几年中，蒋介石逐月审读1944年至1948年的日记，不时写下心得。1951年10月，他审阅1947年6、7两月的日记后，决定将此期间的日记秘密印刷，分赠部属，共同研讨过去的得失。同年12月25日，他要蒋经国研读自己1945年的日记，认为其经历教训，比之读任何历史为有益。1952年12月6日，蒋介石再次决定将1944年的日记先行付印，供干部研究。

研究蒋介石的《反省十三条》，综合考察蒋迁台前后的其他日记与文章，这一时期，蒋介石的反省大致可分八个方面：

反省之一，是外交失败。蒋介石认为这是"最大之近因"。在蒋看来，世界上只有强权，毫无信义。苏联外交反复无常，毒辣残忍；美国有头无尾，轻诺寡信；英国阴险狡诈，唯利是图。自己不加区别，均以"信义"对之，焉能不败。[1]1946年3月，苏联乘马歇尔返美述职之际，向国民政府提出，愿出面调解国共纠纷，在东北与中国经济合作。当时，蒋介石坚拒不理。迁台后，蒋介石检阅当年外交记录，认为此举殊为失策。当时应不顾美国，以自主精神与苏联谈判，解决问题。这样做，可使美国有所顾忌，而不敢轻易怠慢中国。他将此视为不能不反省的"最大之教训"。1951年，蒋介石检阅1945年11月日记，认为苏联、美国均是一丘之貉，如果仅据文字、语言及表面现象，即将某国视为诚意可信的友邦，将是"傻中之傻"。[2]1952年11月，他阅读1944年7月以后的日记，认为外交只有强权，

---

[1]《蒋介石日记》（手稿本），1949年8月17日。
[2]《蒋介石日记》（手稿本），1951年10月24日。

弱肉只有等待被吃。[1]

马歇尔是第二次世界大战后美国对华政策的主要制订者和执行人，因此，蒋介石多次在日记中指责马歇尔"误美害华之罪"，称马歇尔为灭亡中国的"祸首"。1949年1月底，他在《本月反省录》中就认为，他的"革命剿匪"任务之所以失败，其原因不在中共，不在"俄史"，而在于"美马"的"冥顽不灵"。他批评自己外交运用无方，过分相信美国，因此应该引咎自责。迁台后，他总结既往教训，觉得只剩下这"弹丸一片干净土"了，自誓从此再也不能因幻想美援而接受美国人的"愚妄"要求了。

反省之二，是军事崩溃。1949年10月，蒋介石在革命实践研究院演讲中曾称："我们今天失败的原因很多，而主要的原因是由于我们军事的崩溃。"其原因，据他说，在于军事制度，如教育制度、人事制度、经理制度等未能"健全的建立起来"。[2]他列举的国民党高级将领的缺点共8条，军队的弱点与缺点达16种之多。12月12日，蒋介石演讲继称："军队里面不仅精神丧失，而且纪律荡然"，"每一次撤退，高级将领总是先部下而退，置部下的生死存亡于不顾"，"在还没有和敌人接触的时候，他心中早就有了一个腹案，就是怎样脱离战场，从那一条路逃到那一个偏僻安全的地点，苟全性命。"[3]1950年1月，蒋介石演讲又称，认为军队失败的原因在于"没有建立军队监察制度"，"政工人事不健全"，"政训工作亦完全失败"。[4]

关于军事战略与指挥，《反省十三条》没有涉及。1951年8月7日，蒋在日记中谈到：1945年11月，蒋介石鉴于苏军阻挠，中国军队接收困难，曾主张东北问题暂时搁置，将开到东北的五个军调到华北，首先解决关内的中共军队，先安关内，再图东北，由近及远。但是，由于马歇尔出面调处，蒋介石相信外援，将大量精锐部队开入东北，以致内地空虚，各战场

---

[1]《蒋介石日记》(手稿本)，1952年11月27日。
[2]《先"总统"蒋公思想言论总集》卷23，《演讲》，第26页。
[3]《"总统"蒋公大事长编初稿》，第3853页。
[4]《国军失败的原因及雪耻复国的急务》，《先"总统"蒋公思想言论总集》卷23，《演讲》，第90页。

都感到兵力单薄，陷入舍本逐末之误。[1]

反省之三，是党内分裂，纪律扫地，组织松懈。蒋认为这是革命失败的"总因"。1938年4月，国民党临时全国代表大会决定成立三民主义青年团，以陈诚为书记长，此后，三青团与陈立夫掌握的国民党系统的矛盾逐渐尖锐。1947年9月，国民党六届四中全会宣布党团合并，但双方的矛盾并未消除。蒋介石认为，陈立夫想借合并之机消灭三青团势力，并在国大代表等选举中把持包揽，扩大了矛盾。1948年5月，蒋介石曾慨叹党内纠纷日甚一日，裂痕无法弥缝，自感此为生平"最大过失"。他设想今后或者停止各级党部活动，彻底改组；或者听任各派自动组党，分道扬镳。[2]迁台后，他曾力主将国民党的性质定位为"革命政党"，而不是"纯粹民主政党"，甚至主张将县、市以下基层党部改为秘密组织。[3]当时，国民党中央委员名义上有四百余人，人多，纠纷也多，蒋介石因此倾向于将国民党彻底解散、重新组党。[4]1950年，蒋介石在《反省录》中声称，革命失败，其起因在于党务内部的分裂，以致影响到军事、政治、经济、社会及教育等各方面的纷乱与崩溃。1月9日，他列举改造国民党的理由，认为"民国败亡，人民沉沦，主义不行，共匪叛乱，均应由本党负责"，次日，他更直指"派系倾轧，人事纠纷"是革命失败的首因。2月2日，他在日记中表示，革命事业以党为基础，多年来，自己专力于军事与政治，将"党事"委之他人，结果在人事、组训等方面都毫无基础，以致败亡既速且惨，今后不能不"以党事为先"。[5]

桂系是国民党的重要军事派系，后来逐渐发展成为重要的政治派系，蒋介石的第三次下野，和桂系的"逼宫"紧密相关。蒋介石迁台后，对桂

---

[1]《蒋介石日记》（手稿本），1951年8月7日；参见《先"总统"蒋公思想言论总集》卷23，《演讲》，第27页。
[2]《蒋介石日记》（手稿本），1948年5月26日。
[3]《蒋介石日记》（手稿本），1949年7月8日。
[4]《蒋介石日记》（手稿本），1949年12月27日、30日。
[5]《蒋介石日记》（手稿本），1950年2月2日。

系仍恨之入骨,称之为"广西子"。他批评李宗仁与白崇禧"害国害民""伪言伪行""无廉无耻"。1950年4月2日,蒋介石约白崇禧等聚餐,谈笑言欢之际,内心想的却是,彼虽表示归诚,但完全无法相信。1952年,他批阅1948年4月至5月之间的日记,认为桂系当时声势浩大,压倒一切,所造成的"党内斗争"形势,较之中共的"围攻"还要险恶。[1]

1950年3月,蒋介石在革命实践研究院演讲时还曾谈到,由于组织不严,因此被中共渗透到内部,盗窃机密,制造谣言,"以致我们几百万部队,并未经过一个剧烈的战斗,就为敌人所瓦解"。[2]

反省之四,是经济、金融政策的失败,蒋认为这是军事崩溃的"总因"。1950年3月,蒋介石检讨失败因素,认为"财政为第一"。宋子文担任行政院长期间,为了抑制通货膨胀,曾经按照国际惯例,大量抛售国库中的黄金。对此,蒋介石始终认为此举属于宋子文"误国"中的最大过错。[3]1952年10月,他撰写讲稿,对于是否要如实记录此事,颇费踌躇,但最后仍然决定"实录",其理由是:宋子文害国败党,私心自用的"罪过"太多,"以此为最"。[4]到了1955年,他回忆过去,仍然认为"误用宋子文一人",其结果是招致政治、经济、外交的全盘失败。[5]

反省之五,是抗战胜利之后,选择实行民主宪政的时期、制度,以及国民代表大会选举等,都动摇"剿匪之基本",与"剿匪对共政策"背道而驰。因此,他强烈感到,错学了美国民主。

抗战胜利后,美国介入中国内政,派马歇尔出使中国,调解国共纠纷。当时,马歇尔按照美国模式,要求国民党改变一党专政制度,开放政权,成立联合政府。为了满足美国人的这些要求,蒋介石于1946年召开有中共和各民主党派参加的政治协商会议。1947年、1948年相继召开"制宪

---

[1] 《蒋介石日记》(手稿本),1952年8月6日。
[2] 《先"总统"蒋公思想言论总集》卷23,《演讲》,第133页。
[3] 《蒋介石日记》(手稿本),1950年3月24日。
[4] 《蒋介石日记》(手稿本),1952年10月17日。
[5] 《蒋介石日记》(手稿本),1955年10月3日。

国大"与"行宪国大",通过《中华民国宪法》,选举总统与副总统。早在1948年5月,翁文灏因组阁与立法委员意见分歧,彼此攻击,蒋介石就判定"民主制度"危害国家。[1]同年9月17日,立法院要求增加公教人员工资,他为此烦闷苦恼,感到中国"未及民主程度而硬行民主",以致党员如脱缰之马,不可收拾。[2]1949年9月8日,蒋介石与人谈往事,觉得民主、宪政、国民大会等一套做法"到处束缚军政",以致无法"剿匪"。他心有余愤地表示:"所谓民主与宪政,其害国之大,竟如此也,诚悔莫及矣。"[3]在蒋介石看来,听美国人的话,实行"民主"与"联共",是促使国民党政权崩溃的重要原因。

反省之六,是本身的骄矜、愤懑、自恃、忙迫,不能澹静虚心,全凭主观行事。蒋介石认为这也是失败的"总因"。1949年5月27日,蒋介石自我反省,认为一生大病是"轻浮躁急"。1951年12月8日,他反省自己,一生重视科学,却总不能实践"科学之精神"。1955年10月3日,他批评自己个性太强,凡大小政策,无不自信自决,以致无人进言,不能集思广益,折中至当。[4]其例证之一就是,西安事变中,自己误信中共"亦是国人与同胞","召其抗战",擅自独断,而未能谋之于众,以致铸成大错。在他的《反省十三条》中,其第九条为:不研究、不学术(习)、不注重客观,也可视为对自身的批评。1950年3月,他在演讲中赞美中共"办事、治军、作战,的确是本着科学的原则,采用科学的方法"。他并提出,所谓"科学的精神",就是"实事求是,精益求精"。[5]1952年8月13日,他检讨自己,在军事指挥上,对客观的研究,不能求深求实,因此也就不能做出"科学决策"。[6]

[1]《蒋介石日记》(手稿本),1948年5月27日。
[2]《蒋介石日记》(手稿本),1948年9月17日。
[3]《蒋介石日记》(手稿本),1949年11月16日。
[4]《蒋介石日记》(手稿本),1955年10月3日。
[5]《先"总统"蒋公思想言论总集》,卷23,《演讲》,第147页。
[6]《蒋介石日记》(手稿本),1952年8月13日。

養天自樂箴

澹泊沖漠　本然自得
浩浩淵淵　鳶飛魚躍
優游涵泳　活活潑潑
勿忘勿助　時時體察

蔣中正　卅十芜

法天自強箴

中和位育　乾陽坤陰
至誠無息　主宰虛靈
天地合德　日月合明
主敬立極　克念作聖

蔣中正　卅十芜

事天自安箴

存心養性　寓理帥氣
盡性知命　物我一體
不憂不懼　樂道順天
無聲無臭　於穆不已

蔣中正　卅十芜

畏天自修箴

不睹不聞　慎獨誠意
戰戰兢兢　莫現莫顯
研幾窮理　體仁集義
自反守約　克己復禮

蔣中正　卅十芜

1950年10月25日蔣介石所書四箴，分別為：養天自樂箴，法天自強箴，事天自安箴，畏天自修箴。

在用人问题上，蒋介石觉得自己过于"宽大""宽容"。1951年，他重校1933年的《事略稿本》，批评自己"对人不校""用人无方"。

李济深、陈铭枢、白崇禧、李宗仁等"背党叛国"不止一次，但自己不问恩怨，不念旧恶，重用如故，不仅是奖恶，而且是自杀，是"误国"，表示对"叛徒"，应"杀无赦"。[1]

反省之七，是干部制度不立，干部腐化自私。抗战胜利后，大批党政干部从内地到沦陷区，竞相以接收敌伪物资为名，疯狂地掠夺财富，特别是"票子、房子、车子、条子（金条）、女子"，当时有"五子登科"之称，惹得民怨沸腾，广泛流传"盼中央，想中央，中央来了更遭殃"一类歌谣。1949年5月19日，蒋介石反思当时的"接收"工作，批评党政干部皆为物质所诱，造成自私自利之恶习颓风，而其原因，则在于本人事前未有充分之准备，未对干部作严格之监督与准备。因此，"实由余应负其责"。次日，更进一步自认，干部误国，其原因在于本人管教不严，制度不立，以致抗战甫胜即败。1952年7月底，他反省为中共所败的原因，认为其一是军政与社会组织空虚，干部腐化，丧失志节，最后一年，几乎没有一个干部能够效命奋斗。[2]

蒋介石《反省十三条》的最后一条是，未能"宣传"社会经济政策与民生主义。蒋认为这是"唯一之致命伤"。1949年2月3日，蒋介石回奉化，游览城乡，发觉当地乡村四十年来毫无改革，痛感当政二十年，党政机构守旧、腐化，只重做官，不注意实行三民主义，"对于社会与民众福利毫未着手"，因此，他在日记中表示，此后要以民生为基础，亡羊补牢，尚不算晚。[3]3月9日，他开始设计土地制度的实施方案，在预定4月份的大事时，特别将拟定"实行民生主义之方案"列为内容之一。5月8日，他在日记中表示，非常希望对三民主义的实施方案再加一番研讨，并以台湾和浙

---

[1]《蒋介石日记》（手稿本），1951年4月27日、9月7日。
[2]《上月反省录》，《蒋介石日记》（手稿本），1952年7月31日。
[3]《蒋介石日记》（手稿本），1949年2月3日。

"引退"后的蒋介石去台湾前,专程前往故乡浙江奉化溪口镇。

江定海作为实验区。次日,他表示要对党政制度、军队生活、社会政策提出具体方案,希望既能"制裁共产",又能"比肩英美"。很快,13日的日记中就出现了计口授粮,积极开垦,分配每人工作,不许有一无业游民、二五减租,保障佃户,施行利得税、遗产税,推广合作事业,筹办社会保险,推进劳工福利以及实行平均地权,节制资本等"具体方案"。后来,又加上工人与士兵保险制之实行、土地债券与限地制度等内容。从这一天起,蒋介石连续三天研读孙中山的《民生主义》。6月底,他在写完《上月反省录》之后,特别写了一段补充意见,题为《政治经济革新案》,提醒自己注意如何确立以三民主义(尤其是民生)为基础的"政治体制与经济政策"。10月19日,蒋介石研究军队战胜的基本条件,列出的条目有:提高人民生活,实行减租减息,反对剥削,反对压迫专制,反对侵略,反对汉奸,为平均地权、耕者有其田、实行民生主义而战。12月下旬,他将成立"民生主义实践研究会"列为预定工作课目。1950年1月3日,他决定开展

"社会经济运动",其内容为兵农合一、三七五减租,限期耕者有田。2月19日,他制订当年《大事表》,其第十七条为"社会性的民生主义政策",其内容中有醒目的两句话:劳动有食、耕者有田。

蒋介石反省涉及的其他方面还有:无组织、无宣传、无监察、无赏罚;无秘密、无侦察;不科学、不前进;无策略、无轻重(无重点,无中心)等,不赘述。

六 正确或不正确的反省都深刻影响了台湾历史的发展进程

蒋介石迁台前后的反省有正确部分,也有错误或肤浅的部分。其《反省十三条》最后一条,检讨在大陆期间未能"宣传"社会经济政策和民生主义,这一条触及了问题的实质,但是说得太轻飘了。其实,不是未能"宣传",而是未能实行的问题,国民党在其执政期间,没有解决中国人民的"民生",特别是广大贫苦农民的生存、温饱和获得土地的要求,才是其失败的最根本,也是最重要的原因。还在1947年8月,蒋介石在研究英国、美国和苏联社会之后,曾经写过一段《杂录》,中云:"我国为历史上最长于吸收之民族,具自新自强之美德。今日必须发扬此一美德。舍英、美之保守与强权政治,而采取其民主,矫正苏俄之专制,实现民生主义,以第三种力量树立于远东,尽我对世界之使命。"[1] 在当时的历史条件下,这应该是比较正确的选择。可惜,他当时空有其认识,而未能付之实行。1949年9月13日,他在成都演讲称:"我们今天真正要造福于农民,就惟有彻底实现二五减租。这是我们实行民生主义的第一步,也是我们反共的最后、最有效的武器。"[2] 这时候,大半个中国已经转手,蒋介石提出"造福农民",幻想以二五减租作为其反共的"最后、最有效的武器",这真有点

---

[1] 《杂录》,《蒋介石日记》(手稿本),1947年年末。
[2] 《先"总统"蒋公思想言论总集》,卷23,《演讲》,第20页。

像俗话所说"平时不烧香，急来抱佛脚"了。不过，他的这一认识对他治台方略的形成还是有益的。

国民党在大陆失败的另一原因是长期坚持个人独裁，这既违背世界潮流，又丧失民心，尤其是知识分子之心，其结果是使国民党的躯体日渐腐朽，百病丛生而无药可治。但是，蒋介石却因战后国民大会选举及召开中出现的种种"乱象"，而错误地视"民主""宪政"为祸国之道，觉得民主反而不如专制、独裁好，这就是对历史经验做出的错误总结了。

1949年6月16日，蒋介石在日记中表示，他要用新精神、新制度、新行动来迎接新历史、新时代、新生命、新使命，奠定新基础，完成新任务。1950年元旦，他又以前人格言"从前种种，譬如昨日死；自后种种，譬如今日生"自勉。但是，历史是不能割断的。人们在创造新一页历史的时候，不可能离开既往历史的影响，更离不开对既往历史的认识与科学总结。人们可以看到，蒋介石的上述正确或不正确的反省都深刻地影响着此后一段时期台湾历史的发展进程。有些反省起了好作用，有些则仍如噩梦一样，在纠缠着、牵累着历史新一页的展开。

张学良及其西安事变回忆录

张学良的西安事变回忆录，有文字和口述两种类型。文字型主要有四种：1. 由蒋经国修改定名的《西安事变反省录》；2.《杂忆随感漫录》中的有关章节；3.《恭读〈苏俄在中国〉书后记》；4.《坦述西安事变痛苦的教训敬告世人》。口述型有两种：1. 唐德刚的访谈录；2. 张之宇、张之丙姐妹的访谈录。以上六种回忆录分别完成于20世纪50年代至90年代。今年7月，我到美国哥伦比亚大学珍本和手稿图书馆阅读了新近开放的张学良档案，本文将以之为据，阐述张学良上述回忆录的产生经过，同时探讨张学良这一时期的思想状态及其变化经纬。

一 张学良奉命回忆

西安事变是近代中国的惊天动地的事件，但是，它的发动者张学良很快就处于被软禁状态，长期保持沉默。张学良就西安事变写回忆，始于1956年11月，完全出于蒋介石的命令。

当时，蒋介石早已退守台湾，正在着手写作《苏俄在中国》一书（实际由陶希圣执笔），企图借此总结和共产党人打交道的经验。1956年11月20日张学良日记云："老刘前日连夜去台北。今日返，午饭后来余屋，告知我，彼系被'总统'召见，告他令我写一篇西安事变同共产党勾结经过的事实，再三嘱咐要真实写来，并说此为历史上一重大事件。"言后又再告刘嘱余要安静。

"老刘"，指负责看守张学良的国民党军统特务队队长刘乙光，是张、蒋之间的联系者。

张学良接到蒋的这一指示后,"百感交集,十分激动,决心不计个人利害,详述前因后果",但是,他已多年不再回忆此事,不知由何下笔。当日,他曾向刘乙光谈西安事变经过约两小时,谈完又后悔,觉得违背了自己不久前所立"寡言"之誓。这一天晚上,张学良"兴奋过甚,前思后想,反复追思",一夜未能睡好。

从西安事变送蒋返回南京之日起,张学良已经被蒋介石软禁了近20年。此际,正软禁于高雄西子湾,处于重重看守中,但是,蒋介石对张还是不放心。1956年11月13日,蒋介石单独召见刘乙光,询问张学良的读书、身体及年龄,命刘向张宣布蒋的两项禁令:不准收听中共广播;不准同警卫人员接近。张闻听之后,颇有震雷贯耳之感,"反复思维,深自反省",决意自11月16日起,"寡言,读书,默思","死里求生,改头换面,作一番复活功夫"。他对西安事变的回忆就是在这种情况下开始的。

西安事变之后,张学良从此开始了软禁生涯。1946年末,张学良被转移至台湾新竹井上温泉,从此再也未能返回大陆。图为幽居在台湾的张学良。

12月5日，张学良将西安事变回忆录写成，不过，那其实是写给蒋介石的一封长函，首云："刘乙光同志转下钧示，令良将西安事变前后事实，写一回忆呈阅。聆悉之下，百感交集，惶悚无似。良本下决心，永世不谈此事，所以无任何只字记载存留。而多年来，更不愿自寻烦恼，曾自勉连回想亦不再事回想，忽闻斯命，准良将此历史大事自白，钦佩钧座之伟大，感激对良之高厚。起而自奋，决心完白坦述，上供钧座之参考，下垂后人之昭戒。"在长函中，张学良回忆了他和李克农、周恩来等人的联系，但声明发动事变并未和共产党"征询商议"，"如认为西安之变，由于中国共产党之宣煽，则不如说，由于良之不学无术，鲁莽孟浪"。在写作前，蒋介石曾通过刘乙光向张询问杨虎城的情况。张称："平心而论，西安之变，杨虎城乃受良之牵累，彼不过陪衬而已。""至于杨虎城到底同共党是何等关系，是如何得以结合，良实不知其详。"

张学良写这封长函，自称"主旨在真实"，除记忆上的讹误外，没有故意在史实上说假话，但是，长函只写到他本人发动事变为止，事变发生后的情况，如拘留蒋介石，宋子文、宋美龄来西安和周恩来谈判以及周恩来和蒋会面等情况均略而未谈，他本人和共产党的关系也谈得很肤浅。张学良怕蒋介石责备，于12月6日补写了一段，特别说明："假如钧座对于某事内容或某人之言谈，或另有其他之事，欲详细知道，请明加指示，再专就该一事详细陈述，如记忆不清者，再详为回忆。良补此书者，是惟恐钧座对某一事件，良或漏书，或欠清楚，认为良有意规避。然内中也有诸事，尽力简述，或觉于正题无关，或觉此时不当再为提起，并非有不录真实之意也。"当夜，张学良将长函抄好，于6日交给刘乙光，要求务必于当日送达台北。

二 蒋经国要求写出西安事变的全过程

12月10日,刘乙光自台北回到高雄西子湾,向张学良交回长函。据称,蒋介石不在台北,只见到了蒋经国。小蒋要张学良完整地写出西安事变全过程,至蒋介石与张学良等离开西安后三日为止。刘并称:"总统"的着意之点在,"真实知道共党是如何的作到了这项工作,以为反共斗争研究资料"。张学良听后,觉得十分为难,日记云:"不能不写真实,又不能不为长者讳。"所谓"长者",当然是指蒋介石。张学良当夜再三思量,终于找到了一种方法,"真而讳可也"。

蒋经国急于看到张学良的修改稿,于17日电催刘乙光到台北。当日,张学良续致蒋介石一函,说明回忆西安事变时的考虑:

良未写事变当时之事,非有他,实有不忍言者:自愧行为过于丑劣,再多关钧座于良个人者为多,实难下笔;而其中事实,钧座多已知之矣。钧座已知之事,俯乞万死,庶良不再为追述,兹谨就钧座未知之事,略陈如下。

张学良为"有所不写"找到的理由是:"钧座已知之事,何必要我来写!"函中,张学良着重叙述了和蒋在华清池两次谈话之后的冲动心情,很快就转入自我批判:认为"此事最重要处,是在当事者良之个人"。他检讨自己:1. 满腹忧患,固执己见,不计利害。2. 对共党无深刻之研究……函称,本人之所以犯错误,原因在于:痛恨日本人,"彻底确认彼等非要征服中国不止,无调协余地,非作殊死斗不可";而对共产党,"总觉得同是中国人,不过是所见者不同,权利之事,今日可为敌,明日在某一目标下又可为友矣"。同时,张学良批评国民党的宣传,"本主观之点,室中杜

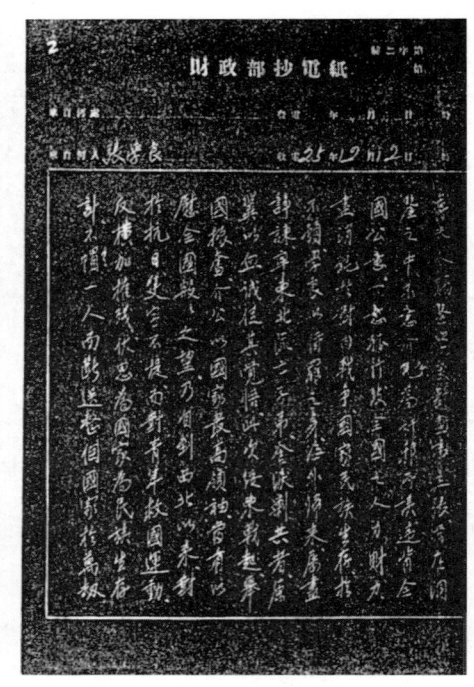

西安事变期间张学良致电宋美龄，说明发动事变的苦衷，电文称：

蒋夫人赐鉴：学良对国事主张，当在洞鉴之中。不意介公为奸邪所误，违背全国公意，一意孤行，致全国之人力、财力，尽消耗于对内战争，置国家民族生存于不顾。学良以待（戴）罪之身，海外归来，屡尽谏净，率东北流亡子弟含泪剿共者，原冀以血诚促其觉悟。此次绥东战起，举国振奋，介公以国家最高领袖，当有以慰全国殷殷之望，乃自到西北以来，对于抗日只字不提，而对青年救国运动，反横加摧残。伏思为国家、为民族生存计，不帽〔忍以〕一人而断送整个国家于万劫不复。大义当前，学良不忍以私害公，暂请介公留住西安，妥为保护，促其反省，绝不妄如危害。学良平生从不负人，耿耿此心，可质天日。敬请夫人放心，如欲来陕，尤所欢迎。此间一切主张，元已文电奉闻。挥泪陈词，仁候明教。张学良叩。文。

撰，不能对症下药，所以常凿枘不入，不起重大作用也"。

张学良所欲为"长者讳"的，正合蒋介石的心意，所以，张学良的西安事变回忆始终是一份缺少关键之处的不完整的记录。

三 蒋介石要求驳斥"成交"说

在西安事变中，宋美龄、宋子文二人曾代表蒋介石和周恩来等谈判，达成改组行政院、肃清亲日派、中央军撤兵并调离西北，释放爱国领袖等

9项协议。蒋介石也曾在与周恩来会面时表示,要停止"剿共",联共抗日。在这一情况下,西安事变得以和平结束,张学良才主动送蒋介石返回南京。但是,这一经过,蒋介石始终不愿公之于世。他的《西安半月记》仅在12月23日简单地记载:"是日,子文与张、杨诸人会谈约半日,对于送余回京事,众意尚未一致。"对于他本人和周恩来的见面与谈话,竟一字全无。

1955年,郭增恺在香港《热风》杂志发表《西安事变感言》一文,对所谓张、杨阅读蒋的日记后受到感动,因而幡然悔悟一说表示质疑,认为西安事变的解决是蒋与张、杨之间的"成交","宋子文和蒋夫人是保证者",他本人也是"见证人"中的一个。蒋介石对此文很不满意。1956年12月18日,刘乙光到达台北,将张学良的回忆长函面交蒋介石。同月20日,蒋即传唤刘乙光,声称:"(张学良)对共产党(的认识)已有进步,我甚安慰。他将来对革命还可以有贡献。"同时命刘将郭文转交张学良,要张在回忆录中加以驳斥:"这篇东西(指郭文)对我们俩都有关系,必须有以辟明以示后人。"言谈之间,给刘的感觉是,蒋"需要甚急"。

郭增恺何人,张学良已不复记忆;在回忆录中驳郭,必须说假话,张学良感到"甚难写,弄的不三不四"。思考再三,张学良仅将回忆修改两小段,另写《慨中国文人之无行》一文,中云:

有郭增恺其人者,当年在西北公路局任职,为杨虎城之嬖佞。……此人真不知羞耻者。

我等当年读过蒋"总统"日记之后,自认抗日之事已有着落,追悔孟浪,不明领袖谋国苦衷,恭送"总统"回京,自动随从请罪,说不到什么条件成交,更谈不到见证,就是有见证的话,恐亦轮不到该郭增恺名下。

此文重点仍在于论证送蒋返京,出于受蒋日记之感动,而非"条件成交"，企在体蒋之意，维护其"伟大领袖"的形象。同时，张学良并于12月21日致蒋一函，声称读郭文之后"可气亦殊可笑"，函云：

> 此人为谁，良诚已忘却，假如良所知的那人是对，彼乃一小丑角色。他不是共党，他是属于第三党，在第三党中也不是什么重要者。当年曾为杨虎城嬖幸官僚政客之流亚也。在回忆文中难将其人挽入，兹仅就其故说之处，针对如上，以证其无的之言，另写一纸以驳之，未审可用否？

12月21日，张学良将写好的文与函交给刘乙光，立送台北。与刘约定，如认为不妥，先来一电话，以便准备再写。

函上，蒋介石没有再提出新的要求。郭增恺方面，则由张学良在美国的经纪人伊雅格出面斡旋，由张签付美金支票6100元，郭遂不再说话。

四　张学良要求"受训"

张学良所写西安事变回忆和对郭增恺文的处理都使蒋满意。12月24日蒋将自著精装《解决共产主义思想与方法的根本问题》及1957年日记本一册交给刘乙光，作为对张学良的奖赏，同时要刘传达两句话："共产党必败"，"（张）对反共抗俄，有贡献处"。张学良得悉后，"中夜反复自思"，决定给蒋介石及宋美龄各写一信。次日，张学良将信函交给刘乙光，请他派人送往台北。刘认为信件重要，表示必须本人亲送。

国民党对担任高级职务的党员有轮训制度。张学良在1929年加入国民党，担任过中央监察委员、执行委员、政治委员会委员等职。

1951年11月，张学良致函宋美龄，"请示党员归队"。1954年10月，刘乙光调台北阳明山受训，张学良也想争取受训机会，曾致函张群，但未有下文。此际，张学良揣摩蒋的意思后，再次向刘表示受训心愿，要刘上达。刘为了避免说错话误事，要求张学良写一份节略给他。1956年12月25日，刘乙光到台北，蒋介石于当夜9点接见。对张的受训心愿，蒋连说："好！好！"刘追问何时？蒋答："须布置布置。"同月27日，刘乙光尚未起床，蒋即电话召见。蒋称："张受训一事，贸然从事，恐外间之人有些不谅解，甚或引起风潮；或有人对张侮辱，反而坏事，须先有步趋。其办法是，张先写一书，叙述个人经历、抗日情绪、对共产（党）的观感等，公开发表，改变外间观感，然后方可进行。"蒋的意思是要张通过亲身经历，公开反共。张学良得知后，情绪激动，一夜未能成眠。次日，情绪更为激动。日记云：

早起，蠢性又发，在老刘处大发牢骚。回来胡写信，后经老刘苦说，赵四亦加劝言。下午睡过，自感矛盾，即决从事反共，又何顾小小颜面问题。"总统"赐给机会，准我由九一八以前写起，这是何深用意！同时外间是有人怀恨切深。把信改书，嘱老刘明早去台北。余稚气太胜，须力加痛改。

29日，刘乙光向张表示，信中仍有不妥之处，张学良此时情绪已经平静，立即改写信件，交刘送往台北，并且写了两句诗："昨夜一阵潇潇雨，狂风吹去满天云。"

五　蒋经国为张学良的回忆定稿

自1957年年初起，张学良即遵照蒋介石之命，撰写范围更广的回忆。4月22日完成，命名为《杂忆随感漫录》。该稿一部分回忆张作霖，题为《我的父亲和我的家世》；另一部分回忆自己，题为《我的生活》。其中涉及西安事变的有《我之与国民党》与《出洋归国与管束》两节。该稿指责中共"包藏祸心,别有所图",赞扬蒋在西安事变中"刚正严厉",自贬行动鲁莽,思想幼稚,可耻而又可笑。张并在致蒋函中声言,本人对该稿并不满意,请蒋指示修改之处。23日,张将该稿交刘乙光送往台北。5月1日,刘自台北归来,告张已将该稿交蒋经国,等了几天,没有动静。同月5日,蒋介石召见刘乙光,声称张所写"系历史重要文件","有价值,有贡献","如不到台湾,无此文",要张亲笔写一份。同时,蒋并称,张前所写回忆西安事变的函件,须加编整,由张亲笔抄写,交高级将领参考。同日,蒋经国召见刘乙光,声称"总统"已将张的函件交自己修改。5月10日,蒋经国将修改稿及《杂忆随感漫录》原件退给刘乙光。张学良收到后发现,蒋经国已将自己去年12月5日和17日写给蒋介石的函件合并,改为一篇文章,题名《西安事变反省录》,但内容并无重大变动。

5月11日,张学良按蒋介石要求,开始抄写《西安事变反省录》,至19日抄毕。自20日起,抄写《杂忆随感漫录》。6月10日,蒋经国召见刘乙光。张学良即将《反省录》抄稿交刘,要他在必要时呈上,请刘同时声明:

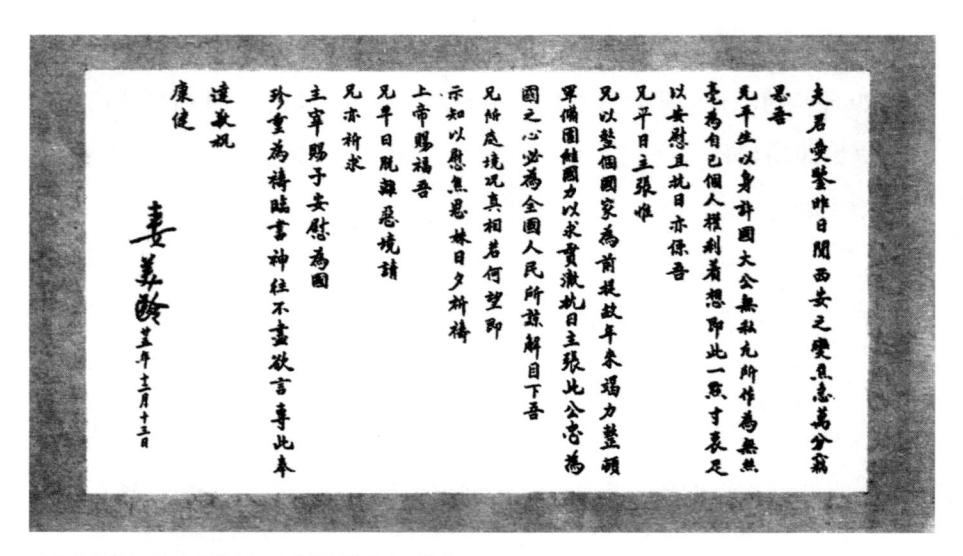

西安事变蒋介石被扣押期间,宋美龄写给蒋介石的信。

张"不满意这本，写的不整齐，假如不急用，请带回再缮"。刘乙光到台北后，向蒋介石说明张意，蒋称："留下我研究研究。"蒋并表示，拟将张迁至较近之处。蒋经国还送了一些芒果给张。6月24日，刘乙光再次被召到台北，蒋经国、蒋介石所著《苏俄在中国》一书交刘，要他转交张学良。

6月30日，张学良抄完《杂忆随感漫录》。致蒋介石函称："楷书能力太低，日仅千余字，又不整齐，时有错漏，请罪。"第二天，刘乙光去台北，为张学良选择新住址，张学良就将信函及书稿一起交刘。

自7月3日至14日，张学良将《西安事变反省录》，工工整整地又抄了一遍。

六 《忏悔录》风波

张学良平静下来了，但是，1964年，一件意外的事却引起了他的激动。当年7月1日，台北出现了一本题为《希望》杂志的创刊号，该刊"特载"栏有一篇《张学良西安事变忏悔录摘要》，内容就是蒋经国定稿的《西安事变反省录》，只不过作了删节。同月7日，这篇《忏悔录》又被台北《民族晚报》分段转载。张学良从报上读到之后，立即给蒋介石写信，说明"这个东西可不是我发表的"，"谁发表谁的责任"。蒋介石为此非常生气，结果，《希望》杂志被查禁，创刊号全数收回，黑市由每本台币10元涨到100元。蒋经国当时已担任"国防部部长"，《希望》杂志是小蒋所掌握的军方政治部办的。多年以后，张学良对此事的解释是：蒋经国"在一个军事会议上公开给他们看，说我这个人，过去说这些事，是一个很大的教训。有人就偷着把这个信发表了"。张并称，他和蒋介石之间"暗中约会（定），我们俩应该守秘密的事"。张学良被软禁之后，他和蒋介石并无多少见面机会，不可能有什么"暗中约定"。倒是西安事变期间，双方有过默契：不发表协议及谈判经过。1936年12月27、28日，西安《解放日报》及中共方面相继公布了谈判中的六条协议，引起宋子文和宋美龄的强烈不满，批评这一做法"无信义"，两宋并通过宋庆龄转告中共代表，"无论如何不得再宣布他们的谈话内容"。看来，张学良的所谓"暗中约定"指的是西安事变时期达成的相关默契。

七　回归本真

为了恢复自由，张学良按照蒋氏父子的希望，对西安事变说了相当多的忏悔的话，也作了若干反共表态，但是，张学良还是没有能恢复自由。自此，他就缄口不言了。1975年，蒋介石去世。1988年，蒋经国去世。1990年6月1日，以"总统府资政"张群为首的80位友人在台北圆山饭店为张学良庆祝90大寿。此后，张学良基本上恢复了自由。同月17日及8月4日，他两次接受日本广播协会电视台访问，第一次向媒体公开谈论西安事变。1990年1月25日，他开始接受美国唐德刚教授的访问。1991年12月17日，开始接受美国张之宇、张之丙姐妹的访问。这时，在对西安事变等问题的看法上，张学良才逐渐回归本真。

在20世纪90年代的访谈中，张学良仍对中共经历的二万五千里艰难长征表示敬佩，自述当年曾和部下讨论："我们都是带兵的人，谁能够把这个军队带成这个样子了？我们试试！""他能这样子，你不能小看他。你不能，他这夥（伙）人怎么能这样？"张学良肯定，共产党得民心，而国民党不得民心。他说："大部分（民众）支持它，那厉害。""为什么共产党剿不完，就是他得民心，我们不得民心。"

"把这地方消灭了，那个地方又起来了。"他毫无遮掩地坦率表示："一般人都不知道我的心理，我简单的说，我可以说我就是共产党。""我同情他们，不但同情他们，我拥护他们。"

西安事变前张学良和蒋介石有过激烈辩论。对此，张学良回忆说："我跟蒋先生言语冲突就是这个问题。我说你要想剿灭共产党，你剿灭不了他们。""他们共产党怎么能这样？因为咱们中国的老百姓多数支持他。"又说："（蒋先生）把民众的力量看得不高，估计得低"，"骂我失败主义"。我说："我们要考虑，我们自个儿为什么，我们有这么大的力量不能把它消灭了？你消灭不了，应联合他。"

关于发动事变的动机，张学良自述说："我主要的敌人是日本人，共产党跟我们争，那还是中国人。"他说："（蒋）认为在中国能够夺取他政权的，只有共产党。我就不同，夺不夺取（政权），共产党也是中国人。"张学良批评蒋不能容忍共产主义，"思想顽固至极"，甚至借端纳的话批评蒋是"骡子"，"很难把他说服"。这些地方，已经完全和幽禁期间诚惶诚恐、口口声声自称"罪人"的张学良完全不同了，可以说，大体上已经恢复了西安事变时期张学良的本真状态。蒋介石关了他几十年，但是，对张学良的思想影响收效甚微。张学良的所谓"忏悔"只是在特殊压力下的一种自我保护，通过"改头换面"，借以"死里求生"。

不过，关于西安事变的解决过程，张学良仍然坚决不说。当张氏姐妹询问有关情况时，张学良表示："要知道西安事变怎样解决的，现在我决不说。""现在都知道了怎么回事，何必还要我说呢？""何必非要出自我之口呢？""出自我的口就是伤人。""我伤害任何人就是损失我自己人格。"对蒋介石的看法，张学良也不愿多说，更不愿深说。某次访谈中，张学良批评蒋，刚说了一句："他这人就是为他自己的"，马上警觉地询问："你没有录音吧？"又一次，张谈到"蒋先生很窄小"，准备举例说明时，赵四小姐插言说："你不要在这讲这种话！"张学良也就立即打住，不再往下说了。

张学良虽自命新潮人物，甚至被张作霖视为"左倾分子"，但是，他的思想中仍然保有中国传统伦理的浓烈成分。西安事变后，他在南京一再表示："如蒋先生命我作（做）什么皆可，他人余不接受。"其所以到了20世纪90年代还在"为长者讳"，自然还是传统伦理思想的作用。

第五辑　婚姻家庭

蒋经国怎样从苏联归来

一 经国留苏不归

近代中国有过多次留学运动。辛亥革命前,大批爱国青年赴日,企图学习日本维新致强经验;五四运动后,大批爱国青年赴法勤工俭学,企图直接学习西方先进文化。大革命时期,不少爱国青年赴苏,企图学习俄国革命经验。1925年10月,经蒋介石批准,16岁的蒋经国和其他90名年轻人一起赴苏。当年10月1日,蒋介石日记云:"复经儿信,准其赴俄留学也。"[1]

蒋经国到达苏联后,进入莫斯科孙中山大学。12月,加入中国共产主义青年团。1926年2月,蒋经国写信给父亲,批评来信"不脱离宗法社会的语意"。蒋介石不以为忤,回信表示:"你的进步我以为很大,你的思想、语意统统是对的。"信中还说:"中国革命如能认为世界革命之一部分,这样革命才有意义,否则不能说是革命。"[2] 这以后,蒋介石得悉儿子已经加入共青团,写信勉励他以共产主义为事业,函称:"我虽然未加入共产党,而为纯粹的国民党员,但我自认我一生的事业是在革命。所以我们父子两人始终是立在革命战线奋斗的。我对于你,名称虽为父子,在革命上说起来是一个同志,我实在是满足的。"[3] 同年6月,蒋经国写信向父亲报告学习情况,蒋介石觉得他信写得不错,"文理甚有进步",高兴之余,特别将信递给张静江阅读。[4] 不久,北伐开始,蒋经国曾以《中国北伐的目的及其最后的成功》为题,在莫斯科的群众大会上演讲,受到热烈欢迎。此后,

---

[1] 《蒋介石日记》(手稿本)。
[2] 俄罗斯文献中心,全宗号530,目录号4,卷宗号49,第88-92页。
[3] 《蒋介石给蒋经国的信》,1926年3月16日。俄罗斯文献中心,全宗号530,目录号4,卷宗号49,第91-92页。
[4] 《蒋介石日记》(手稿本),1926年6月13日。

他被孙中山大学的联共支部书记视为"有训练的马克思主义者"。

1927年2月1日，蒋介石还曾致函经国，鼓励他毕业后"仍在苏联继续学习"，看不出会有大的政治动作。[1]但是进入4月，蒋介石却通过白崇禧在上海收缴工人纠察队武装，发动反共政变。这对于蒋经国宛如晴天霹雳，但他转变得很快，马上带头鼓动学生到莫斯科共产国际大厦前游行，并在报纸上公开发表文章谴责：蒋介石是我的父亲和革命友人，现在却是我的敌人。几天前，他已经不再是革命党，成了反革命分子。他对革命说尽好话，时机一到却背叛了革命。[2]自然，蒋经国的这一表态得到苏共和在莫斯科的中共党人的充分肯定，一度被他的同学们称为"敬爱的人"。不过，几个月之后，他又在秘密鉴定中被认为"政治上不坚定，犹豫不决，需要长期特别的政治监视"。[3]

在孙中山大学学习期间，蒋经国受到校长拉迪克和施凯德教授等人很深的影响。他们告诉蒋经国，"托洛茨基是位勇敢的革命志士"，"托洛茨基的学说是最进步的"。年轻的蒋经国也很欣赏托洛茨基的名言，"以革命的火炬烧掉旧世界"。他不仅沉迷于托派的激进革命理论，而且加入了托派秘密组织。斯大林曾应邀到校演讲，批判托派的错误，蒋经国听过报告之后，没有觉得托派错在何处，仍然继续进行反斯大林的活动。[4]1927年12月，联共（布）召开第十五次代表大会，开除托洛茨基等人的党籍，蒋经国这才承认错误，退出托派。

据蒋经国自述，他从孙中山大学毕业后，曾申请归国，但未被批准，他便申请加入红军。1928年，蒋经国以"最优秀的五名学员之一"的优异表现，被保送进入列宁格勒苏联红军军政大学。在演习中，曾担任过连长、团长以至师参谋长等职。1930年3月28日，被批准成为联共候补党

---

[1] 俄罗斯文献中心，全宗号530，目录号4，卷宗号49，第63页。
[2] （汉口）《人民论坛》，1927年4月24日第1版。
[3] 余敏玲：《俄国档案中的留苏学生蒋经国》，（台湾）《"中研院"近代史研究所集刊》第29期，第124页。1998年6月。
[4] 蒋经国：《我在苏联的日子》，《蒋经国自述》，第16—17页，团结出版社，2005。

员。同年7月，蒋经国从军政大学毕业，被派到工厂实习。1931年，因在公开会议上批评中共驻共产国际代表王明，被送至莫斯科郊外的石可夫农场劳动。次年，苏共又应王明要求，将蒋经国送到西伯利亚的一座金矿做工。1932年11月，蒋经国到乌拉尔山附近的一座重型机械厂当技师，后来升任助理厂长和当地《重工业报》的主编。1935年3月，和同厂的女工芬娜结婚。同年12月，长子蒋孝文出生。

蒋经国有过回国的念头。1934年12月，苏联内务部乌拉尔分部主任李希托夫找蒋经国谈话，告诉蒋："中国政府要我把你送回去。"当蒋经国为之精神一振时，李希托夫又告诉他："最后决定权当然在我们。我现在要你写份声明给外交部，告诉他们说你不愿意回国。"后来，蒋经国奉命和中国大使馆的一位书记谈话，蒋当然不敢透露想回国的愿望。[1] 1935年1月，共产国际将蒋经国召到莫斯科，王明告诉蒋经国，中国最近谣传你在苏联被捕，要蒋写信回国，告诉母亲，自己在苏联完全自由。王明并且拿出了一份代拟的信件，蒋经国觉得并非己意，拒绝签名。后来苏联内务部长和王明商量，同意蒋经国另写一信，蒋经国仍然不敢透露自己想回国，只含

蒋经国的夫人蒋方良，白俄罗斯人，原名芬娜·伊巴提娃·瓦哈瑞娃，出生于俄罗斯的叶卡捷琳堡，由于她的父母是前沙俄贵族，因此被当时苏联的领导人斯大林关入劳改营，16岁时她在乌拉尔重型机械厂认识了蒋经国，并在两年后的1935年3月15日结婚。图为蒋经国与蒋方良合影。

---

[1] 蒋经国：《我在苏联的日子》，《蒋经国自述》，第12页。

蓄地写了一句："我没有一天不想吃点久未尝到的家乡小菜。"[1]从莫斯科回到乌拉尔后，蒋经国曾经通过一个名叫陈甫玉的华侨帮他带一封信给蒋介石。一个月后，陈的妻子告诉蒋经国，陈甫玉已经在距离中苏边境只有几里的赤塔被捕。大概即在此后，蒋经国曾一度被取消候补党员资格。苏联有关方面的结论是："我们不要忘记，蒋经国是蒋介石的儿子。"[2]

1936年12月，蒋经国申请成为联共正式党员。他在自传中表示，如果将来有机会碰到蒋介石，要"给他和他的党羽严酷的惩罚"。[3]同月15日，蒋经国被接受为第四类布尔什维克党员。所谓第四类，指的是"人民敌人"的子女。这说明，他是被作为特殊情况处理的。

二 蒋介石拒绝宋蔼龄以承认《伯力协定》换取蒋经国回国的建议

尽管蒋经国痛骂蒋介石，宣布与其断绝父子关系，但是，他是蒋介石的亲生儿子，留苏不归，蒋介石还是怀念他的。

名义上，蒋介石有两个儿子，蒋经国与蒋纬国。两个儿子的性格很不相同，经国朴实，纬国活泼，蒋介石曾称："经儿可教，纬儿可爱。"但是，蒋纬国是戴季陶与日女重松金子所生，为蒋介石收养，蒋介石的嫡亲血脉，实际上只有一个蒋经国。蒋介石对蒋经国的教育很重视，亲自为他制订课表，聘请老师，选择学校，写信指导。[4]

1920年11月30日，蒋介石与人谈起对经国的教育，觉得母亲的话很"陈腐"，深恐贻害经国，谈起来有痛心之感。蒋介石是孝子，在日记中批评自己的母亲，这是很少见的。1922年3月，蒋经国考入上海万竹小学四年级，蒋介石感到喜慰。8月4日致函儿子，要他每日写楷书一二百字，用

---

[1] 蒋经国：《我在苏联的日子》，《蒋经国自述》，第23页。
[2] 蒋经国：《我在苏联的日子》，《蒋经国自述》，第25页。
[3] 转引自余敏玲前文，第124页。
[4] 参见《蒋介石日记》（手稿本），1920年2月7日、3月4日、4月2日各日记。

心学习英文。10月13日,又再次致函,要他勤奋读书、习字,熟读《论语》《孟子》等"四书"以及《左传》《庄子》《离骚》等书。函称:"目今学问,以中文、英文、算学三者为最要,你只要能精通这三者,亦自易渐渐长进了。"[1] 此后,蒋介石虽然公务日渐繁忙,但还是不断给经国写信,或给予鼓励,或给予指导。1923年11月,蒋介石正在莫斯科访问,于27日致函,鼓励他学英文要勇于开口:"凡是所学的东西,总要能够应用才好。如其单是牢记其方法成句,而不能应用,那学问也就枉然了。"[2] 1924年5月,蒋介石正在广州创办黄埔军校,于1日寄函,询问其曾否看《曾文正家训》。月底,又致函称:"曾文正公言办事、读书、写字,皆要眼到、心

奉化溪口武岭学校,是蒋介石所创办的一所中等学校,后来长期由他自己领衔任校长,蒋经国曾在此校就读。

---

[1] 毛思诚:《蒋介石年谱初稿》,第82、102页,档案出版社,1992。
[2] 毛思诚:《蒋介石年谱初稿》,第148页。

到、口到、手到、耳到,此言做事时,眼、心、口、手、耳皆要齐来,专心一志,方能做好。"[1]

蒋介石之所以对蒋经国的教育抓得如此之紧,说明眷爱之深与期望之大。蒋经国留苏不归,久无音讯,蒋介石盼望儿子归来,自是人之常情。但是,此后一段时期中苏关系的恶性发展,使蒋介石感到蒋经国归来的希望很渺茫。

国共关系破裂后,斯大林和苏共中央经过多次讨论,决定支持中共组织武装暴动,在广州建立工农兵苏维埃。1927年12月,苏联驻广州副领事哈西斯及领事馆工作人员乌科洛夫、波波夫等人参与广州暴动被杀,南京国民政府发布断绝邦交令,宣布撤销驻在各省的苏联领事馆,各地苏联国营商业机关一并停止营业。此后,蒋介石曾两次得到蒋经国的消息。一次是1928年7月,蒋介石在北平,见到留苏归来的冯玉祥的儿子冯洪国,得知经国已入列宁格勒军事政治大学,"甚能用功"。一次是在同年12月,蒋介石从报上得知,经国已经被俄国共党放逐到白海。[2]1929年7月,在南京国民政府"革命外交"的氛围中,张学良以武力强行收回当时为苏联掌握的中东铁路部分管理权。17日,苏联政府宣布从中国召回所有官方代表,要求中国外交官迅速撤离苏联国境,断绝外交关系。9月至11月,"苏联特别远东集团军"进攻中国东北军,东北军战败。12月22日,东北地方当局代表蔡运升受南京国民政府委派,与苏联代表谈判,达成《伯力协定》。事后,南京国民政府国务会议认为,《协定》的范围超出了中东铁路问题本身,涉及通商、恢复使领馆等须由中央"直接交涉"的问题,属于"逾越职权",不肯批准。[3]这样,蒋经国归国就更加无望了。

蒋经国归国无望,有时,蒋介石就自我安慰:以党为家,以黄埔军校的学生为子,甚至说,"国民皆为吾子"。要"家"干什么?儿子何必自

---

[1] 毛思诚:《蒋介石年谱初稿》,第282页。
[2] 《蒋介石日记》(手稿本),1928年7月9日、12月9日。
[3] 《事略稿本》,(台北)"国史馆",第435页,2003。

生?[1] 1930年10月31日,宋蔼龄偕子女到奉化溪口,与蒋聚会,两家团圆欢愉之际,感觉缺少经国,宋蔼龄便向蒋介石建议,不妨考虑承认《伯力协定》,为营救经国归来留下余地。蒋介石决然回答说:"伯力纪录无异亡国,余宁牺牲一切,虽至灭种,亦誓不承认也。"次日,蒋介石、宋美龄陪宋蔼龄拜谒蒋母墓地,再次讨论营救蒋经国回国一事,蒋介石的回答却是"不宜操切"。[2]

沙俄政府长期将中国东北视为自己的势力范围。中东铁路系清末时沙俄利用中国的土地和资源建成。苏俄十月革命后曾慷慨宣布,废除沙俄时代对中国的一切特权,但是事后并未全部付诸实行,苏联政府仍然拥有对中东铁路的部分特权。《伯力协定》的主要内容是恢复中苏冲突以前的中东铁路管理制度和中苏之间的和平状态。如:苏联理事复职,恢复苏联正、副局长职权,以及先行恢复苏联在东三省境内的领事馆和中国在苏联远东各省的领事馆,恢复冲突前苏联在东三省境内的营业机关;双方随即撤兵等。它延续了苏联不该享有的中东铁路部分路权,但尚非"亡国"纪录。蒋介石显然高估了这一《协定》的作用,"虽至灭种,亦誓不承认",自然,换取蒋经国归国的问题就无法谈起了。

三 再次拒绝宋庆龄以牛兰夫妇交换蒋经国的建议

蒋介石虽然拒绝了宋蔼龄以承认《伯力协定》交换蒋经国的建议,但是,他对蒋经国的思念却有增无减。由于蒋母已去世多年,蒋经国又是蒋母疼爱的长孙,这一段时间,蒋介石对儿子的思念经常和对母亲的思念糅合在一起。如1931年1月25日日记云:"少年未闻君子大道,自修不力,卒至不顺于亲,不慈于子,至今悔之不及。"同年12月3日日记云:"近日

---

[1] 参见《蒋介石日记》(手稿本),1928年12月9日、1930年4月21日。
[2] 《蒋介石日记》(手稿本),1930年10月31日、11月1日,并请参阅以上两日《困勉记》。

思母愈切，念儿亦甚。中正罪孽深重，实无颜以对父母也。"古语云："夫不孝有三，无后为大。"蒋介石是儒学伦理的遵奉者，他担心蒋经国死在异国他乡，将来自己去世后，无颜见双亲。

这之前和之后的一段日子，大概是蒋介石一生中最倒霉的时期之一。由于软禁胡汉民，汪精卫、孙科等在广州造反，另立国民政府；由于采取不抵抗政策，日寇轻易地占领了东三省。因此，蒋介石不得不考虑引咎辞职。正像他在日记中所述，心情极度悲凉。思母、念儿、忧时三者常常结合在一起。如：1931年12月14日晚，蒋介石想起第二天就是母亲诞辰，心中悲伤，日记云："夜梦昏沉，对母痛哭二次。醒后更悔不孝罪大。国乱人孤，但有痛楚而已。"12月15日，蒋介石向国民党中央提出辞呈，要求辞去国民政府主席、行政院长、陆海空军总司令各职。这一天，蒋介石可谓辛酸至极，他觉得，自己辛劳八年，死伤部下三十余万，手造国家，现在辞职，就像放弃亲自抚养的儿子一般，由此，他进一步想到留俄不归、无法相见的蒋经国，倍感痛苦，在日记中叹息："呜呼！于国为不义，于党为不忠，于母为不孝，于子为不慈，能不愧怍！未知以后如何自反以报答亲恩与党国也。"[1] 这里，既有对失去民国元首宝座的痛惜，也有对留俄不归的儿子的忧虑。

就在这一时刻，历史给了蒋介石一个争取蒋经国归来的机会。这就是宋庆龄向蒋介石提出的，释放为国民政府逮捕的共产国际间谍牛兰夫妇，以之作为交换条件，让苏联政府允许蒋经国归来。当年12月16日蒋介石日记云：孙夫人欲释放苏俄共党东方部长，其罪状已甚彰明，而强余释放，又以经国交还相诱。余宁使经国不还，或任苏俄残杀，而决不愿以害国之罪犯以换亲子也。绝种亡国，乃数也。余何能希冀幸免！但求法不由我犯，国不由我而卖，以保全我父母之令名，使无忝所生则几矣。区区后嗣，岂余所怀耶！这一则日记涉及当时的一项重大事件。

---

[1]《蒋介石日记》(手稿本)，1931年12月15日。

1929年2月，共产国际东方部在上海成立远东局，借此帮助中共中央工作，同时，负责联络东方各国共产党。远东局下设政治部与联络部。联络部主任为阿布拉莫夫，其手下工作人员有牛兰（Hilaire Naulen）夫妇等。牛兰，原籍波兰，曾在共产国际南洋局工作，1930年3月奉调来华，在阿布拉莫夫手下当联络员，负责管理秘密电台、交通及经费等事项，同时兼任红色工会泛太平洋产业同盟秘书处秘书。1931年6月15日，在上海四川路235号寓所内被公共租界巡捕房逮捕。8月9日，在上海高等法院第二法院受审。14日，由上海警备司令部移解南京。

牛兰夫妇被捕后，国民党当局以为抓到了一个大人物。他的职务被说成为共产国际远东局负责人，不仅指挥中共南方局，而且指挥中共长江局及北方局，就连印度、菲律宾、马来亚、朝鲜、安南、日本等地的共产党，也均在其管辖之下，每年活动经费有50亿元之巨云。上引蒋介石日记所称"苏俄共党东方部长"，即指牛兰。

为了营救牛兰夫妇，中共保卫部门和苏联红军总参谋部上海站迅速共同制订计划，由潘汉年和该站工作人员里哈尔德·左尔格共同负责。此后，宋庆龄即与他们密切配合，为营救牛兰夫妇做了许多工作。

宋庆龄于1931年7月因母丧自德国回国，8月13日到达上海。没过几天，即接到德国著名作家德莱塞、劳动妇女领袖蔡特金以及珂勒惠支教授等多人来电，要求宋庆龄设法营救牛兰夫妇。蒋介石日记表明，宋庆龄曾于当年12月向蒋提出，以遣返蒋经国作为营救牛兰夫妇的交换条件，遭到坚决拒绝。蒋介石当然会想到，对宋庆龄方案的拒绝可能导致苏方加害于蒋经国，但他马上又想：古人传世，依靠德行与勋业，不靠子孙。前代史传中有许多圣贤豪杰、忠臣烈士，都无后，但其精神事迹都卓绝千秋。与之相比，自己念及"有后""无后"一类问题，说明自己志向低鄙。不过，他猜想，俄国人也许还不至于加害经国，自己身前也许见不到儿子，但死后，经国"终必有归乡之一日"。[1] 蒋介石就这样心事纷纭，想来想去，觉得自己"对国不能尽忠，对亲不能尽孝，对子不能尽慈，白白活在世间，伤心之至！"[2]

以蒋经国交换牛兰夫妇，这一主意可能来自莫斯科。牛兰夫妇被捕后，莫斯科不仅动员了许多国际知名人士出面营救，而且愿意以蒋经国交换，这一事实说明牛兰夫妇在共产国际中有相当重要的地位。同时，这一条件通过宋庆龄提出，也显示出宋和莫斯科方面的密切关系。季米特洛夫日记记载，宋庆龄"已近乎是共产党员"。[3] 她参与营救，很可能有特殊背景。

蒋介石拒绝宋庆龄的建议，显示了他性格中坚决反共和倔强的一面，

牛兰，本名雅各布·马特耶维奇·鲁德尼克，共产国际联络部在上海的秘密交通站负责人。1931年，牛兰和夫人汪德利曾一起被捕，后被关押在南京老虎桥"第一模范监狱"。此案成为轰动一时的世界头条新闻，国际国内舆论和各界人士对于"牛兰事件"的关注不仅持续了近两年的时间，而且还掀起了营救牛兰、谴责国民党法西斯行径的国际性运动。图为牛兰夫妇合影。

---

[1] 《蒋介石日记》（手稿本），1931年12月27日。
[2] 《蒋介石日记》（手稿本），1931年12月31日。
[3] 《季米特洛夫日记选编》，1936年12月9日，第49页，广西师范大学出版社，2002。

但是，他还是希望蒋经国能够回来，也相信能够回来。1934年2月13日日记云："今日者母亡家破，子散国危。若不奋勉，何以对先人？何以见后嗣？勉之！"同年8月15日日记云："近日病中，想念两儿更切，甚望其能继余之业也。"可见，蒋介石虽然做了蒋经国在苏联被杀的最坏思想准备，但对其归来仍然抱有希望。

当时，在日本帝国主义者的威胁下，中苏开始接近，双方都希望以两国的联合来牵制和震慑日本。蒋介石一面指令颜惠庆、顾维钧、王宠惠等与苏联谈判，企图恢复邦交；一面通过外交途径争取让蒋经国回归。1934年9月2日日记云："与颜、顾、王等谈外交方针渐定，彼等或较谅解。经国回家事，亦正式交涉。此二事能得一结果，则努力之效渐见。"同年12月，蒋介石从苏方得到消息，蒋经国不愿回国，蒋介石一面感叹"俄寇之诈伪未已"，一面则自觉"泰然自若"。他在日记中写道："当此家难，能以一笑置之，自以为有进步也。"[1] 不过，蒋介石也想到，蒋经国在苏联已经被"赤化"，曾经发表过一份批判自己的激烈声明，即使能够回国，见面时如何相处，也是一个很大的难题。这样一想，他就转而安慰自己。1935年1月9日日记云："经国不归，使余无逆子之忧惭，是塞翁失马，上帝必有其意旨也。"

这一年12月，张学良发动西安事变。最初，蒋介石不了解张、杨和中共方面会如何对待自己，做了被杀的最坏准备。12月16日，黄仁霖到张学良住处看望蒋介石，蒋托他带给宋美龄一函，交代后事，但此信为张学良所扣。20日，宋子文到陕，蒋介石将写给宋美龄的遗嘱交给宋子文，要他转交。致宋函表示："今事既至此，惟有不愧为吾妻之丈夫，亦不愧负吾总理与吾父母一生之教养，必以清白之身还我先人，只求不愧不怍，无负上帝神明而已。"他嘱咐宋美龄善待经国、纬国，函称："家事并无挂念。惟经国与纬国两儿，皆为兄之子，亦即吾妻之子，万望至爱，视如己出，以

---

[1]《蒋介石日记》(手稿本)，1934年12月14日。

慰吾灵！"致宋函之外，还有一函致经国与纬国：

> 我既为革命而生，自当为革命而死，甚望两儿，不愧为我之子而已。我一生只有宋女士为我惟一之妻，如你们自认为我之子，则宋女士亦即为两儿惟一之母。我死之后，无论如何，皆须以你母亲宋女士之命是从，以慰吾灵，是嘱。父。十二月二十日。

这两份遗嘱表明，蒋介石已在对后事预作安排。

西安事变刚刚发生时，王明曾拟自莫斯科致电在陕北的中共中央，要求枪毙蒋介石，为斯大林制止。[1]12月16日，季米特洛夫致电中共中央，主张"用和平方法解决"。中共中央在12月13日召开政治局扩大会议时，主张罢免蒋介石，交付人民审判，12月19日，中共中央召开政治局会议，否定13日会议的意见，确定和平解决事变的方针。不仅如此，24、25日，蒋介石两次会见周恩来，蒋介石答应，只要红军听命中央，接受统一指挥，他"不单不进剿，且与其他部队一视同仁"。有资料说，周恩来曾向蒋担保，蒋经国可以由苏联归来，经国是爱国分子，毫无疑问，也会希望父亲抵抗入侵中国的敌人。[2]

蒋经国的归国难题终于呈现曙光了。

四 共产国际决定派蒋经国回国，蒋经国向季米特洛夫保证："您的全部指示都将完成"

中苏关系改善后，苏方对蒋经国的回国态度也逐渐转变。1936年，陈

---

[1]《季米特洛夫日记选编》，第50页，1936年12月14日。
[2] 王炳南语，转引自韩素音：Eldest Son: Chou En-lai and the Making of Modern China, p 154.

立夫与苏联驻华大使鲍格莫洛夫磋商，要求放蒋经国归国。[1] 11月上旬，鲍格莫洛夫准备回国，通过张冲向蒋介石传达"经国可以回国"，并称，前些时候，蒋经国曾通过华侨带信回国，"被搜查折回"。蒋介石得悉后感到安慰，在日记中表示："可知经儿未忘其国家也。"[2] 同月，蒋廷黻被任命为驻苏大使，启程之前，宋美龄特意告诉蒋廷黻，委员长希望长公子能够回国。到达莫斯科后，蒋廷黻和苏联副外长史迪曼尼可夫商量，请他代为查询蒋经国的下落。史表示很困难，答应试一试。

蒋经国的回国问题终于进入议程。西安事变后，蒋介石停止了对陕甘宁苏区的"围剿"，国共双方加紧了联合抗日的谈判。蒋经国曾致函共产国际主席季米特洛夫和斯大林，要求回国。1937年3月10日，季米特洛夫决定，叫蒋介石的儿子来一趟，然后派他回国。[3] 蒋经国到莫斯科后，中共驻莫斯科代表团向他表示，很快就可以回到中国，但首先要写一个声明，保证回到中国后不跟中共作对，也不能站到托派一方。在莫斯科期间，蒋经国先后会见苏联副外长史迪曼尼可夫、斯大林的密友李希巴托夫、苏联驻华大使鲍格

1937年蒋经国夫妇离开苏联时，与中国驻苏人员及其眷属合影。

---

[1] 陈立夫：《拨云雾而见青天》，第448、643页。
[2] 《蒋介石日记》（手稿本），1936年11月5日。
[3] 《季米特洛夫日记选编》，第54页，1936年3月10日。

莫洛夫等人，他们对他都很友好。史迪曼尼可夫对他说："中国政府要求我们送你回去。苏联政府现在觉得南京政府及其领袖蒋总司令对我们友善，因此，我们愿意答应我们朋友的要求，把你送回中国。"又说："中苏关系正在日益改善。我们现在对南京政府及蒋总司令有很透彻的认识。中国近四五年来，有了长足的进步。我希望我们将来不单在地理上，而且还在政治上，有密切的关系。"据说，蒋经国还曾受到斯大林的接见。25日，蒋经国到中国驻苏大使馆领取护照，向蒋廷黻大使辞行，蒋廷黻随即致电蒋介石报告。同日，季米特洛夫邀请蒋经国到自己的家里，对他说："现在我认为'以苏维埃化来救中国'的说法是错误的。请转告令尊蒋总司令，共产党已经诚意决定和国民党联合。我们都知道，蒋总司令是一位极能干的军事家及极出色的政治家。"他要蒋经国转达自己对蒋介石的"诚挚的问候"。[1]当日下午2时，蒋经国乘第2号西伯利亚快车离开莫斯科。28日，季米特洛夫得到蒋经国打来的电报："我在旅途中向您致以最热忱的布尔什维克的问候，您的全部指示都将完成。"[2]由于资料缺乏，我们无法了解季米特洛夫给了蒋经国哪些指示，但不外推动蒋介石和中共合作、团结抗日一类话语。

五　蒋介石与蒋经国父子相会

蒋介石在3月17日得到蒋经国即将归国的消息，很高兴。日记云："十年苦斗，方得国与家渐见光明也。"24日，蒋介石举行家宴，自然一片喜庆气氛，但经国、纬国尚远在异国，不能团聚，蒋介石未免感到美中不足。第二天，好消息接踵来到。25日，蒋介石接到蒋廷黻大使的莫斯科来电，声称蒋经国当日到使馆叙谈，已有妻与子各一，大约下月即可到达上海。4月6日，蒋介石接到蒋经国从海参崴打来的电报。多年以来，蒋介

---

[1]　蒋经国：《我在苏联的日子》，《蒋经国自述》第26页；《季米特洛夫日记选编》，第56页。据蒋经国日记及回忆，他乘车离开莫斯科的时间都是3月25日，疑季米特洛夫所记日期有误。
[2]　《季米特洛夫日记选编》，第56页，1937年3月28日。

1937年6月4日，蒋介石写给蒋经国的信。（部分）

石、蒋经国之间不通音讯，接到儿子第一通电报，蒋介石自然感到安慰。4月12日，蒋介石再接蒋经国电，声称已自海参崴乘船回国，更觉高兴。

　　随着父子相聚日期的临近，蒋介石心中开始密布愁云。4月13日日记云："教子不慎，自坏家风，可痛可悲也。纬儿决不如此也。"4月18日，蒋经国到达杭州，怎样和这个"赤化"了的，在苏联报纸上骂过自己的儿子见面，蒋介石不无踌躇。日记云："家事愁闷，不可言喻。"第二天，蒋介石才决心和蒋经国一家相见。日记云："下午见经国，以昨日到杭，不愿即见也。"20日，蒋介石又烦恼了一天，以后才慢慢缓解下来。月底，蒋介石在《本月反省录》中写道："经儿由俄归家，一别十二年，骨肉重聚，不足为异，而对先妣之灵可以告慰。"他终于放下了无以对母亲，也无以对祖宗的沉重思想负担。

　　蒋经国在外多年，中文自然荒疏了。蒋介石特别挑选政学系少壮派的徐道邻作为他的老师，指导其读书和学习中文。为了改造这个受过多年布尔什维克教育的儿子，蒋介石亲自为蒋经国挑选书目，要他认真阅读曾国藩的《家训》和《家书》，认为读好了，不仅于国学有心得，而且"必于精神道德皆可成为中国之政治家"。他像蒋经国未出国前一样，一封又一封

1937年，蒋经国带着妻子蒋方良与儿子蒋孝文回到中国。图为蒋经国、蒋方良与蒋介石的元配夫人毛福梅合影，蒋经国、蒋方良分坐两侧，毛福梅怀中抱着的即是蒋经国之子蒋孝文。

地给儿子写信。当年5月12日致函，要求蒋经国认真研读孙中山1918年至1919年写作的《孙文学说》，函称："你以后看书，应多注重中国固有道德，建国精神与其哲学。《孙文学说》一书，实为中国哲学之基础，而三民主义则为中国哲学之具体表现。"同函特别提出，孙中山1924年《民生主义》演讲中"批评马克思主义各节，尤为重要，应切实用客观态度，悉心研究看完"。[1]这一段时期，蒋经国就按照蒋介石的要求在家乡读书、反省，撰写在苏联时期的回忆。直到1938年1月，蒋经国到武汉探视蒋介石，父子才再一次见面，相处三日。蒋介石觉得儿子变了，在日记中写道："经儿来省，觉其见解明晰，常识较富，而举止亦有规范，不失大家子弟之风，是用快慰。"[2]蒋介石终于按照自己的意图改造了蒋经国。

---

[1] 蒋经国：《我所受的庭训》，《蒋经国自述》，第5页。
[2] 《爱记》，未刊稿，"国史馆"藏，1938年1月24日。

附 录

中国抗战与美英苏三大国的关系[1]

在中国近代史上，中国的抗日战争是一次完全胜利的战争。为什么这一场战争中国打胜了？原因很多，我今天讲的就是分析其中的一个原因。

对于抗战，我们有一段时期否认国民党、国民政府、蒋介石的作用。这些年来，我们肯定了国民党、国民政府、蒋介石在抗战里的作用；这一点，现在已经得到了普遍的承认。但是国民党、国民政府、蒋介石为什么抗战，其中有一个说法是，蒋介石是英美大资产阶级、大地主的代表，他为什么抗战呢？是由于日寇的侵略直接伤害了英美的利益，蒋介石是听了英美等国的话才抗战的。我今天要反驳这一类的说法，这也就是我讲的第一个问题——当时，中国是为中华民族而战，是主动决定的，而不是任何国家命令、指示的结果。

我讲的第二个问题，在抗战前后，中国政府、蒋介石首先争取的并不是英美的援助，而是苏联援助。中国的政府第一个争取援助的国家是苏联。1929年，中苏两国因中东路事变断了邦交；1932年12月，蒋介石派出了老资格外交家颜惠庆跟苏联的外长谈判，恢复了邦交。日本人害怕蒋介石和苏联人恢复邦交，而且把这看成了是对日本的第一打击。所以在抗战时期，最早与中国结盟的国家是苏联。1937年中苏两国签订了互不侵犯的条约，实际上是中国争取到了苏联援助中国抗战。

第三个问题，是中国的抗战不仅不是英美让中国抗战，而是中国政府反对英美的对日政策所致的，正因为中国政府的坚持，英美才分别做了对日作战的决定。

---

[1] 2015年6月14日上午，杨天石先生在南京民间抗战博物馆进行的题为"中国抗战与美英苏三大国关系"的演讲，此为季我努学社主办的"抗战大讲堂"中的第一场演讲。本文根据演讲录音整理而成，编辑过程中略有删节。（编者注）

英国政府在很长的时间里对日本采取了妥协的政策。根据当时中国驻英大使的回忆，他说英国的政策就是在不损害自身利益的情况下，竭力讨好日本，而不惜牺牲别人的利益，特别是中国人的利益。英国人企图使日本不要在中国以外的地域打仗。也就是说，英国政府对日本是妥协的，希望尽量不要触犯日本。1939年7月，英国驻日大使克莱琪同日本外相有田八郎在东京开始谈判，最终签订了《有田—克莱琪协定》，这就是英国讨好日本之举。同月，蒋介石在重庆进行演讲，批评英国对日本的妥协，认为英国这么做就是等于帮助了日本的侵略，就等于是帮助日本撕毁了《九国公约》。蒋介石质问英国怎么可以背信弃义，甘心和侵略国站在一起，放弃对中国的友谊，蒋介石提出，英国采取的最英明的举动是马上停止和日本人的谈判。

1941年11月20日前后，美国总统罗斯福亲手写了一个备忘录给美国国务卿赫尔，内容是恢复美国对日本的经济关系，也就是美国要和日本进行会谈。在罗斯福提出了备忘录以后，美国国务卿又提出维持三个月的临时过渡办法，说美国同意修改冻结在美国的日本资产的命令。当时日本人有1.3亿美元的财产存在美国，美国把它冻结了，现在美国的国务卿提出要修改冻结，就是要解冻，而且提出每月向日本提供一定数量的民用石油。大家知道，没有石油，飞机飞不了，汽车开不动，坦克开不动，现在美国同意向日本提供石油，实际上就是对日妥协，支持日本。蒋介石知道了美国准备向日本妥协，所以在日记里写了一段话，大意是："我知道了美国所提的对日本妥协的条件，非常痛愤，美国人的胆怎么这么小！帝国的资本主义者没有信义可言的，过去我认为美国人还不错的，所以对美国始终是信仰的。但是从美国最近的表现，我知道了世界道德堕废。除了依靠自己，世界上没有一个国家可以成为中国的友邦。本来就是这样的，我太傻了，过分相信了别人。"蒋介石骂美国人损人利己，骂他们是帝国的资本主义，而且蒋介石检讨，说自己"太傻了"。

当天，蒋介石给当时的中国驻美大使胡适打了一个电报，大意是"现在的美国对日本妥协了，美国解冻日本的资产，恢复了美日之间的贸易关系，向日本提供了石油，这个做法使中国的抗战马上就要崩溃了。从此以后，什么国际信义，人类的道德都不能说了"。这是蒋介石对美国的严厉谴责。蒋介石要求美国的国务卿赫尔千万不能放松对日本的经济封锁，蒋介石说，我也不相信美国政府到现在对日本人还是这个样子。当天晚上，蒋介石再次给驻美大使打电报，说美日之间的妥协谈判，已经使中国的人心动摇了。蒋介石要求美国政府马上表明与日本绝不妥协的态度，称如果不这样做的话，中国的抗战就要前功尽弃；中华民族所作的巨大的牺牲，就要白费了。

1938年9月，英德等国在慕尼黑开会，这次会议的结果是英国向希特勒妥协，牺牲了两个国家。蒋介石警告美国，对日本要持不妥协的态度。蒋介石在电报中说："回忆两年前英国对德国的妥协，造成了无辜的这一段历史，这个教训不远，我如何不紧张？我希望美国的政府当机立断。"蒋介石要求驻美的大使将这个意思向美国总统转达。

蒋介石向美国提出了抗议以后，罗斯福和胡适、宋子文有了会谈，承认了美国的"临时过渡办法"确有缺点，辩称当时美国之所以向日本妥协，是为了保护云南到缅甸的这一条公路。宋子文当面反驳罗斯福，称，如果是因为保护这一条公路就放松了对日本的经济制裁，那么我们中国宁愿抵抗敌军的攻击。因为如果放松了对日本的封锁，对中国的军民影响太大了。听了宋子文的话，罗斯福总统无词可答，显得很尴尬。丘吉尔也认为，美国的让步使中国的处境更加的困难，"我们为中国担忧，如果他们垮了，我们的共同危险就会大大增加，因为当时的英国在欧洲的战场上和德国打仗，如果中国的战场垮了，欧洲的战场也是很危险的"。于是，罗斯福和他的国务卿决定抛弃对日妥协这个愚蠢的决定。由此可见，美国人本来向日本人妥协了，由于蒋介石的抗议与丘吉尔的劝告，罗斯福认为应该放弃之前做出的对日妥协的决定。这就惹怒了日本，日本人认为美国已经彻头彻尾地成为了蒋介石的代言人，如此一来，甲午战争、日俄战争和卢沟桥事变以来的一切成果都将付诸流水。日本指责美国顺从重庆方面的意愿，日本驻美大使向美国国务卿递交了日本的最后的通牒和日本天皇的诏书。日本突袭珍珠港为什么发生在12月初？是因为美国政府接受了中国的意见。

我之所以在上面讲这一段话，是因为我们有个别的历史学家，认为蒋介石的抗战是应英美要求的结果，是听了英美的话的结果。我要告诉大家的是，英美原本向日本妥协，是中国的抗议使得英美改变了态度。尤其是美国，从原来的准备妥协，转为对日的强硬，日本恼羞成怒，发动了对美国的珍珠港的进攻，从而爆发了太平洋战争。

下面讲的第四个问题，中国最早、最积极地呼吁成立世界反法西斯联盟。1937年中国的军队在淞沪战役中失败了，南京危急，国民政府决定迁都重庆。蒋介石意识到，侵略国家的对立面一定会产生一个英美法苏的联合阵线。蒋介石相信随着形势的发展，一定会组成一个以英美法苏为主的国际反法西斯战线。这是中国政府对组成世界反法西斯联盟的最早呼吁。珍珠港事件以后，蒋介石代表中国政府竭尽全力与英美苏及其他国家共同作战。1941年12月16日，罗斯福回应蒋介石，建议中国政府在重庆召集一个联合军事会议，在会议上产生一个永久机构，设计和指挥英美苏中共同作战。1941年12月31日，罗斯福把宋子文请到了白宫商量《联合国家宣言》。1942年1月1日，宋子文在华盛顿代表中国政府在《联合国家宣言》上签字，这份宣言共有26个国家签字，前四个国家依次为美、英、苏、中，这是近代中国在形式上第一次获得四大国之一的地位，中国的抗日战争由此进一步获得了世界许多国家的同情和支持，取得了最坚强的保证。

我要讲的第五个问题，是在抗日战争中，中国始终忠诚于盟国。中国参加了世界反法西斯联盟，而且中国始终忠诚于这个联盟。中国始终站在同盟国的一边。蒋介石说，我们的外交方针大致可以完全照旧的，我们一本立国仁厚的精神,英法虽败,但我们在可能的范围内帮助他们。因为当时的英国和法国在欧洲和希特勒的军队打仗,英国、法国的军队都打败了,法国在六个礼拜之内就投降了德国,英法联军打败了以后,就渡过大西洋,逃到英国的本土。由于英国、法国这两个世界的强国都被德国打败了,所以当时在中国的政府内部,有一些人主张中国要改变外交路线,就是说要丢掉英国、法国、美国,和德国结成同盟,因为德军在西欧的战场上是所向无敌的。当时中国有两个人主张要和德国结盟,一个是孙中山的公子孙科,另一个是著名的军事家白崇禧。我想请大家思考一个问题,如果那个时候,中国政府、蒋介石听了孙科和白崇禧的意见,把英国和美国丢掉了,那么二战最后中国是什么国家?我们现在是战胜国,我们现在可以纪念世界反法西斯战争胜利七十周年,如果那个时候我们和德国结盟,我们还是战胜国吗?我们就是战败国了。所以在英、法战败的情况下,蒋介石强调,我们中国人立国的精神是仁厚,英、法虽然打败了,但是我们还是要帮助他们。蒋介石对英国的大使卡尔说,我们中国人是素讲信义的,不屈服于强国之威胁。法国屈服之后,国民政府高层中确实有很大一部分人主张重新考虑中国的外交政策,但是蒋介石仍主张坚守此前的原则。

英、法与德军打了败仗,苏联也不太好,德军一直打到莫斯科,苏联也面临危险。当时的蒋介石亲自到苏联驻重庆的大使馆,致以节日的祝贺,请他们吃饭,请他们看戏。蒋介石说,我国在苏联被德国人侵略、打了败仗的情况下,我们不计较过去,而且以道义对待他,这个是中华民族不害怕强大敌人的精神,我绝对不能把它丢掉。我们对苏联报之以道义,至于苏联对此如何想,不是我们考虑的。蒋介石坚持联合苏联,1943年蒋介石派傅秉常出任驻苏大使,表示现在及战后,与苏联均应友好合作,告诉他为了联合苏联,我们在和苏联的货物的交换上可以让步,可以给苏联利益,给它方便。同时蒋介石决定和苏联商讨缔结二十年互不侵犯的协定。

以上讲的就是说在英国、法国、苏联都被德国人打得很狼狈的情况下，蒋介石坚持联合英国、法国、苏联，这个外交的方针没有动摇。另外蒋介石与中国政府还采取措施，拒绝了德国的拉拢。1942年希特勒的助手戈林派亲信与桂永清谈判，当时的德国人希望进攻印度，德国人劝中国也从缅甸进攻印度。进攻印度之后有什么好处呢？西方的法西斯德国和东方的法西斯日本，就可以在印度手拉手合作。如果东方的法西斯和西方的法西斯在印度洋会师了，这是非常可怕的局面，那样的话，反法西斯战争就面临着失败的命运。蒋介石坚持拒绝德国的拉拢，不和德国人合作。不仅不和德国人合作进攻印度，而且蒋介石和中国政府还支持了德国的地下反纳粹运动。当时德国的反纳粹组织有一个计划，想把希特勒暗杀掉，从而建立一个没有希特勒的德国。蒋介石知道了这件事之后，指示宋子文要帮助反纳粹的德国人员，而且通过宋子文给这些反纳粹的德国人提供了经济支持。

第六个问题，美国、苏联、英国对中国抗战的援助，分经济、军事、人员、道义几个方面。

苏联在1937年9月到1941年6月，援助中国飞机1235架，大炮1600门，机枪14000挺，步枪50000支，子弹1.8亿发，借款1.73亿美元。从1941年5月至战争结束，美国援华的租借物资和劳务总计8.46亿美元，其中的各种军用装备价值5.17亿美元，另外还有经济贷款6.98亿美元。至于人员的援助，陈纳德的飞虎队开辟驼峰航线，对抗日机，帮助中国掌握制空权。英国在欧洲战场上对德作战，分4次向中国提供贷款1800万英镑。当时的中国是一个落后的国家，日本是一个先进的现代化工业国家，日本的工业总产值高达60亿美元，中国还不到日本的1/4。钢铁产量，日本是580万吨，中国只有4万吨；日本年产飞机1580架，大口径火炮744门，坦克330辆，汽车9500辆，中国还不能生产一架飞机、一门火炮和一辆汽车。所以说两国的经济力量、军事力量相差非常大。正是由于有了美国、苏联、英国的援助，才弥补了中日两国在军事上的巨大的差距，没有这些援助，这个差距是无法弥补的。

美苏两国摧毁了日军主力，为中国抗战胜利发挥了巨大的作用。

首先是美国在太平洋上进行的跳岛战斗，有效地占领了战略性质的岛屿，孤立了不具有战略价值的岛屿上的日军与后方的联系，打开了攻向日本本土的前进通道。举个例子，硫磺岛战役。1945年2月19日晨，在900余战舰，2000余架飞机的支援下，美军以22万人之众的兵力，对只有2.2万日军的面积只有20平方公里的硫磺岛发起了进攻，结果美军全歼岛上的2.2万日军，美军也付出了伤亡2.8万人的沉重代价。由于这些战斗，美军击溃了日军在太平洋上的主力。1945年8月6日，美军在日本广岛投下了原子弹；8月9日，在日本长崎投下了原子弹。这两次核打击在摧毁日军战斗意志方面起了巨大的作用。

苏军出兵中国东北对日军是另一个沉重的打击。1945年8月8日，莫洛托夫接见了日本驻苏大使，递交宣战书，150万苏军向中国东北的日本关东军发起了进攻。8月15日中午12时，日本天皇宣布了投降诏书，60余万关东军成为了俘虏。由于美国、苏联的合作，击溃了日军的主力，也击溃了日本的战斗意志，所以日本投降，中国抗战胜利。中国抗战胜利的原因，我认为国内外两个同盟起了至关重要的作用。国内同盟指的是以国共合作为基础的各民族、各阶级、各党派、各阶层、各团体组成的同盟，国际同盟指的就是以美、苏、英、中为主体的世界反法西斯同盟。

我要讲的第七个问题，中国抗战的贡献和作用。

从1937年冬到1940年冬，日本在中国的陆军，占陆军总数的78%，最高达94%，而中国的战区是2200万平方公里，中国的政府动员了正规军和游击队是500万人，一般的战斗是38931次，主要的战役是111次，大的会战22次，中国的军队伤亡了338万人。由于中国战场的存在，阻碍了日军的北进计划，使苏联加强了欧洲战场，避免了两面作战。苏联先后从远东地区调集了54万人、5000门的大炮到欧洲，这对保卫苏联的欧洲国土和最后进行反攻、击溃德军起了重要的作用。同时，由于中国战场的存在，也延缓了日军的南进，为英、美赢得了时间，为美军轰炸日本提供了机会，阻止了德、日两军在印度洋会师。斯大林曾说："只有当日本侵略者被中国捆住的时候，我们才可以在德国侵略者一旦进攻我国的时候避免两线作战。"丘吉尔说："如果日本进攻印度洋，会导致我方在中东的全部阵地崩溃。"罗斯福对小罗斯福说："假如没有中国，中国被打垮了，你们想，有多少师团的日本兵可以调到其他的战场作战？他们可以马上打下澳洲，打下印度，并且一直冲向中东。日本就可以和德国配合起来，举行一次大规模的反攻，把俄国完全隔离，斩断地中海的一切交通线。"

由此可见，我们应该肯定中国战场的作用。中国战场的作用，我认为主要是打击日军、牵制日军和控制日军。它使日本侵略者的脚陷在了中国的战场上，使它没有办法进攻苏联。

以上讲的是中国战场的作用。但是我觉得，我们在总结抗日战争的经验，在回顾世界反法西斯战争的时候，一定要辩证地看待中国战场的作用。曾经有一个日本的电台记者访问我，我在接受访问的时候说了一句"你们日本被我们中国打败了"，这个日本的记者马上反驳我，说："教授，不对，我们日本不是被你们中国打败了，我们是被美国打败的。"这个日本记者讲得不对，中国是战胜国，自然，日本是被中国打败的。但是我们在分析中国抗日战争胜利的原因，分析世界反法西斯战争胜利的原因时，必须看到两个同盟的作用。没有中华民族的大团队，没有国共统一战线，中国的抗日战争不可能坚持八年之久；如果没有国际上的反法西斯同盟，没有美国、苏联、英国和世界人民对中国的援助，我们也不可能在八年之内取得对日作战的胜利，我们抗战的时间会更长，我们所面临的困难会更多。所以说，我们今天纪念抗战胜利七十周年，一定要了解中国胜利的原因，有两个方面的合作起到了极重大的作用，即国内的国共合作与国际的中、美、苏、英大合作。

中国抗战的三个艰危时刻[1]

一　面对日本侵略，中国政府为什么没有立即反击？

自1931年九一八事变以后，国民政府、蒋介石一直采取的是对日妥协、退让政策。我所首先要讲的是，九一八事变之前中日两国的状况，看看我们当时有没有可能立即和日本进行一场迅速的、坚决的战争。

在九一八事变之前，日本虽然是一个小国，但是经过明治维新以后，已经迅速成长为现代化的工业强国，中国虽然是大国，但是由于种种原因，却依然是落后的农业国。从一些具体的数字，可以清楚地看到中日两国在经济力量、军事力量方面的对比。

战争爆发前，日本年工业产量是60亿美元，中国仅仅是13.6亿美元，日本是中国的4倍还要更多。钢产量，日本的年产量是580万吨，中国只有4万吨，日本是中国的42倍；石油，日本当时的年产量是169万吨，中国仅仅有1.31万吨，日本是中国的129倍；日本当时每年生产飞机1580架，大口径火炮744门，坦克330辆，汽车9500辆；日本的年造舰（造军舰的能力）是52422吨，当时的中国还不能生产一架飞机、一门大口径火炮，不能生产一辆坦克、一辆汽车。除了小型的炮艇以外，还不能造出任何一艘大型的军舰。

国家的经济力量是军事力量的基础，战前日本的总兵力是448万人，中国的总兵力是200余万人；日本当时的作战飞机有1600架，中国仅有223架；日本的舰艇285艘，中国仅有60余艘。以步兵师来说，日本每个

---

[1] 2015年6月16日，浙江大学人文学院举办了杨天石与陈红民两位先生的学术对谈"抗日战争中的蒋介石"，作为季我努学社"抗战大讲堂"的第二场演讲。本文为杨天石先生演讲部分，编辑过程中略有删节，文内标题为编者所加。

步兵师有21945人，中国仅有10923人；日本步枪的射程是3000公尺，中国仅仅有2000公尺。日本每个步兵师有机枪285挺，中国仅有60余挺；日军每师有重机枪104挺，中国军队仅有54挺；日本每师有野山炮64门，中国只有9门。

我列举这样的一些数字，目的是想说明在战前，中日两国在经济力量和军事力量方面，强弱大不一样。两国之间，在国力、军力上存在巨大的差距。在存在这样巨大差距的情况下，当日本进攻中国的时候，我们有没有可能马上就反击，马上就死打硬拼，和日本进行全面的战争？

我们再来一起回忆二战期间的情况。二战是由德国、日本、意大利这几个法西斯国家发起的，因此有几个战场。

首先看看西欧战场的情况：在西欧战场上，1940年5月，希特勒军队向英国、向法国进攻，西方的五个国家——英国、法国、比利时、荷兰、卢森堡组织联军抵抗希特勒军队的进攻，当时五国联军人数是300多万，大体上跟希特勒军队的数量相当。两军交战的结果，五国联军大败，因此英国的军队、法国的军队就从比利时边境上的敦刻尔克组织撤退，英国的军队、法国的军队都渡过大西洋，退到了英伦三岛。

从苏联战场来说，德军进军苏联，在开战两个星期以后就长驱500公里，半年之内就俘获了苏联红军280万人。

再看亚洲战场：日军进攻当时还是英国殖民地的香港，结果是英军只守了17天便全部向日本投降；日军进攻新加坡，仅仅7天，英国、澳大利亚、印度的联军10余万人全部投降。日军进攻菲律宾，仅仅5个月，美军总指挥温莱特将军投降，10万美菲联军成了俘虏。

为什么欧亚两个战场出现这样的情况？就是日本和德国的军队经过了长期的、精心的准备，虽然英、美、法都是强国，英军、法军、美军都是强大的军队，但是可以看出他们都不是德军和日军的对手。法国在6个星期里就投降了，在香港的英军17天就投降了，守卫马来西亚、新加坡的军队7天就投降了，当时在菲律宾的美军和日军打了几个月，10万美军成了俘虏。

由此我们可以试想，在美军、英军在日军面前都是投降或者成了俘虏的情况下，像中国这样的弱国，有没有可能在战争的早期就一个胜仗接着一个胜仗？我们经常讲日军进攻东北，很快东三省全部丢了；日军进攻关内，很快华北丢了、华东丢了、华中丢了、华南丢了。也就是说，当时中国大部分领土都沦陷了。那么这样的情况有没有某种必然性？

二　中国抗战的艰危时刻

由于中日两国国力、军力相距太大，可以说日本是处于绝对优势，而中国是处于绝对的劣势。在整个抗战里，中国曾经有过三个非常艰难危险的时刻。第一个时刻是淞沪战败，南京沦陷，国民党高层多数主和。从1937年8月13日开始淞沪抗战，中国政府调集了75万军队迎战三个月，也就是说中国政府拿出了当时可能调动的全部力量，从全国各地调了75万军队和日本人在上海战场打了三个月，但是，由于敌强我弱，被迫撤退。又由于决定仓促，指挥无方，形成了溃败。日军违反军事常例，在血战之后，并不休整，火速进攻南京，12月13日，日军占领南京，中国的首都沦陷。这在中国历史上是很少有的一个悲剧性的重大事件。中国政府当时的主要领导人蒋介石立即通电，声称中国军队退出，绝不至于影响我政府始终一贯抵抗日本侵略的原定国策，其唯一意义是更加加强了全国抗战之决心。此后的一段时期，中国政府主要领导人坚决拒和，一面拒绝德国陶德曼大使的调停，一面则坚决抵制国民政府的主和派。

在中国近代史上，中国曾经有过迁都议和的历史。1895年甲午战争中国战败，在1894年到1895年期间，康有为曾经给朝廷上过一份奏折，其中一个主张是拒和，拒绝和日本人谈和；第二个主张是迁都，主张把当时清朝的首都从北京迁到西安，第三个主张是变法。但清朝政府没有接受康有为拒和、迁都、变法的主张，最后中日战争的结果是签订了《马关条约》。

这次南京沦陷，中国面临着非常危险的状况，所以，国民政府蒋介石做的第一事就是拒和，不和日本人谈判；第二是迁都，把中国的首都从南京迁到重庆。当时国民党内部是什么情况呢？12月15日，也就是南京沦陷的第二天，蒋介石召集高级干部会议讨论，当时在会上一部分人主张和日本讲和，一部分人主张继续战斗，意见不一样。但在这个高级干部的会议上，主和者占多数，大部分国民党高级干部主张议和。汪精卫本来对抗战就信心不足，在这个时候，汪精卫就向蒋介石提出，现在你不行了，还是让我出来，以第三者的面目组织一个新的政府，跟日本人谈和。可见由于南京的沦陷，汪精卫第一个动摇了，他要以第三者的面目，就是既不是国民政府，也不是当时的中国一部分亲日派准备成立的所谓维新政府，他要以第三者的面目出现，和日本人谈和。蒋介石当时就坚决地回答汪精卫：不可以！不可能和日本人谈和。

当时国民党的高级官员居正跟蒋介石讲，现在国都沦陷了，只有一个办法，只有一个出路，就是跟日本人讲和。居正跟蒋介石讲，如果你不敢跟日本人谈和，不敢在条约上签字，我居正代表你签字。当时国民党的元老于右任老先生，在国民党的高层会议上也批评蒋介石说，你怎么到现在还犹豫不决呢？要赶快谈和。在这种情况下，蒋介石在国防最高会议上讲："国民党的革命精神只有为中国要求自由与平等，而不能够向敌人屈服，不能够订立不能接受的条约，订了条约以后，就会增加我们国家民族永远的束缚。现在是一个大的危险的关口，我们必须以主义与本党的利益为前提，不能和日本人谈和。和日本人谈和，对外的战争可以停，对内的战争会起来，国家一定会出现大乱的局面。"蒋介石说今天最危险之点就在于停战言和。

南京沦陷以后，蒋介石在日记里表示，"与其屈服而亡，不如战败而亡",他坚持既定的抗战国策。应该承认,当时的中国政府、中国军队处于最困难的时期。淞沪大战,中国的75万军队打败了,南京的保卫战,中国的10多万军队也打败了,所以在这个情况下,应该说中国的抗战处在一个非常艰难、危险的关口。在国民党高层大多数主张跟日本人讲和的情况下,蒋介石坚持拒绝谈判,拒绝和日本人讲和,坚持迁都重庆,这是做长期抗战的准备,这是中国抗战的第一个艰难危险的时刻。

中国抗战第二个艰难危险的时刻就是1938年广州武汉失陷。日军打下南京以后,在1938年,首先是打下了广州,这样中国政府从香港接受外国援助的通道被堵住了,然后很快武汉失陷。中国政府在南京沦陷以后,把主要的行政机构和军事机构搬到武汉,作为迁都重庆的一个准备。广州、武汉的失陷使得中国政府、中国军队再度丢掉了一个行政军事的指挥机构。到了重庆以后,汪精卫由于对抗战失去信心,在1938年年底从重庆出逃,到了昆明。

在南京时期,汪精卫曾经要求以第三者的面目出现,组织一个新的政府,跟日本人谈和。汪精卫从重庆出逃到了昆明以后,把他的想法对当时昆明的最高领导者龙云交了底。汪称自己要组织一个第三势力,也就是联络云南、四川、广西、贵州等西南各省,以这个为根据地,成立一个以汪精卫为首的新政府,也就是说汪精卫继续要想组织第三股力量和日本人谈判。而且当时汪精卫也联络了一些人,例如云南的龙云,西康的刘文辉,还有一些广西的首领、广东的军事首领,例如张发奎等一大批军事将领。也就是说汪精卫出逃不仅仅是作为国民党副总裁的背叛,而且他还想用他的背叛带动云南、广东、广西、四川、贵州这五个省都投降日本人。试想如果这几个省的主政者都跟汪精卫跑了,会出现什么局面。当时国民政府的根据地一个是四川,一个是云南,在华北就是山西,山西的阎锡山这时候也在动摇,阎锡山也派了他的部下秘密和日本人谈判,想要跟日本人谈和。所以说,1938年的年底到1939年的年初,由于汪精卫的出逃,由于广州、武汉的失陷，中国的抗战面临着第二个最艰难、最危险的时刻。

中国抗战的第三个艰难危险的时刻，就是1944年日军进攻贵州的独山。1944年，日本人为了打通中国大陆的交通线，发动了一号作战。一号作战在中国近代史上称为豫湘桂战役，日本人先打河南、湖北、湖南、广西，中国的军队也都失败了。我们说起这场战役时常说中国军队"一溃千里"，就是一下子中国成千公里的国土丢了，离重庆就不远了。在日本进攻到贵州时，当时美国的魏德迈将军问蒋介石，说日军打到独山怎么办？魏德迈将军的建议就是再迁都，从重庆迁到昆明。蒋介石说我不准备再走了，准备和重庆共存亡，一步也不能离开重庆。蒋介石的这个表态让魏德迈很感动，魏德迈向蒋介石表示，那么我一步也不离开你，愿意和你一起守卫重庆。蒋介石当时很镇定，但驻守重庆的各国大使馆都很紧张。首先，苏联大使馆准备撤侨，准备把侨民撤离重庆；另外英国和美国都准备撤侨，把自己的侨民从重庆撤离。如果英国、美国、苏联的大使馆都要下令自己的侨民离开重庆的话，这会造成前所未有的紧张、慌乱的局面。蒋介石自己不愿意离开重庆，表示再也不迁都，同时向英国、美国、苏联的大使馆提出来，希望你们镇定、稳重，动员自己的侨民不要离开重庆。同时蒋介石调集了军队，包括从河南前线把汤恩伯的部队调回重庆，准备以乌江为防线保卫重庆。这是抗战的第三个艰难危险的时刻。

以上就是中国的三个艰难危险时刻。这三个艰难危险时刻，南京沦陷，多数国民党人主和；广州、武汉沦陷，汪精卫出逃；第三个危险时刻是日军打到贵州独山，英、美、苏都很慌乱，准备撤侨的情况下，蒋介石表示一定要死守重庆，与重庆共存亡。这三个艰难危险的时刻，由于蒋介石的镇定，由于蒋介石的坚决，中国的抗战度过了这三个艰难危险的时刻。

三 如何评价抗战时期的蒋介石

关于如何评价抗战时期的蒋介石，首先要回到1936年11月份毛泽东和19位中共领导人给蒋介石的一封信。1936年11月，毛泽东亲自起草，而且有周恩来、朱德、任弼时等19个中共高级领导人和军事将领，给蒋介石写过一封信，内容讲什么呢？其中有一段称，如果蒋先生您能够改变您的念头，回心转意，跟红军联合抗战，你就是抗日之英雄，你的画像将来会被挂在凌烟阁。[1]凌烟阁是一座高楼，一个高层建筑，由于它很高，高耸入云，就称为"凌烟"，就是到了云端了。唐代的时候，唐太宗李世民为给他打江山的军事将领盖了一座楼，这座楼叫凌烟阁。然后唐太宗就把当年为他立功的将领，每个人画了一张像，在凌烟阁展览。毛泽东和周恩来等中共高层讲，只要蒋先生抗战，只要念头改变一下，我们将来就要像当年唐太宗一样，把你的相片挂在纪念馆里，要百世纪念。而且毛泽东还许了第二个愿，我们不仅要给你一个抗日英雄头衔，而且还要说你是及时改正错误的豪杰。[2]

毛泽东的这封信是1936年11月写的，这封信出自《中共中央文献选集》（1936年卷），该书把这封信全部内容公布了，而且把19位高级军事将领的名字都列出来了。还有一本书是人民出版社出的《毛泽东书信选集》，这封信收到书信选集了，由此我判断这封信不是别人起草的，是毛泽东自己起草的。现在请大家思考一个问题，毛泽东这封信是1936年11月写的，他的条件就是蒋介石转变念头，联合红军共同抗日，只要你肯联共抗日，那么，你就是抗日英雄，你就是救国救民的豪杰。

---

[1] 《毛泽东书信选集》，第88页，人民出版社，1983。信中称："是则先生一念之转，一心之发，而国仇可报，国土可保，失地可复，先生亦得为光荣之抗日英雄，图诸凌烟，馨香百世，先生何故而不出此耶！"（编者注）

[2] 同上，第89页。信中称："吾人诚不愿见天下后世之人聚而称曰，亡中国者非他，蒋介石也，愿天下后世之人，视先生为能及时改过救国救民之豪杰。"（编者注）

2006年，我到美国胡佛档案馆看蒋的日记。有一位新华社记者访问，对我提了一个要求，说："杨先生，你能不能用几个字概括蒋介石的一辈子？"我当时说："蒋介石活了88年，用几个字概括蒋的一辈子，我做不到，但是我要跟你讲三句话：第一句话，'在中国近代史上，蒋介石是个十分重要的人物'，"记者就写下"十分重要"；第二句话，"在中国近代史上蒋介石是一个十分复杂的人物"，记者又记"十分复杂"。我看他一边认真记，一边心里就在乐。为什么呢？我说我是讲了两句废话，讲了两句空话，为什么呢？现在有谁说蒋介石不重要？我想没有人说他不重要；有没有人说他不复杂？我想也没有。说他十分重要，十分复杂，我想各个阶级、各个立场的人都会同意，所以我觉得我是讲了两句进了保险箱、各种立场的人都会同意的话。但我想这位新华社的记者千里迢迢到美国来访问我，让我谈对蒋的看法，我讲了两句空话、废话总是不好，于是我说我还有第三句话："在中国近代史上蒋介石有功有过，既有大功又有大过。"

蒋介石有两大功，1926年到1928年，领导北伐打败了吴佩孚、孙传芳、张作霖三大军阀集团，初步统一了中国，这是第一大功；第二大功是领导国民党和领导国民政府进行抗战，取得了完全的胜利，这是第二大功。我觉得这句话讲的是我的内心话，讲得符合实际。今天我还愿意在第三句话后面加八个字，哪八个字呢？叫"功不掩过，过不掩功"。也就是蒋介石领导北伐，领导国民政府和国民党进行抗战，这是功。但是这个功不能掩盖他的过。我也讲过，蒋介石有两大过：第一，是1927年到1937年的"清党""剿共"；第二，1946年到1949年三年的反共内战，这是他的过。两大功、两大过，功不掩盖他的过，过也不能掩盖他的功。蒋介石领导国民党和国民政府抗战，这是一大功，但不能掩盖他当年的反共的过错。从另一方面来看，蒋介石虽然有过错，有两大过错，但是这两大过错也不能掩盖他的两大功。

我觉得这是今天对于蒋介石功过应有的态度。我想，我们坚持这个看法，第一，可以表明中国共产党实事求是、光明磊落的态度。第二，在抗战胜利七十周年时候，实事求是地评价蒋介石的功过，这会有助于我们做好对台工作、做好海外华人的工作，可以促进最广泛爱国统一战线的建立。

珍珠港事变前的中美交涉[1]

1941年12月8日，日军偷袭美国在檀香山珍珠港的军事基地，因此爆发了太平洋战争，成为第二次世界大战的一个重要转折点。过去人们都以为珍珠港事变是日本和美国两个国家之间的矛盾，很少人知道珍珠港事变和中国的关系，特别是和珍珠港事变前夜中美两国的外交谈判之间的关系。最近一年来，我研究这个问题有了新的发现，这个发现的简单的结论可以概括为四句话：美日妥协，中国抗议；美国强硬，日本偷袭。我是想用这四句话说明，美国政府、美国的总统罗斯福，曾经有过一个阶段向日本妥协了，美国人妥协就引起了中国政府的抗议，而中国政府的抗议就促进了美国政府改变了对日本的妥协政策，从妥协转为强硬。美国政府对日政策的改变，惹怒了日本，因此日本就决定向美国开战，于是发生了珍珠港事变。

日本是一个资源小国，其战争资源的取得主要靠美国。大家知道要发动一次侵略战争，需要战略物资、需要钢铁、需要石油，还需要其他的金属。日本这个国家是一个小国，是一个资源贫乏的小国，那么日本侵略者、日本政府为什么胆敢发动侵华战争，跟中国打一场恶战？原因就在于日本发动侵华战争的资源可以从美国得到。日本侵华之前，日本所需要的废钢的90%，铅的45%，铜的90%，石油和石油制品的65%，发展飞机和坦克工业所需要的机床的70%，均来自于美国。就是说日本之所以能够发动侵华战争，它的战争的资源主要是从美国取得，美国是日本战争资源的最大提供国。

1939年7月20日，当时中国政府的领导人蒋介石致电美国总统罗斯

---

[1] 2015年6月17日，杨天石先生在上海师范大学进行了题为"珍珠港事变前的中美交涉"的演讲，作为季我努学社"抗战大讲堂"的第三场演讲。本文根据演讲现场记录整理而成，编辑过程中略有删节。（编者注）

福，建议美国可以采用的"有效武器"，包括绝对禁止对日输出军用材料与军用品，特别是钢铁与石油；禁止日本重要物品输入，增加日本物品进口税率；不许日本船只使用特种商港，等等。蒋介石认为，上述的办法可以"削弱日本战斗力及其一般的经济力"，从而可以使得日本军阀感觉美国道义与舆论的压力，而不敢继续漠视。蒋介石向美国总统提出来，说你们美国要想办法把日本的经济力和战斗力削弱。

1939年7月26日，美国政府宣布美日两国1911年签订的美日通商条约于半年期满后失效，美国冻结日本在美国的全部资产，约合1.31亿美元，实际上中断了对日贸易。8月1日，美国事实上对日本实施了包括石油在内的全面禁运。美国政府采取的上述措施通称经济封锁政策。它沉重地打击了日本的对外侵略扩张政策，极大地限制和阻遏日本进一步扩大对华和对东南亚侵略的阴谋。大家知道，没有钢铁，武器、坦克、大炮没有办法生产，没有石油，飞机开不了、坦克开不了、汽车也开不了。美国政府对于日本采取经济封锁政策，就有力地打击和遏制了日本的侵华政策，日本受不了了。1941年4月16日，日本驻美大使野村吉三郎和美国的国务卿赫尔会谈，提出了一个《日美谅解案》，这个内容很复杂，它的核心就是企图通过谈判促使美国减轻对日本的经济压力。1941年11月，日本派了特使来栖三郎到美国谈判，目的还是希望美国放弃对日本的经济封锁。

蒋介石知道这个消息以后，担心美国向日本妥协，因为美国向日本妥协将会出现对中国抗战不利的局面。11月17日，国民参政会第二次大会在重庆开幕。开幕前一天，蒋介石决定在第二天的报告中有针对性地发表讲话，让美国不能够与日本特使来栖有妥协的余地，让日本知道英美在远东的准备、军备已经完成，从而引发其产生恐惧。

第二天，蒋介石在重庆的国民参政会第二次会议的开幕词中讲道，自从罗斯福与丘吉尔制订《大西洋宪章》以来，国际上反侵略的阵线已经成为事实，民主国家相互合作，共同肩负着维护人道与正义的使命。蒋介石说:"我可以断言,英美不仅在利害上与荣誉上绝对不会与日本作任何妥协,而且在他们的主义上与责任上也必然要挺身起来,与中国共同消灭这一个侵略祸首,不然所谓正义人道与文明,都将完全失去其意义了。"蒋介石讲这段话,就是为了放话,为了提醒美国不能够跟日本妥协。

蒋介石还讲"英美各国在远东的军事准备最近已经完成,他们民主国家无论为履行条约的义务,或者保全本国利益断不能背弃这个义务,而违反其一再宣示的神圣的主义。"蒋介石把话讲在前面,说美国人、英国人是不会跟日本妥协的。

蒋介石这篇讲稿,经过他的精心构思、修改,他自己觉得他的讲稿有很多独到的见解,讲完当天他乐观地估计,他的这篇开幕词对于日本一定发生影响,让美国人和日本人的谈判没有办法继续。

但是很不幸,蒋介石的担心成为事实。1941年11月20日左右,罗斯福亲手写了一份备忘录交给美国国务卿赫尔。第一条叫美国恢复对日本的经济关系,向日本供应一定数量的石油、大米,以后再增加。另外一条是讲,美国促成日本与中国会谈。由于备忘录主要是讲恢复与日本的经济关系,向日本人提供大米、提供石油,这就是说美国准备放松原来对日本所采取的经济封锁和经济制裁政策。

罗斯福把备忘录交给赫尔以后,美国政府企图恢复已经冻结的美日经济关系,解除经济制裁。美国国务卿赫尔根据罗斯福提出的备忘录,又提出了一个"临时过渡办法",这个办法的主要内容就是,美国同意修改冻结在美国的日本资产,每月向日本提供不超过60万美元的原棉和一定数量的民用石油。原来日本人在美国存款有1.3亿美元,现在美国准备解冻。

11月22日,赫尔约见英国、澳大利亚、荷兰的代表,也约见中国驻美大使胡适。赫尔说,现在的战争有拖延时间的必要,而且现在恐怕还不能够应付在大西洋和太平洋这两个战场全面作战的局面。当时形势是英国、法国在欧洲跟希特勒的军队打仗,这个叫大西洋的战斗。美国人不愿意跟日本人发生战斗，形成在大西洋和太平洋两洋作战的局面。所以赫尔表示，我们要起草一个将经济封锁稍微放松的"暂时过渡办法"。这个就是我刚才讲的，美、日妥协，就是美国人准备向日本妥协，美国人准备放松对日本的经济封锁、经济制裁。

赫尔还讲，我们为什么要放松呢？这么做的目的是由于军方的需要，另外日本既然是打着和平的旗号，我们美国人不能不有一个表示，以便对将来及对世人留一个记录。一个是军事需要暂时对日本妥协，另外一个日本人是打着和平旗号来的，所以我们美国人不能不有一个友好的表示。

10月24日蒋介石知道了这件事情，他在日记里写了一段话，说知道了美国人准备对日本人采取放松的妥协条件，痛愤之至。说美国人怎么这么笨？怎么这样胆小？说由此可知帝国资本主义者唯有损人利己、毫无信义可言。这里说的帝国资本主义虽然没有点名，但是就是在骂美国，骂美国是帝国资本主义，是没有信义可言的。蒋介石自我检讨，他说过去我认为美国人不会这个样子，所以我以前对美国始终存在幻想，从今以后我知道世界的道德已经堕落了、已经颓废了，中国除了靠自力更生以外，再不能够相信所谓的友邦，再不能相信所谓的同盟国。他说本来就是这个样子，我这个人太傻，过分相信美国、相信英国。

这之前，蒋介石曾经盛赞罗斯福所领导的美国是"伟大国家"，是"中国危难中的真友"，他的就任美国总统是"世界和平的曙光，而且是人类正义之福音"，这就是说，蒋介石以前把希望寄托在美国、寄托在罗斯福身上。当天蒋介石亲自起草了给当时中国驻美大使胡适的电报，电报称，美国对日经济封锁政策，无论有任何一点放松或改变，则中国的抗战必立见崩溃。另外这个电报强调，从此国际信义与人类道德亦不可复问。蒋介石要求胡适，请美国国务卿赫尔告诉美国政府，千万不可对经济封锁有丝毫的放松。蒋介石说，他绝对不相信美国政府到了今天，对日本还会有这样的想象。电报原文如下：

此次美日谈话，如果在中国侵略之日军撤退问题没有得到根本解决以前，而美国对日经济封锁政策，无论有任何一点之放松或改变，则中国抗战必立见崩溃。以后美国即使对华有任何之援助，皆属虚妄，中国亦不能再望友邦之援助，从此国际信义与人类道德，亦不可复问矣。请以此意代告赫尔国务卿，切不可对经济封锁有丝毫之放松，中亦万不信美国政府至今对日尚有如此之想象也。

该电手稿中原来写着"请以此意告罗总统与赫尔国务卿"，希望胡适把这个电报传递给罗斯福总统，但是蒋介石为了讲话缓和一点把"罗总统与"四个字删掉了，只对赫尔一人说话，这虽然减弱了批判锋芒，但"国际信义与人类道德"等语，仍然表达了蒋介石对美国政府的强烈失望、愤怒与谴责。实际上当然这封电报罗斯福会看到、会了解到，所以蒋介石打给胡适的电报，实际上是对于美国政府对日妥协的一个抗议。

在这以后，胡适致电中国的外交部长郭泰祺，这时候胡适已经对于说服美国政府不抱希望，所以他告诉郭泰祺说，美国政府对日本妥协，恐怕不能够阻挡了。胡适已经没有信心，但是蒋介石却不肯就此罢休。11月26日下午蒋介石接到胡适的来电以后，立即嘱咐外交部长郭泰祺回电坚决反对美国政府的妥协政策。蒋介石第二次给胡适打电报，要求胡适当面告诉美国国务卿，要求美国立即宣明与日本绝不妥协的态度，借以安定人心挽回大局，免使中国抗战前功尽弃、民族牺牲虚掷。

1938年9月，英、德等国在慕尼黑开会，结果英国首相张伯伦向希特勒妥协，从而牺牲了捷克和波兰。蒋介石的电报以此为例警告美国，必须以当年的张伯伦为戒，立即鲜明地表达对日本的不妥协态度。蒋介石的电报称："回忆往年，英德妥协，捷克、波兰遭受无辜牺牲之痛史，殷鉴不远，能不惶悚！"

除了给胡适打电报以外，蒋介石还给当时代表中国政府在美国活动的宋子文发电，要求宋子文向美国的高层求助。其中讲到中国四年半的抗战，死伤无数的生命，遭受有史以来空前未有的牺牲。这都是由于美国政府态度暧昧、犹豫，以至使得世界祸乱。他说美国如今采取这个态度，我不知道以后的历史应该怎么样记载美国在这一段时间的表现。电报中的这段话是讲得很厉害、很尖锐的。

宋子文接到蒋介石的电报以后，感到时机紧迫，立即按照蒋介石的指示访问美国军部首脑。当时宋子文会见海军部长诺克斯，据说诺克斯听了蒋介石的意见以后极为动容，首先向宋子文表示说："请信我为中国的忠实友人，今以友人的地位奉告中国，绝对不要有什么顾虑。不过以政府立场，我今天有许多我不能够讲出来，不能够用好的消息来安慰蒋委员长。"

宋子文在和诺克斯谈话以后，又请美国的财政部长摩根一起吃晚饭，摩根在美国政府官员里面对中国是友好的，在对中国提供财政援助方面是积极的态度，摩根告诉宋子文，而且当着宋子文的面批评美国国务院：态度向来懦怯，担心日本将进行报复，使美国卷入战争。美国这个国家，长期奉行中立主义、奉行孤立主义，提倡美国人不干涉别的国家在美国之外的战争，这个叫中立主义，又叫孤立主义。摩根讲，美国国务院就是搞中立主义、孤立主义的，一向就是胆小。

在胡适和宋子文进行活动以后，美国总统罗斯福召见了胡适、宋子文。在宋子文慷慨陈词批评了美国政府之后，罗斯福承认考虑不周。胡适发言提出中国政府的忧虑，他说美国这么搞法，放松对日本的经济封锁，这样的结果受害的只有中国。罗斯福承认美国的妥协办法确有缺点，他说"外长所考虑的办法，只限于局部的临时救急，确实没有考虑到全部中日战争"。

在罗斯福承认美国办法确有缺点以后，宋子文又进一步阐明美国的办法对中国的危害。他说中国军民只懂得，你们美国解除了对日本的经济封锁以后，日本就可以获得油料，就能得到石油，就可以让飞机轰炸我们中国人。所以蒋委员长深为焦虑，认为日美一旦妥协，就是中国被牺牲，中国军民的抗战心理就不能够维持，那么抗战前途就不堪设想。宋子文强调，美国妥协的话中国要受到危害，中国的抗战就无法坚持。

在胡适、宋子文对美国的妥协政策提出批评以后，罗斯福的表现怎样呢？据宋子文的记载："罗总统无词可答，态度似露窘状。"胡适、宋子文理直气壮、慷慨陈词，罗斯福回答不出来、无词可答，而且显得很窘迫。

在胡适、宋子文当面批评罗斯福总统的对日妥协政策以后，当时美国还有一个顾问在蒋介石的身边工作，这个顾问叫拉铁摩尔。拉铁摩尔支持蒋介石的抗战，给美国总统行政助理居里打了一个电报，里面讲："蒋委员长对此有强烈的反应，其激动之状实前所未有。"就是说，美国准备向日本妥协，蒋介石知道以后非常激动、非常愤怒，激动之状、愤怒的状况前所未有。拉铁摩尔告诉罗斯福的助手居里："即使有关于妥协的最微弱的传闻，也将要动摇中国对美国的信心。"拉铁摩尔警告美国政府，绝不能使中国政府丧失对美国的信心。拉铁摩尔向罗斯福传达了蒋介石的态度，目的就是要让罗斯福明白，美国的错误就在于放弃原则、牺牲中国、冷漠无情。

这个时候中国的阎锡山正处于动摇妥协中。拉铁摩尔告诉美国方面，现在阎锡山的部下正在与日本华北占领军订立停战协定，蒋介石正在处心积虑防范阎锡山等将领叛变投敌。拉铁摩尔表示"山西统治者及其他军队，已经有了动摇，日本对他们最有力的引诱就是美国一定会向日本妥协"。如果阎锡山也叛变了，那么中国的抗战大后方就很危险了。阎锡山会不会叛变？关键就要看美国人是不是向日本妥协。如果美国人坚持对日本强硬，那么中国的抗战阵营可以稳定，如果美国人对日本妥协，那么阎锡山这样的动摇分子，就很可能跟着汪精卫走。

由于上述种种原因，美国政府最终向日本表明了强硬的态度。11月

26日晚，赫尔向日本的野村大使面交文件，提出了关于美日两国政府及所有其他政府之间的四条基本原则，其中第一条就是所有国家及领土完整及主权不可侵犯的原则，在这一条里面美国明确表态，不能够侵略另外一个国家的领土完整及主权，当然也反对日本对中国领土、对中国主权的侵略。文件的重点是提出美国政府与日本政府所拟采取的十项步骤，在这些步骤里边，美国政府表示美国和日本要缔结贸易协定，互相给予对方最惠国的待遇，彼此解冻在各自国家的存款，但是日本却必须首先停止对中国和法属印度支那等地的侵略。这个文件美国先给日本甜头，说我可以跟你定贸易协定，我们也可以给日本最惠国的待遇，我们也可以解除冻结在美国的日本财产，但这是有条件的。日本首先要停止对中国和法属印度支那，就是越南的侵略。美国提的十条里边，最重要的是第三条、第四条，第三条美国政府要求日本政府从中国及印度支那撤退所有的陆、海、空军和警察的武力，就是日本人必须从中国、从越南把全部的武装力量，包括警察力量撤走。第四条，美国政府与日本政府，要支持重庆政府。重庆政府以外的所谓"中华民国政府"，也就是汪精卫的汉奸政府还有王克敏在华北成立的"维新政府"，都不能够承认。如果日本按照以上各项做，从中国撤兵，放弃对汪精卫伪政权的承认，重庆政府成为中国当时唯一合法的政府，那么日本从1894年甲午战争以来，侵略中国所取得的利益和成果都将吐出来。美国国务卿提出的这些条件，就和以前提出的对日本的妥协条件不一样，原来是美国承认冻结的财产我可以解冻，停止的贸易我可以恢复，我可以继续向日本提供石油。但是现在美国怎么表示？日本军队陆军、海军、空军都必须从中国领土撤退，美国政府、日本政府都只能承认重庆政府，不能够承认汪精卫的汉奸政权。也就是说，美国的政策有了一个180度的转变。

原来日本的特使已经得到消息，美国政府准备妥协了，他们以为大势已定，所以接到了美国政府让他们到国务院来的消息的时候，满面笑容，他们觉得他们已经完成了跟美国谈判的任务。等到他们进到美国国务院，从美国外交部长手上拿到答复的时候，发现美国政策已经发生了180度的变化，因此懊丧而返。日本的代表失望了。

罗斯福在很短的几天之内，大正大反、大起大落，戏剧性地迅速改变了对日政策，对于这一过程，宋子文在11月28日给蒋介石电报有详细的分析。宋子文在电报里面恭维蒋介石"挽回危局"，吹捧蒋介石说："您这个态度不仅仅救了中国，而且也救了美国，世界的正义公道就全靠这个维持了。历史的命运往往取决于片刻，我现在追述谈判的经过更加增加了对您的佩服。"

宋子文的这些恭维蒋介石的话，蒋介石读起来当然很舒服。当日的日记讲："此次美国对倭态度之强化，全在于自我态度的坚定与决心的坚毅，尤在于不稍延迟时间，得心应手，穷理致知，乃得于千钧一发时，旋转于顷刻也。而内子力助于内，子文辅佐于外，最为有力。"同时蒋介石还对胡适表示了不满，因为胡适曾经丧失信心，认为难以让美国转变。所以蒋介石批评，"如胡适者则未有不失败也"。

12月5日，蒋介石跟美国顾问拉铁摩尔约会谈话，第二天又谈第二次。蒋介石讲"到了这个地步，我国的根本危机已经过去了，这是中国外交史上最大的成功"。当时拉铁摩尔即将回美，蒋介石建议他回到美国以后告诉罗斯福，说"当下在这个利害成败的关头，必须对日本人进一步用武力压迫，才可以让日本人早一点的就范，早一点守规矩、早一点不乱侵略别国"。

蒋介石和拉铁摩尔的谈话也说明，他完全低估了日本侵略者的疯狂性和冒险性，同时也对中国的抗日战争做了过于乐观的估计。蒋介石对拉铁摩尔讲："要在1942年6月以前完成反攻武汉、广州的计划，在1943年6月以前完成反攻东北的部署。"他要拉铁摩尔转告罗斯福："中国绝对不能放弃东北，否则新疆、西藏皆将不保，外蒙也难以收复。"由于美国政府改变了对日本的政策，从妥协改为强硬，所以蒋介石这时候对中国的抗日战争做了一个非常乐观的估计。

12月1日，日本御前会议得出结论："美国已经彻底成为蒋介石的代言人。"说日清战争、日俄战争以来和卢沟桥事变以来，一切成果就付诸流水。所以会议决定对美、英、荷开战，12月2日裕仁天皇批准的海军军令部总长发出命令，将攻击日期定为12月8日。

日本在复照中指责美国顺从重庆方面之愿，说美国政府已经成为了蒋介石方面的代言人，指责美国政府是顺从重庆政府的愿望。因此12月8日上午2时，日军在马来半岛登陆，3点25分日本海军联合舰队偷袭珍珠港，击沉美国主力舰4艘、重伤4艘，击毁击伤美机230架，同时轰炸香港、马尼拉等地，摧毁美国在菲律宾的大部分飞机。4点20分野村和来栖向赫尔手交日本的最后通牒和向美、英宣战的天皇诏书，在天皇诏书里面，日本批评美国"漠视日本在对华战争中所受到的牺牲，威胁日本帝国的生存，侮辱其尊荣，跟英国和其他国家合谋阻挠东亚新秩序的建立，并且使中日两国继续战争，以保持英美的利益"，这是日本向美国倒打一耙。至此太平洋战争爆发，同日，美、英对日宣战。

日本偷袭珍珠港蓄谋已久，其所以发生在12月初，则是由于美国政府接受了中国政府的意见，改变了对日妥协政策所致。多年以后，美国政府在回顾1941年的美日谈判的时候，也承认之所以改变政策是由于中国政府提出的意见。重庆获知日军在12月8日的凌晨偷袭了珍珠港，当天上午10时，国民党就召开中央常务会特别会议，紧急讨论，决定对日本、德国、意大利宣战，蒋介石随即向大使建议成立同盟。12月9日，蒋介石通电全国各个战区，宣布这是一个新起点，就是说由于太平洋战争爆发，所以蒋介石告诉全国各个战区、各个军事长官说这是一个新的起点。从此我国乃真正参加了世界共同反侵略的战争，与英美苏等友邦并肩作战，负责保卫整个文明的使命。在12月8日这一天，罗斯福给蒋介石打电报，说我们美国已经对日宣战，号召所有参加这个奋斗的一切国家，向中国军民学习，集中力量专一意志、共同奋斗。罗斯福电报里面甚至这样讲，说我们美国能够跟蒋委员长以及您所领导的伟大民族互相联合，我罗斯福本人把它看作是很大的光荣。

12月10日，蒋介石致电罗斯福，对美国所受的攻击表示悲悯。电报讲，在现在这样一个悲惨的时刻，美国遭受了诡诈侵略者的攻击，中国人民对于美国人民所曾经给予的帮助与同情重申感谢。目前我们共同战斗，中国将贡献其所能与其所有，跟美国联合以待取得共同的胜利。此外，蒋介石接见在重庆的美国军事代表团长马格鲁德将军，建议由美国出面商定中、英、美、苏、荷五国军事协定，以重庆作为参谋会议地点。罗斯福接到蒋介石电报以后马上回电，建议在12月17日由蒋介石在重庆召集联合军事会议，交换情报、讨论在东亚战区的最有效的海陆军行动以击败日本及其盟国。12月23日，中英美三国代表所组织的重庆军事会议成立，通过了远东联合军事初步计划6条。第二天，蒋介石电告罗斯福，提议在华盛顿组织最高联合军事总机构，制订作战计划，并且派宋子文为最高军事会议的中国总代表。

1941年12月31日晚，罗斯福约见宋子文，商谈发表联合宣言。在座者有英国首相丘吉尔及苏联驻美大使等。罗斯福讲，将要由美、英、俄、中四强国先行签字，其余各国将在明天签字。宋子文当时就代表中国签了字。1942年1月1日，美、英、苏、中等26个国家在华盛顿签署了《联合国家宣言》，世界反法西斯统一战线正式形成。中国的抗日战争由此进一步获得世界许多国家的同情、声援和支持，成为取得最后胜利的最大、最坚强的保证。

讲到这个地方，我想我们可以共同思考一个问题，今年是纪念抗日战争胜利70周年，也是世界反法西斯战争胜利70周年。为什么我们的抗日战争能够取得胜利？为什么世界反法西斯战争能够取得胜利？我想两个原因，一个说从中国战场上来讲，有一个国民党和共产党联合各个阶级、各个民族、各个团体、各个党派的统一战线，我们国内有一个联盟。同时国际上有一个中国、美国、英国、苏联等26个国家的反法西斯同盟。中国抗战的胜利，世界反法西斯战争的胜利，绝对不是一个单一的原因，而是这两个联盟形成的共同结果。我们再往回想，世界反法西斯联盟为什么能够形成？那是由于太平洋战争的爆发，太平洋战争为什么爆发？大家可以很明显地看出来，是由于原来美国已经准备跟日本妥协了，美国不愿意形成两洋作战的局面，既在大西洋和德国作战，又在太平洋和日本作战，美国不愿意陷入这个局面。而且美国长期的孤立主义、中立主义的传统，美国不愿意关注美洲以外的事情。当美国人准备向日本妥协，准备用妥协来换取和平的时候，是由于中国政府，是由于蒋介石，由于胡适、宋子文很严厉地批评了美国政府，严厉地批评了罗斯福总统。在这个时候，丘吉尔也站在中国一边。在罗斯福和胡适、宋子文谈话的当天早晨，英国首相丘吉尔跟罗斯福打电话，说中国的战场不能够垮，如果中国战场垮了，那么我们共同的危险就加大了，我们的西欧战场就不好打了。所以说，一个是中国政府对于美国政府的抗议，一个是丘吉尔对于罗斯福的劝告，罗斯福终于懂了。原来向日本妥协是很愚蠢的事情，所以他做了一个决定，要抛弃这件蠢事。也就是说，要对日本采取强硬的态度。

我们需要回到最初这四个字，珍珠港事变之前的"中美交涉"。美日妥协，就是美国人准备向日本妥协，放松经济封锁、放松经济制裁，因此中国抗议。中国抗议的结果，美国政府就改变了政策，采取强硬的对日本的政策，因此惹火了日本，日本就偷袭珍珠港。偷袭珍珠港的结果，就引起太平洋战争的爆发，就引起世界反法西斯联盟的形成，因此最后就有了中国抗日战争的胜利，有了世界反法西斯战争的胜利。在这里边珍珠港事变前的中美交涉是一个有重要意义的历史事件，这就是我今天报告的主要内容。谢谢大家！

图书在版编目（CIP）数据

找寻真实的蒋介石：蒋介石日记解读2 / 杨天石著. -- 重庆：重庆出版社，2018.8

ISBN 978-7-229-12935-4

Ⅰ.①找… Ⅱ.①杨… Ⅲ.①蒋介石（1887-1975）—人物研究 Ⅳ.①K827=7

中国版本图书馆CIP数据核字（2017）第307770号

找寻真实的蒋介石：蒋介石日记解读2
ZHAOXUN ZHENSHIDE JIANGJIESHI:JIANGJIESHI RIJIJIEDU 2

杨天石　著

策　　　划：华章同人
出版监制：徐宪江　伍　志
责任编辑：徐宪江
特约编辑：王佳敏
营销编辑：张　宁　胡　刚
责任印制：杨　宁
封面设计：视觉共振设计工作室

重庆出版集团
重庆出版社　出版
（重庆市南岸区南滨路162号1幢）
北京毅峰迅捷印刷有限公司　印刷
重庆出版集团图书发行有限公司　发行
邮购电话：010-85869375
全国新华书店经销

开本：787mm×1092mm　1/16　印张：23.25　字数：320千
2018年8月第1版　2025年1月第9次印刷
定价：68.00元

如有印装质量问题，请致电023-61520678

版权所有，侵权必究